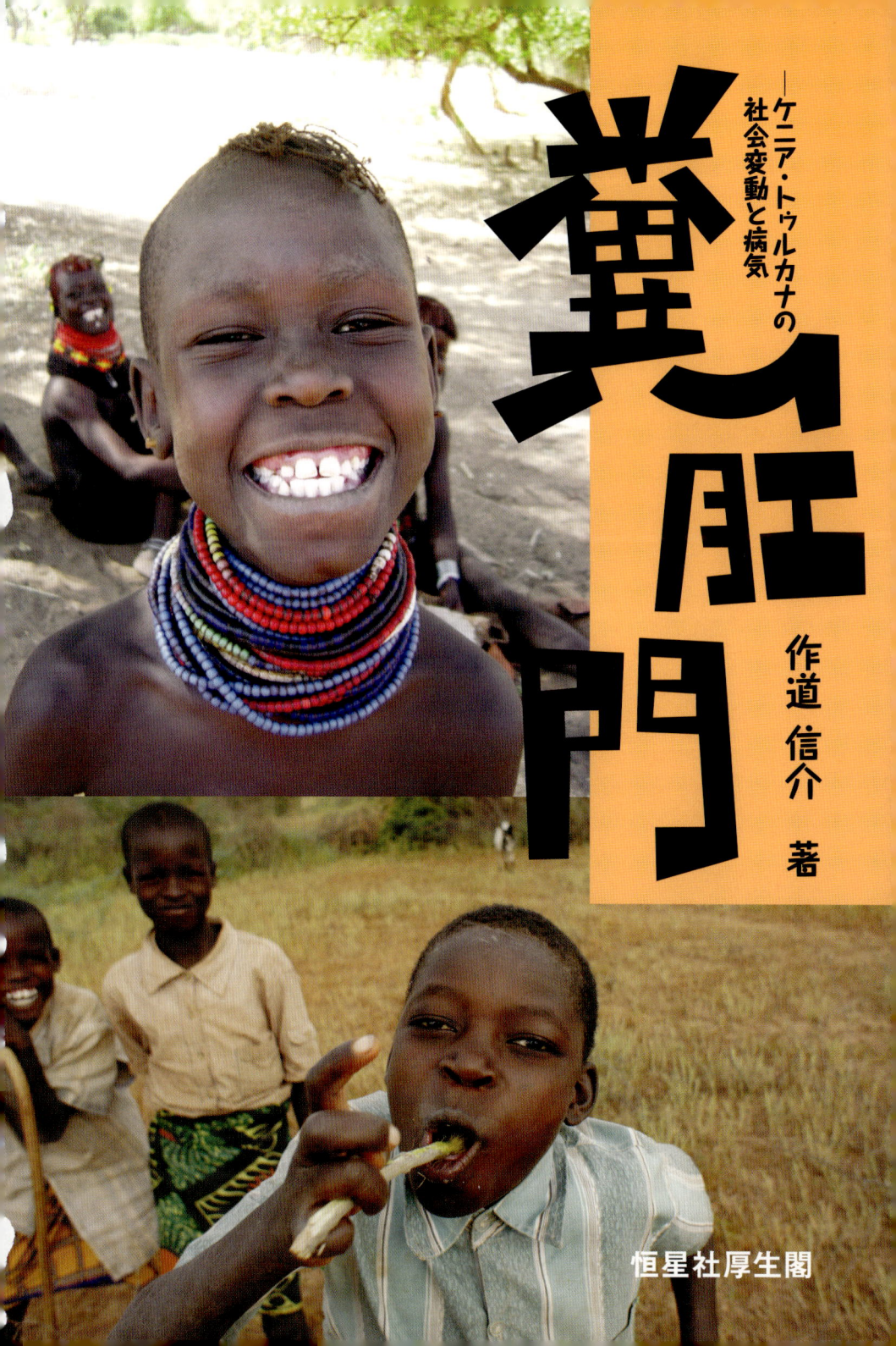

糞入肛門

― ケニア・トゥルカナの社会変動と病気

作道 信介 著

恒星社厚生閣

口絵1　日帰り放牧（はじめに）
　　　　牧童に連れられたヤギの群れ。20頭程度しかいなかった。

口絵2　ウシの泥人形（裏表紙のつづき）
　　　　囲いの中のウシ。よく見ると，角のむきがそれぞれ微妙に違っている。トゥルカナの人々は自分の好みで角を矯正する。背中のこぶも強調されている。デフォルメではなくリアリズムである。身近にウシを見る機会は限られているが，少年は熱く観察している。

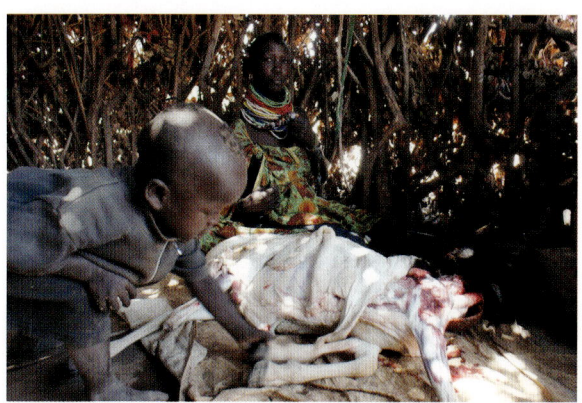

口絵3　家畜の解体（第4章）
　　　　エトットの妻アパラが小屋の中でヒツジを解体中。そばでは子どもが遊んでいる。トゥルカナの人々は子どもの頃から家畜の解体を見て育つ。家畜の解剖的知識が養われる。

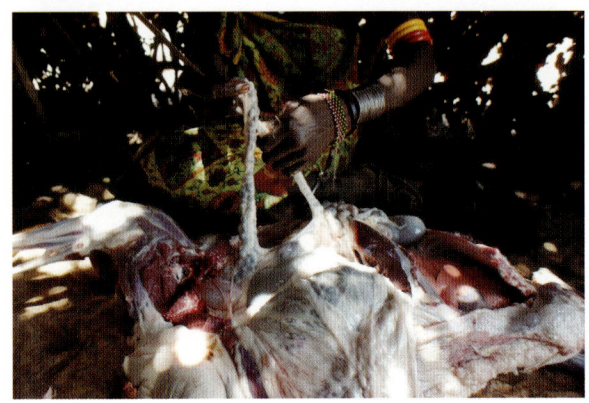

口絵 4　肛門直腸部（エオシン）を示すアパラ（第 4 章）
　　　　切り離して，しごいて内容物を出す。ここが詰まって糞肛門になる。

口絵 5　捕まった野生のネコ（第 4 章）
　　　　インタビュー中に，子どもたちが野生のネコを捕まえて見せにきた。

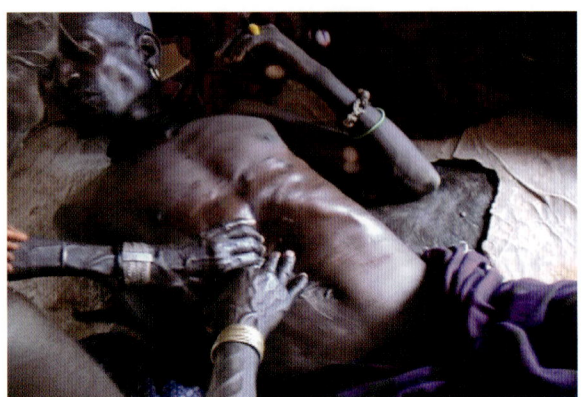

口絵 6　マッサージを受ける男性（第 6 章）
　　　　鳩尾からへそを経由して下腹部へしごき揉む。マッサージによって，腸を押し下げる（アキリキリクウン）。解剖的知識に即した治療である。

午前4時33分起床。27.5度，952 mb。夜半より強い風が吹く。何度か雨かと思って目を覚ます。今日の道には，アカシアの刺がたくさん落ちているだろう。テントはしっかり張らなければと思う。

　夢。妙に魚影の濃い海。浅い，コンクリートの生簀のようなところか。海草の下に，うなぎが見えたり，大きなひらめを釣りそうになったりするのだが，そのたびに，落としてしまう。太った黒いアイナメ，でかい黒出目金のような魚が釣れたので，別の水槽に入れる。

　「生簀で釣った魚は重さで買ってもらいます」と生簀の番をするオジサンの声がする。今度は，針を入れるとすぐかかってくる。ちょうど，銀ザメみたいな変な魚がすれでかかったので，水槽に入れる。欲しくないから，リリースすることにして，糸をひっぱると，すっと針が抜けてしまい，水槽に入ってしまう。あまり，針を飲み込んでいないようだ。たやすく魚はかかるが，おいしくない魚ばかり。「それでも，重さで買わなければならないから，コストばかりかかってしまいます」とオジサンが再びバカ丁寧にいう声が聞こえる。つまり，大したことのない，おいしくない魚をわざわざ金を払って買うことになるという含意か。僕の調査のことだろう。(「冷笑的な夢」，1995年8月16日)

目次

はじめに …………………………………………………………… 1

第1章　変貌するフィールド …………………………… 25

1-1　熱風の挨拶 …………………………………………………… 25
1-1-1　悪路（25）　1-1-2　ロドワ（26）
1-1-3　銀色の屋根（27）　1-1-4　労働者（32）

1-2　掃き出された人々 …………………………………………… 34
1-2-1　夫の死，ロチョド，実家にもどる（34）
1-2-2　大干ばつ，ロチョドとアトゥカンを引きあわせる（35）
1-2-3　レイディングと占い（35）

1-3　外来治療者 …………………………………………………… 37
1-3-1　アナとコジョ（40）　1-3-2　ナッコイ家（41）
1-3-3　治療のマーケット（42）

1-4　医療の浸透 …………………………………………………… 44
1-4-1　医療資源（44）　1-4-2　医療化（46）

第2章　見知らぬ身体 …………………………………… 49

2-1　出会い ………………………………………………………… 49
2-2　エコリ調査 …………………………………………………… 51
2-3　蔓延 …………………………………………………………… 52
2-4　症状 …………………………………………………………… 53
2-5　事例 …………………………………………………………… 55
2-6　アナカキネット ……………………………………………… 58

第3章　新しい病気 ……………………………………………… 61

  3-1　"手づくり"の病気 ……………………………………………… 61
  3-2　医療人類学 ……………………………………………………… 61
    3-2-1　好発条件（62）　3-2-2　象徴的な解釈（64）
  3-3　病いの社会的構成 ……………………………………………… 66
    3-3-1　臨床人類学（66）　3-3-2　森林病とシーダ（68）
    3-3-3　治療現場へ（70）　3-3-4　ヘルスケア・システム補足（72）
  3-4　ぎっくり腰 ……………………………………………………… 73
  3-5　マッサージの夜 ………………………………………………… 76
  3-6　見取り図 ………………………………………………………… 79

第4章　野生ネコの捕まえ方 …………………………………… 81

  4-1　野生ネコを狩る ………………………………………………… 81
  4-2　対処過程 ………………………………………………………… 82
  4-3　解剖的身体 ……………………………………………………… 86
  4-4　咳と胸痛 ………………………………………………………… 89
  4-5　シル …………………………………………………………… 90
    4-5-1　瀉血（91）　4-5-2　針金瀉血（92）
  4-6　基底的原因としての患部 ……………………………………… 97
  4-7　治療儀礼 ………………………………………………………… 98
    4-7-1　払底的な治療（98）　4-7-2　儀礼の実際（101）
    4-7-3　儀礼の過程（108）
  4-8　多重説 ………………………………………………………… 109
    4-8-1　多重な病気（111）　4-8-2　構成された病気（111）
    4-8-3　ギジエの乳がん（114）
  4-9　野生ネコの捕まえ方 ………………………………………… 114

第5章　身体を拵(こしら)える …………………………………… 117

　5-1　ヒツジを飲む ………………………………………… 117
　5-2　アキレット …………………………………………… 118
　5-3　ナクレのマッサージ ………………………………… 118
　　5-3-1　マッサージ場面（119）　5-3-2　方法・着眼点（121）
　　5-3-3　点描をつなげる（123）

第6章　心臓のすき間 …………………………………… 125

　6-1　マッサージ場面 ……………………………………… 125
　　6-1-1　うつぶせ（125）　6-1-2　あおむけ（129）
　6-2　インタビュー ………………………………………… 141
　　6-2-1　血管に沿って跳ぶ（141）　6-2-2　ロバ飲み（144）
　6-3　マッサージの効用 …………………………………… 145
　　6-3-1　糞肛門とアグレ（146）　6-3-2　腸と肋骨，心臓と腸（146）
　　6-3-3　血管に沿って跳ぶ（146）
　　6-3-4　1ヵ所に集めて外に出す（146）
　6-4　深さの遠近法 ………………………………………… 147

第7章　喉にある腹 ……………………………………… 149

　7-1　インタビュー ………………………………………… 149
　　7-1-1　インタビュー（1）（150）　7-1-2　インタビュー（2）（152）
　　7-1-3　インタビュー（3）：腹が煮立つ（156）
　7-2　マッサージ …………………………………………… 159
　　7-2-1　固いものを細かくする（159）
　　7-2-2　粉を挽くように細かくする（162）
　　7-2-3　チライがバッバ，チューとおさまる（162）

　　　　7-2-4　腹にもどして出す（165）

　7-3　喉にある腹 …………………………………………………… 170

第8章　肉の記憶 …………………………………………… 173

　8-1　マッサージ場面 ……………………………………………… 173

　　　　8-1-1　うつぶせ－背中から脇腹をしごき揉む（173）

　　　　8-1-2　右脇腹のしごき（174）　8-1-3　両脇腹のしごき（175）

　　　　8-1-4　上半身から脇腹への浅い押し揉み（181）

　　　　8-1-5　あおむけ－鳩尾・へそ・脇腹（183）

　　　　8-1-6　嘆きのマッサージ（192）

　8-2　モルアリオン ………………………………………………… 196

　　　　8-2-1　マッサージ（196）　8-2-2　エクエの説明（202）

第9章　世界マッサージ ……………………………………… 207

　9-1　マッサージの意図 …………………………………………… 207

　　　　9-1-1　背中のマッサージ（207）

　　　　9-1-2　腹部のマッサージ（208）　9-1-3　糞肛門の仕組み（209）

　9-2　糞肛門シンドローム ………………………………………… 210

　9-3　砂に書かれた絵 ……………………………………………… 211

　9-4　肉の共同体 …………………………………………………… 214

　9-5　世界マッサージ ……………………………………………… 215

　　　　9-5-1　糞肛門の出現（215）　9-5-2　干ばつのエンボディメント（217）

　　　　9-5-3　世界マッサージ（219）

おわりに ……………………………………………………………… 221
あとがき ……………………………………………………………… 225
文　　献 ……………………………………………………………… 227

はじめに

アコロ・ロボ！

　ケニア北西部の半砂漠地帯に，牧畜民トゥルカナの人々が暮らすトゥルカナ地域(ディストリクト)がある。その中心地ロドワから北に 120 km，カクマの町(タウン)のメインストリートに私はたたずんでいた。日中の温度は 30℃ を超え，日差しは「人を殺す」と表現されるほど強い。そこに，いつも町に出ると立ちよるコールド・ソーダの看板がかかった小さな雑貨屋がある。店の奥にはソーラー電源の冷蔵庫があって，冷たい飲み物を売っている。砂漠の太陽と熱風で自分が砂埃をかぶった干し肉になったような気持ちがする夕暮れに，冷たい飲み物は調査の楽しみだ。

　冷蔵庫のなかには，コーク，ファンタ，スプライトのいずれも 1 リッターの大瓶が入っている。私は，紙の容器に入ったヨーグルトを買った。高原の酪農地帯で製造されたものである。日持ちしないヨーグルトがある背景には，砂漠と高原地帯を結ぶ流通の確立と保存する冷蔵庫の普及がある。1995 年には砂糖水を凍らせたアイスキャンディ売りも出現した。

　友人がやってきて，私に声をかける。「ニャーイ」〔ごきげんいかが〕。私は答える。「アコロ，ロボ」〔飢えているのにきまっとろうが〕。この答え方は私が最初にトゥルカナで覚えた，やりとりだ。そのあと「アサキ，アキムジ，アロタウン」〔食べ物を町に探しに来た〕と言えば完璧である。男は「ソコミチが『飢えている』だって」と喉をみせ手をたたいて笑い，二，三歩，タンタンタンとたたらを踏むトゥルカナ独特の動作をして去っていく。ソコミチはトゥルカナの人たちの私の呼び方だ。飢えているはずのない私がトゥルカナのまねをして，「アコロ（飢え）」と言うなんて。

　トゥルカナの人々は長年干ばつと飢えに苦しめられてきた。「ごきげんいか

が」という挨拶に「飢えているのにきまっている」と答える，この挨拶はトゥルカナの人々が苦境にいる自分を笑い飛ばしてみせる苦い冗談である．

本書は，東アフリカ・ケニア共和国北西部に暮らす牧畜民トゥルカナの人々の間に出現した新しい病気「糞肛門」についての民族誌的報告（エスノエッセイ）である．

「糞肛門」は，便秘を主訴として，さまざまな症状や病気をひきおこすとされる病気で，治療法は，マッサージだけである．本書では，マッサージ場面の分析を中心に，「糞肛門」の出現の経緯を明らかにしたい．それは1980年代の干ばつ以降，トゥルカナの人々をみまった社会変動への対処として編み出されてきたのである．

トゥルカナの人々

トゥルカナの人々は，ケニア北西部にあるトゥルカナ地域（図0-1）で，ウシ，ラクダ，ヤギ，ヒツジ，ロバを飼う牧畜民である．この地域は，日本の東北地方を超える面積（68000 km^2）があり，そこに人口約45万人（Goverment of Kenya, 2001）のトゥルカナの人々が暮らす．当地域は半砂漠地帯で，年間降雨量は中心地ロドワで平均200ミリ程度で（Little *et al.*, 1999），農耕はほとんどできない（写真0-1）．人々は，放牧のための家畜キャンプを山地部におき，平地部にある本拠地との間を行き来する移動性の高い牧畜生活を送る．生活の中心は家畜で，肉，ミルク，乳製品，血が食料として利用されるほか，財産として重視され，婚姻にあたって花婿側から花嫁側へ贈られる婚資など，そのやりとりが人間関係を形成する．家畜のなかでもとくにウシに愛着をもつ．牧畜は数家族が協働して行われることもあるが，基本的には家族単位で営まれる．一夫多妻制であり，家長が家族を統率し家族員の安寧に責任をもつ．宗教的には神（アクジュ）と霊（エキペ）からなる民俗宗教をもつが，体系化されていない（Gulliver, 1951）．

もともとナイル川流域で暮らしていたトゥルカナの人々が，現在の地域に到

はじめに ● 3

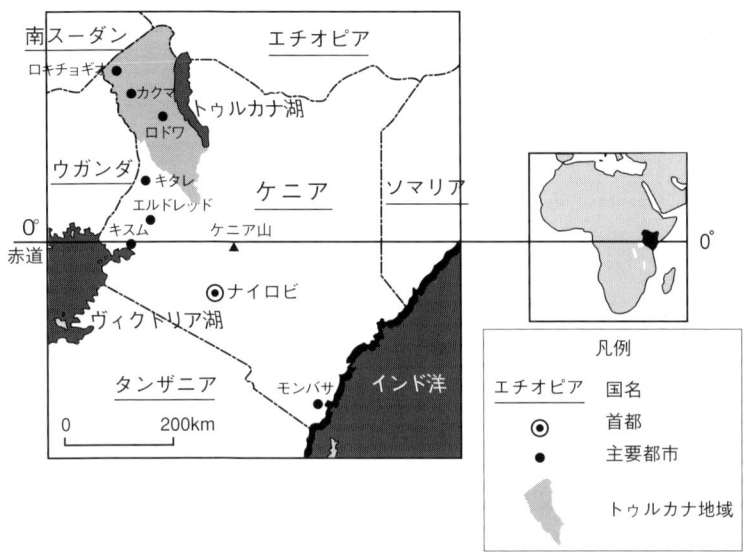

図 0-1　ケニア共和国北西部トゥルカナ地域

写真 0-1　調査地の典型的風景
　　　　　岩石砂漠の平原に灌木が生え，小高い丘や山塊がぽつりと現れる。

着したのが18世紀末だといわれている（Lamphear, 1992）。トゥルカナの人々は移動の途中で，南スーダン南部やウガンダの山地部に同族の人々を残して平原部に降りてきた。図０-２には周辺の主要な民族集団と本文中に出てくる地名を示してある。

　国境地域の地形はエスカープメント（楯状山地）と呼ばれ，標高が高く降雨もあり，そのため半農半牧の生業形態をとることができる。スーダン国境近くにはトポサの人々が，ウガンダとの国境部には，北から順番にドドス，ジエ，カリモジョンと呼ばれる人々がいる。これらの人々は言語的には東ナイロートに属す同族で，トゥルカナとの言葉の違いは方言程度である。とくに乾季の家畜の放牧を通じて，トゥルカナは彼らが住む山地部に浸透する。そのとき，これらの異民族集団と交流をもつ。それぞれの居住域の距離は近い。互いの家畜を略奪するレイディングといった敵対的な行為（河合，2004a）がある反面，友人関係や姻戚関係を結んでいる。さらに，病気治療についても交流がある。異民族の治療者がトゥルカナ地域を訪れたり，トゥルカナの人々が特殊な治療を求めて国境地帯をたずねたりすることもめずらしくない。トゥルカナの人々は周辺異民族と融和と敵対を繰り返しながら，現実的なつきあいを続けてきた。

　トゥルカナ地域は1980年の大干ばつ以来，大きな社会変動の影響を受けてきた地域でもある。干ばつにより家畜を失った人々は食料援助を求め，町周辺に流入した。その結果，カクマの人口は10倍にふくれあがったとされる（伊谷，2009b）。さらに，カクマ周辺は1992年，東アフリカ有数規模の難民キャンプが設置されたことにより，町への人口の流入，定住化傾向，現金経済の浸透，医療化などさらに大きな変動にさらされている。現在，フィールドではウシの姿をみることはできず，人々はわずかなヤギやヒツジを飼い，ときおりなされる食料援助（2011年も継続中）や，町や難民キャンプでの家畜の売買や商売，雇用に依存している。「飢えている」が挨拶の返しになる，冒頭の苦い冗談はこの30年のトゥルカナの苦境を表したものなのである。

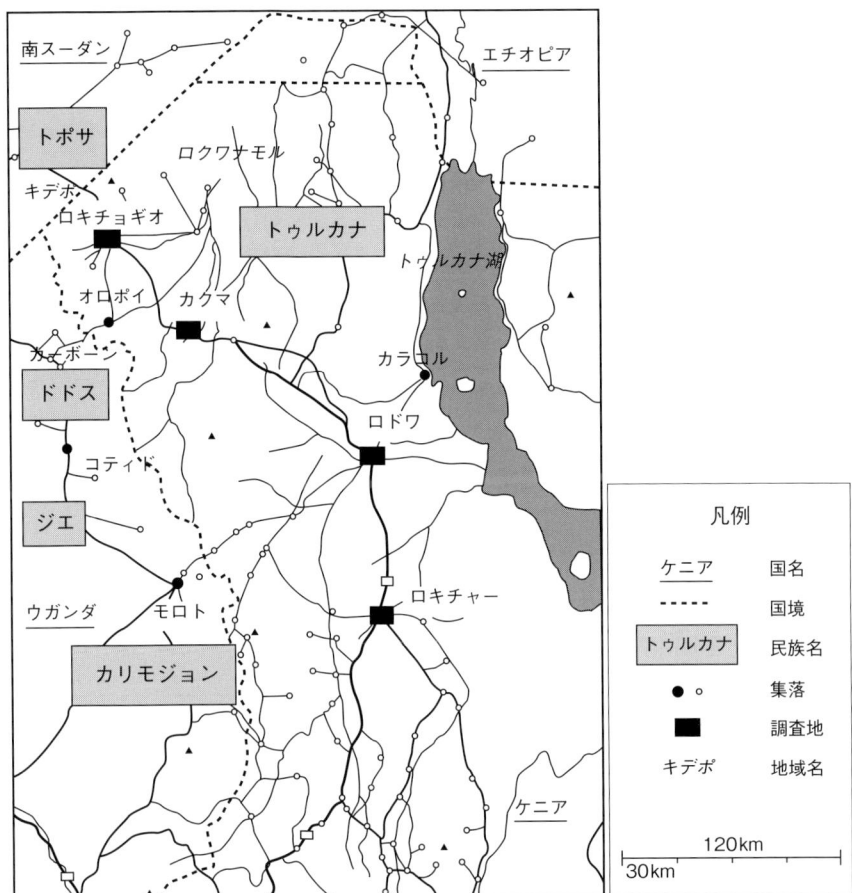

図0-2　フィールド周辺
　　　四角で囲ったのが民族名である。異民族との距離は驚くほど近い。たとえば，カクマから異民族ドドスまでは直線で50km以内である。フィールドワークは，カクマ郊外を中心に実施した。そのほか，マッサージの比較のため，ロキチョギオ，ロドワ，ロキチャーでも予備調査を行った。
出典：ITDG-EA, CAPE UNIT, AU/IBAR (2003) を改変。

「糞肛門」
（エオシン・ア・ガチン）

　1980年代の大干ばつと同時に，トゥルカナ地域に奇妙な名前の新しい病気が出現した。トゥルカナの言葉で，「エオシン・ア・ガチン」という。ガチンは大便，エオシンは肛門直腸部，アは「～の」を意味するから，直訳すると「糞肛門」である。トゥルカナには患部や患部の病状に由来する病名がある。その際，言葉の頭に「ロ」（lo）をつけることが多い。病気の深刻さを訴える治療者は，これを病名らしく「ロウシンチン」と呼んでいる。語源は同じであるが，「糞肛門病」といったところである。後述するように，同じ病気を「モルアリオン」と呼ぶ地域もある。

　糞肛門とはどのような病気かとたずねられたある男は簡潔に説明した。広げた左の手のひらと握った右の拳を小さな拍手をするように軽く数回打ちつけてみせたのである。左手が蓋になって，出ようとする右拳を邪魔している。拳のように固い糞がなかなか出ない様を表している。糞肛門とは糞詰まり，便秘のことである。出たとしても親指の先ぐらいだ，と男は右の拳から親指だけをもち上げ手首を少しかしげて私に見せた。

　糞肛門はただの便秘ではない。全身にわたって多くの不調や病気をひきおこす。とくに，昔からある足の麻痺，アグレに進行するとおそれられている。アグレになればおしまいだ。糞肛門は病院では治らない病気とされ，治療法は，脂分の多いスープの摂取と，3ヵ月にわたるマッサージだけである。その一方で，「エオシン・ア・ガチン」という言葉は日本語でもそうであるように，笑いをひきおこす響きをもっている。もし，あなたがトゥルカナの友人をたずねて，この言葉を口にしたとしよう。すると，家長は苦笑いをして「みんなもってるさ」と言い，その肩越しに妻は「エオシン・ア・ガチンだって」と喉をのけぞらして笑い，まわりで私たちの様子をながめていた若い娘たちは転がらんばかりに吹きだすだろう。糞肛門はそれを病んでいる者にとっては確かに深刻に語られる病気ではある。が，同時に，出るべきものがおしりに詰まっているというおかしみをもつ，悲喜劇的なニュアンスをもっているのである。

この病気の由来について人々は次のような笑い話を伝えている。敵対する異民族がトゥルカナのヒツジを狙ったものの，まちがって自分たちのヒツジの腹に当ててしまい（まぬけな人々だこと！），その貫通した弾がトゥルカナのヒツジの腹に入ってしまった。それで糞肛門がやってきたのだと（大笑い‼）。トゥルカナの人々は苦境を笑い飛ばす名人である。

目的

　本書の目的は，新しい病気「糞肛門」の出現を，大干ばつ以降の社会変動への身体的対応として描くことにある。
　分析の中心は，糞肛門の唯一の治療であるマッサージ場面にある。マッサージ場面では，マッサージ師は病者の身体を触ることで，そして病者の反応をフィードバックさせながら，糞肛門の状態を探り，患部を正しい状態にもどそうとする。いわば，共通の身体構造を前に，マッサージ師と病者は私たちに糞肛門の身体を据えて見せてくれていることになる。私たちは，マッサージ場面の分析から，糞肛門の身体の仕組みを知ることができるだけではなく，それを従来の病気対処と比較することで，糞肛門の新しさを再確認することができよう。同時に，マッサージ場面で行われる病気の説明はたんなる"言葉だけの"解釈ではないことを強調したい。人々が共通してもつ身体構造に直接触れることで，そこに病気を"実際に"実体として出現させる。病者側からみると，マッサージによって，操作される実体として現れた「糞肛門」が巣食っているのは自分自身の身体であるから，マッサージ師の説明は実感をもって受け入れることができる。マッサージ場面は即，病気のエンボディメント（体現化）の現場なのである。
　さらにいえば，マッサージ場面は，かくあるような糞肛門の身体が，「目と手によって」患者に伝えられる，伝達の場でもある。家長は苦笑いをして「（糞肛門は）みんなもってるさ」と言った。糞肛門の蔓延は，人々が互いに同じ病気の身体をもつことを知ったということを意味する。
　病気対処の文化的研究では，病因論や病気の意味づけなど，説明モデルに代

表される社会的・文化的表象の研究がさかんである。新しい病気は"伝統的な"コスモロジーやマスメディアの言説によって解釈され，既存の意味の構造に回収される。研究のなかで，身体は，本来症状や治療が展開される舞台であるのにかかわらず，ただ意味づけられるだけの脇役，白紙の媒体として扱われてきた。本書で，私は，「糞肛門」の出現がマッサージによって拵えられた新しい身体にもとづくことを示す。それはシステムをつくることで病気とその身体を飼いならしたと考える私たちに等身大という言葉の意味と手当ての重要性を教えてくれるだろう。

　構成は，糞肛門以前からある病気対処と，糞肛門のマッサージ治療との比較である。具体的には次のようである。理論的背景の整理のあと，トゥルカナの病気対処の特色を，身体をどのように扱っているのかに着目して分析する。そのあと，読者には3つのマッサージ場面に立ち会っていただく。マッサージ師はどこをどのように揉むのか，何を手がかりに揉むのかを，マッサージの動線分析とインタビューによって検討する。とくに，マッサージ師と病者，他の見学者がどのように糞肛門の身体でおこっていることを説明するか，に即して，糞肛門の身体のありようを学ぶ。本書の構成は，まず，社会変動にみまわれたフィールドの人々の暮らしを第1章で紹介したあと，第2章で糞肛門の現象的紹介を行った。第3章では，本書の分析枠組みをまとめた。第4章は，干ばつ以前からあった在来治療の特色，第5章は方法について，第6～8章は，マッサージ場面の分析，第9章は，まとめと考察にあてた。

調査

フィールドワーク

　本書は1993年から，トゥルカナ地方の町カクマ郊外A地区（約100家族）に本拠地をおいて断続的に行ったフィールドワークによっている。

　調査はトゥルカナの友人エトットの屋敷のなかに小さなテントを張って，日常生活をともにする住み込み型フィールドワークである。私は近隣の約30家族とその親族，友人とつきあいながら，インタビューや治療場面の観察，追跡

調査を行ってきた。具体的には、フィールドノーツの記録、病気経験者や病者へのインタビュー、家畜儀礼やマッサージ、外科治療など治療場面での観察やインタビュー、医療機関や民間治療所での資料収集などである。

病気についての主な調査には、これまでかかった病気とその対処をたずねる病歴調査（1997～1998年）と、10家族を対象にした病気の定点調査（2002年～）がある。糞肛門とマッサージについては、主に2004年から2007年にかけて各年2～4週間の集中的な調査を実施した。比較のため、カクマのほか、北部国境の町ロキチョギオ、行政の中心ロドワ、南部の中心ロキチャーでも、マッサージ師調査を探索的に行った（図0-2：5頁）。結果として、カクマ5人とその他地域11人の計16人のマッサージ師の施術場面を観察することができた。本書でとりあげるのは、そのうちカクマのマッサージ師3人の治療場面である。分析にあたっては、他地域のマッサージ師についての知見も参考にしている。なお、本書での「現在」を2007年に設定している。

方法

調査では治療やインタビューをできるだけ、ビデオで撮影するようにしてきた。本書のほとんどのインタビューや治療場面の描写はその場で書きとめたフィールドノーツとともに、ビデオ記録をもとに記述されている。ビデオ録画は相手から許可をとって行っている。マッサージや治療儀礼はその所作をメモだけで記録するのが難しいため、ビデオを固定して撮影している。ビデオ録画は対象場面だけではなく、その前後のやりとりも収録した。重要な示唆は、焦点の場面はもちろんのこと、はじまる前、終わったあと、帰り道に得られることが多い。どこかの家をたずねるとき、出発のときの家人とのやりとり、途中で出会った人々、到着したときの迎えられ方、これらはすべてフィールドでおこった出来事、すなわちデータである。

私は、インタビューでも治療場面でも、トゥルカナの人々が言葉だけではなく、身振りや手振りといったジェスチャー（身体表現）を多用するのに気づいた。ときには、聞き手である私の身体を用いて伝えようとすることさえある。ジェスチャーの多用はトゥルカナ語のおぼつかない私に対する彼らの配慮から

だけではない。例をあげよう。アラマタウは「心臓がぶらぶらする」病気である。中年女性に多い。それを説明するとき，女性は胸の前で手首をぶらぶらさせて見せる。手首は心臓そのものを意味し，手首のぶらぶらと，それにあわせてゆらりゆらりとゆれる痩せた身体は彼女の不安な感覚を伝えている。彼女が私に身振りで伝えようとするコミュニケーションは，両者がその背後に共通にもっている身体を前提にしている。身体表現は，病気という身体に即した経験を，身体の共通性に沿って伝えようとする場面として重要なのである。本書では，マッサージ場面の観察とともに，インタビューによるマッサージ師や患者，周囲の観客の説明を併置するが，そのとき，身体表現に着目している。

やりとりの実際は，相手と助手兼通訳と私，そこにいあわせたインタビューの観客との間でなされた。後述するように，調査場面は相手の積極的な働きかけのなか独特の雰囲気のなかで進む。ビデオには，さまざまな場面で，相手に相談事をもちかけられる私が映し込まれている。

各章に入る前に，トゥルカナの暮らしについて，簡単に触れておこう。

トゥルカナでの暮らし

屋敷と小屋

家，家族はアウイという同じ言葉で表される。家族とは「家畜囲いをともにする人々」でもある。たとえば，家族員の誰かが家畜をもらってきたとき，その家畜はひとつの家畜囲いに入れられ，原則的には「家長のもの」といわれる。家長は一般的には「家（アウイ）の所有者」（エロペ・ア・アウイ）といわれる。実際的には，家畜囲いの家畜を指して「誰の家畜か」とたずねたとき，人々がその名前を言う年長の男性である。家族員が家畜を処分するときには家長の了解が必要である。牧畜経営は，アウイを単位にして，家長のもとに行われている。

トゥルカナの家は刺のある木の枝を積んだフェンスで覆われた屋敷に，数軒の小屋と家畜囲いが並ぶ構造をもつ。屋敷の小屋はすべて女性の小屋である。複数の妻や家長の母，年長の姉妹などはそれぞれの小屋をもち，子どもたちも

写真 0-2　調査キャンプ
　　左から，主人の寝所，夜の小屋，昼の小屋，煮炊きをする台所（炉を囲った場所）。家畜囲いは中央奥の灌木の根元につくられている。私のテントは右奥にある。早朝，チャイ（ミルクティ）をわかす炉から煙があがっている。

それぞれの小屋に属している。たとえば，私がお世話になっているエトット家には，妻アパラの小屋とエトットの未婚の妹アドゥカンの小屋があり，それぞれの子どもたちが暮らしている（写真 0-2）。男たちは小屋をもたず，地面に敷皮を敷いて，星空の下，風に吹かれて寝る。

家畜のいる暮らし

　牧畜民の暮らしは家畜を放牧し生活の糧とする暮らしである。伊谷（2009a）から，2ヵ所を引用する。

①朝6時,すでにアウイ(家)から人声が聞こえてくる。牝山羊を囲いから出し,搾乳が始まっている。女たちは山羊の後肢一本を自分の足で挟んで乳をしぼる。うるさく乳をまさぐろうとする仔山羊は小脇にかかえている。ナプーは,大きなヒョウタン,エトゥウォに入れた昨夕の酸乳(昨日の夕方,搾乳しヒョウタンに保存しておいた乳,発酵して酸味がある)を攪乳(チャニング)している。地面に腰をおろして,エトゥウォにとりつけた二本の革紐の一方を杙にしばりもう一方の端をにぎって,調子をつけてザブッ,ザブッとゆする。

②7時半,山羊と羊は囲いから出され,アウイの中は家畜でいっぱいになっている。間断なしにチェッ,チェッという舌づつみが聞こえ,家畜と人びとが入り乱れている。7時50分,南の門が開かれ,山羊と羊が堰を切ったようにアウイの外に出る。……(中略)……牧童たちが忙しく走りまわり,400頭余の畜群は,東北にむかう。ついで,24頭の駱駝もアウイの外に出される。駱駝の子どもたちはアウイの中に残され,しばらく母子の間で互いに鳴きかわす。

　この光景は1978年,大干ばつがはじまる2年前の人々の暮らしぶりである。このとき,2家族で430頭のヤギ,ヒツジ,ラクダが放牧に出された。当時,衛星キャンプの家畜を含めると,この構成員60人のアウイには985頭のヤギ・ヒツジがおり,それは1人当たり,16.4頭になったという。

　朝の放牧風景は今でも見ることはできる。ただし,ずっと規模が小さくなっている。エトット家では放牧に出される家畜の数は多い年で3,40頭程度である。構成員の頭数で割れば,1人当たり2頭に過ぎない。山岳部で放牧させているウシも数頭である。ラクダは手放した。手元に家畜が少ないので,ミルクは子ども用か,難民キャンプで売る商品であり,大人の口に入ることはない。私のもとには近所からミルクが届くが,それは必ず対価を払わなければならない。日々の生活は牧畜経営だけではなりたたなくなっている。

　ちょうど夕食時だった。何を食べているのか,のぞいてみよう。すでに述べたように,アウイには,彼の妻のアパラとアドゥカンの小屋があり,隣家はエ

トットの異母兄弟のアウイである。アパラの小屋では練った小麦粉を油で焼いたチャパティとトウモロコシの粉をたいた料理のウガリである。アドゥカンの小屋では娘が鍋でトウモロコシの粒を塩ゆでにしている。塩や粒のトウモロコシはキャンプの市場で手に入れた。いずれも薪を売って得た代金で買ったものだ。粒のトウモロコシは何時間煮てもやわらかくならない。隣家の8家族の夕食も拝見すると，ウガリ2家族，ゆでたトウモロコシ粒2家族，チャパティ2家族，お茶だけ1家族，妻が不在なので何もなしが1家族だった。食物はほとんど薪や炭をキャンプで売ったお金で購入されたものである。ひとつの家族ではポショが足りないからとお粥にしていた。夕闇のなか，10人の大人が米のとぎ汁のようにうすくちゃぷちゃぷしたお粥を回し飲みしていた。それでも私に飲まないかと勧めてくれた。カクマ周辺の人々は少数の家畜を飼いながら，食物をはじめ生活をタウンや難民キャンプのマーケットに依存して暮らしている。

　家畜は訪問する客をもてなすためにも使われる。伊谷は，客人のために家畜を供する席に招かれたときのことを記している。このような家畜を介したつきあいはいまだ，健在である。私が友人としてもてなされた例を紹介しよう。

【エウジットのもてなし】
　エウジットは，タラッチ川をはさんでむかい側（西南岸）に住む知り合いの男性だ。私は彼から家をたずねるようにと誘われた。30分ほどで，到着すると，エウジットはヤギをごちそうしてくれると言う。トゥルカナの手法にのっとり，主人が槍でヤギを突いてくれるのだ。そして，「婚資を支払って10頭しか残っていない」と強調する。友達だから殺すのだぞということである。

　ヤギは次のような手順で供される（本文と別の場面だが，写真0-3～0-12を参照）。まず，やわらかい草木の葉や枝を集めて，3つの座をつくる。アキリケット，アドゥネット，エキョノである（写真0-5）。最初に，つくられるのが，アキリケットである。アキリケットは，客の人数に合わせて，草木のやわらかい葉茎を弓状に敷いてつくられる。客はその前

写真 0-3　木陰の屠殺
ヤギの背後から肋骨のすき間をねらって心臓へ，スナップをきかせた槍の一撃が入る。

に座り，葉のテーブルの上に配られた焼肉を食べるのである。そこから2, 3 mのところにつくられるのがアドゥネットである。屠殺された家畜はここで解体され，部位に分けられる。エキョノは，薪を積み上げて火を放ち，残り火（熾火）で肉を焼く場所である。解体や調理には年少者があたる。解体した部位をもっては熾火にくべ入れ，焼ければ熱い肉をほっほっと手でつまんで，アキリケットまで運ぶ。受け取った年長者は，適当な大きさに切り分け，座っている客にあたえる。客は，解体されるヤギをながめ，遠景にたき火の明滅をみながら，肉を食べる。

エウジットは私に「これはアキリケット，これはアドゥネット」とひとつひとつ教えてくれる。ヤギは槍の穂先で腹をさかれ，そこから青みがかった胃が風船のようにふくらんで外に滑り出す。まず，大きな第1胃と食道がアームナイフ（男性が腕につける円形のナイフ）で切り離される。年長者が，災厄をふせぐ儀礼として，胃の中の未消化の緑草ギクジットをエウジットの大きな足にかけ，ふくらはぎまで塗りつけた。残ったギクジットもすべて，胃を裏返しにして地面に積み上げられる。次に，小腸の水様

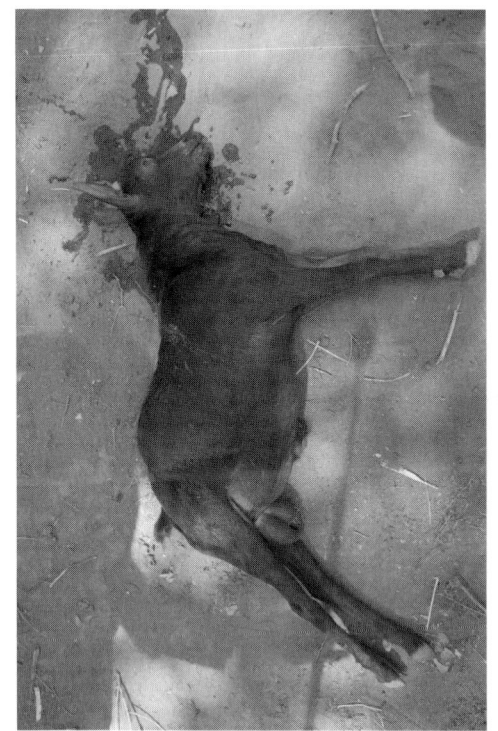

写真0-4　屠殺されたヤギ
血泡を吐いたヤギは一撃で絶命した。解剖的知識の正確さ。

の糞，大腸で水分が吸収された固くなった糞そのものとが，しぼり出される。内容物は順々に地面にあけられ，丘をつくるので，消化のプロセスを目の当たりに見るようである。腸をしごくのを見ていると，ヤギの丸い便は肛門間際で最後につくられるということもわかる。

　解体から食べ終わるまで，長くても1時間半ほどである。あとは，子どもたちが骨に残った肉をこそぎ落とし石で割りあん肝のような食感の髄をすすりだしているだけだ。食べ終わって，トゥルカナの人々がよくするように，手についた脂を腕や肘，脛に塗る。乾燥防止のクリーム代わりである。私は何気ない顔で立ち上がって帰ろうとする。もちろんこのままでは

写真 0-5　準備する若者たち
薪を集め，エキョノ〔肉を焼く場〕，アキリケット〔客や年長者が座る場所〕やアドゥネット〔調理の場〕を用意するのは若者たちの役目だ。

すまない。エウジットは呼び止め，おれには問題があると大声で数えはじめる。3つある。まず女房の問題だ。臨月の女房は調子が悪い。病院にいかせたい。次は，アコロ〔飢え〕。食べるものがない。家畜もないからミルクだってない。女房が動けないから薪をキャンプまで運ぶこともできない。運んだっていくらにもならないのだ。ヤギの病気の薬も欲しい。8000シル（12000円）あればなんとか。

　私は言う。おまえは友達だ。おまえの欲しいものはぜんぶかなえてやりたい。しかし，多くはやれない。これから3ヵ月もここにいるのだ。2000

写真 0-6 毛焼きされるヤギ
写真 0-5 を反対側から見た写真。手前に薪，アドゥネット，アキリケットに座る客人が見える。

シルを支払う。(1997 年 9 月 4 日)

「家に来い」という誘いはヤギをあたえることを意味する。貴重な家畜を贈るほどの友人という意味である。家長が殺した家長の貴重なヤギが解体され焼かれ切り分けられ自分の口に入るいっさいを，客はアキリケットからながめることができる。そして，その場に招かれた私たちは，何気なく肉や組織を切り分け，内臓をとり出す彼らに家畜との長い付き合いで培った，牧畜民の知識や技術を感じる。

写真 0-7　腸の内容物を出す
　　　　　手前には胃の内容物が積まれている。

写真 0-8　アドゥネットに置かれた内臓
　　　　　胃，小腸，大腸……。このあと，くすぶる薪の熾のなかで焼かれる。

写真 0-9　毛焼きされたヤギを部位ごとに切り分ける

写真 0-10　熾火に入れられた肉

20 ● はじめに

写真0-11　用意をしてくれた若者たちにも年長者から肉が渡される

写真0-12　世界一の焼き肉
　　　　　アキリケットで切り分けられ草の上におかれた焼き肉。次々と運ばれてくる。塩なんかかけない。そのまま，ただ食べる。熾火で焼かれた肉の味は格別である。

このように家畜はたんに生活のためだけではなく，人間関係の維持や拡大のためにも重要である。牧畜経営はアウイごとに行われ，移動の決断もアウイごとである。その一方で，トゥルカナの人々は厳しい自然条件のなか，「家畜仲間」からなる互助的ネットワークを形成している。これは干ばつや疫病，他民族からの襲撃などで被害を受けたとき，援助を受けるためである。彼らは個人主義的でもあり，相互依存的でもある，といえよう[*1]。伊谷（2009a）はこのような家畜を介した儀式的な出会いを目の当たりにして「互いに近しい人びとが，畜群とともに遠隔地に生活の単位を分けて生きてゆかなければならない彼らの社会を理解する」必要性を指摘した。

　牧畜民は，家畜を失う危険と隣り合わせのなか，広大な砂漠を移動し，家畜を増やさなければならない。それには互助的な人間関係をつくることが重要である。ところで，互助的な人間関係は自分が援助をもらうばかりではなく，援助を要求される側にまわることを意味する。そのとき，重要なスキルが，交渉能力である。ちょうど，私が援助を求められ値切ったように，である。

協働的関係

　交渉力の必要性は，日常生活で頻繁におこる"ねだり"にみることができる。

　トゥルカナの人々は困ったことや必要な物があると，自分でなんとかするよりも先に，友人や知人に援助を求める。そのとき，要求側と援助側で，交渉が行われることになる。この援助要求は私たち調査者にも容赦されることはない。日本の研究者は自身や彼ら同士の援助要請に着目して，それを彼らの人間関係の特色として分析してきた（太田，1986；北村，1996，2002；作道，2001）。

　いくつかそのやりとりの特徴をあげると，次のようになる。①援助要請の根拠は「友人だから」である。断ると，「友人ではないのか」と言われる。そのため，交渉では，条件をつけたり，時期を延ばしたり，変更を要請したり，交渉の余地はあるが，断ることはできない。②要求を断られると，要求者は「何

[*1] 太田（2004）の表現を借りると，「彼らは，傲慢ともいえるほど自己に対して自信にみちた態度をとり，「カッコいい」のである」。

か私に落ち度があるのか，言ってくれ」と独特の言い方をする。援助要請は断られることはないという前提のもとになされている。③援助側は，過去の援助実績を主張して（「以前，助けたじゃないか」），要請を断ることはできない。昔，援助した実績は，今困っている私の問題と関係はないからである。また，要請側も過去の援助実績があるからといって，自粛にはむかわない。むしろ，さらなる援助を期待することができる。なぜなら，それほど援助してくれる友人だからである。④要請側をもっとも怒らせる援助側の台詞は「それは，あなたの問題でしょう」である。要請に対して，第3者的立場をとることはできない。要請があれば，それにむきあうことが要求される。

　この援助要請の交渉では，援助側は，要請側の「今，ここで」の問題に関与することが第一に求められている。そこでは，過去の前例や経緯はもとより，掟や規範，ルールというあらかじめ参照される範例に依存することは重要ではない。相手が困っているのだから，相談をもちかけられた人は自分の問題のようになんとかしようと関与しなければならない。北村（2002）によれば，トゥルカナのコミュニケーションの特色は，「人は協働すべき」という原則のもとで，「自らの利益を確保しようとする双方の意図を肯定したうえで妥協点を探」る，ところにある。これは広大な半砂漠地帯で家畜を飼う生業が生み出した原理である。トゥルカナの日常生活を支える援助要請は，定住民のように，固定的な人間関係によらず，移動のなかで協働性を確保し，互酬性を維持する方法である。だから，トゥルカナとのつきあいは交渉的色彩を帯びる。フィールドワークも同様である。

交渉的フィールドワーク

　私のキャンプには1日60人ほどの人々がたずねてくる。トゥルカナでは「友人とは援助してくれる人である」と定義されるから，その大半は援助の要請である。私は大勢の人々からの援助要請の合間に調査を行う。彼らへの対応で毎日が過ぎていく。

　私が行っているつもりの，この"調査"という行為は彼らにとっては調査として受け取られていないようである。たとえば，私がトゥルカナの病気につい

て知りたいと思い，ある友人のお宅を訪問したとしよう。相手は快く，長時間のインタビューに応じてくれる。断られることはまずない。私は相手に，この1年間の健康状態をたずねる。どのような病気にかかり，どのような治療をしたのか。他の家族の健康状態はどうだったのか。これらの質問に友人は丁寧に応えてくれる。私はよい話が聞けたとよろこんで，お礼をいい，立ち上がろうとする。すると，友人は手で制して「おまえの話は終わりか」とたずねる。私が「そうだ」と応えると，友人はうなずいて「では，私の話を聞きなさい」と言い出すだろう。インタビューで話題になった病気のために，家畜を使った治療儀礼をしたいから，ヤギを出してくれないかと依頼する。さらに友人は最近の暮らしぶりや困ったことを訴える。雨が降ったときに小屋にかぶせるテントシートが欲しいのだと要求する。彼らが私のインタビューに快く答えてくれるのは，必ずしも調査の意義や目的を理解してくれたからではない。それが私からの援助要求だと理解しているからである。それが終わった今，友人が援助を要請する番なのである。本書のインタビュー場面には，このような互酬関係への強い動機づけが埋め込まれている。

謝辞

　調査地は，1978年に故伊谷純一郎先生と太田至さんたちによって調査が開始されたフィールドである。私は1993年，当時弘前大学にいた北村光二さん（現，岡山大学教授）と太田至さん（現，京都大学教授）に導かれて，調査を開始した。調査対象者は『トゥルカナの自然誌：呵責なき人びと』や『大干魃：トゥルカナ日記』（いずれも伊谷，2009）に描かれた人々と重なっている。長年にわたって築かれた関係のうえにのって，本書の調査も可能になったことを感謝して記しておきたい。

　本書の調査にあたっては，日本学術振興会（JSPS）ナイロビ研究ステーションの全面的な援助を受けている。伏して感謝する次第である。当ステーションはケニアでの各種調査の重要な基点であると同時にケニアの人々に日本の学術調査の成果を伝える橋渡しの役割を果たしている。なお，調査は文部科学省科学研究費補助金[*2]の助成を受けた。

イラストは，山形藍*3 さんによるものである。動きあるイラストの製作はビデオの静止画像をわかりやすく説明するだけでなく，新たな気づきをもたらしてくれた。

---

*2 1) 研究代表者・太田　至「アフリカ牧畜社会におけるローカル・プラクティスの復権／活用による開発研究の新地平」研究課題番号：19251002，2007-2010 年
　2) 研究代表者・作道信介「難民キャンプ設置による社会変動への地元の対応に関する学際的研究」研究課題番号：16402036，2004-2007 年
　3) 研究代表者・作道信介「北西ケニア牧畜民トゥルカナにおける「糞肛門」の地域比較」研究課題番号：23520975，2011-2013 年
　本論のもとになった論文（作道，2007）は，同じく特定領域研究『資源の分配と共有に関する人類学的統合領域の構築』（領域代表者・内堀基光，計画研究代表者・菅原和孝）に参加した成果である。
*3 作製当時，弘前大学 教育学部 美術教育講座ビジュアルデザイン研究室（佐藤光輝教授）大学院生。

第1章

変貌するフィールド

1-1 熱風の挨拶

1-1-1 悪路

　標高 1300 m をきると，車窓から熱風が吹き込んでくる。日中の気温が 30℃を超える半砂漠地帯からの風だ。

　東アフリカ・ケニア共和国。赤道が国のほぼ中央を通っていながら，高原にある主要都市では，夜間はセーターが必要なほど冷涼な気候である。首都ナイロビもまた，1600 m の高原にある。そこから陸路で 800 km 北西にトゥルカナ湖という南北に長い大きな湖がある。その湖から西側，ウガンダとの国境にそびえる楯状山地までの地域がトゥルカナ地域である。この地域はケニアの行政区最大の面積がある。そこが牧畜民トゥルカナの人々が暮らす，私のフィールド（調査地）である。熱風は彼らからの最初の挨拶である。

　トゥルカナ地方への交通は A1 という幹線を使って陸路によるのが一般的である[*1]。朝，ナイロビを出発して，夕方，高原の町キタレに到着，そこで一泊したあと，翌日，トゥルカナ地方の行政の中心地ロドワにつく。キタレからしばらくはトウモロコシ畑が続き，乳牛やミルクの缶を積んだ車といきかう，のどかな高原の田園風景が続く。1時間半ほどいくと，徐々に標高が下がっていき，その頃"熱風の挨拶"をもらう。昼頃に，カイヌクという町に到着して，食堂で昼食をとる。この町はポコット〔民族名〕と呼ばれる半農半牧の人々とトゥルカナとの境界地域である。ここではじめてトゥルカナの人々と出会うこ

[*1] 最近では，ナイロビから高原の町キタレを経由してロドワまで，定期航空便が就航している。援助や難民キャンプ関係者が利用する。

とになるだろう。男性も女性も一枚の布を身にまといサンダルをはいている。男性は長い杖を両肩に通し，帆をはった船のように悠然と歩き，女性はビーズの首飾りを何重にも首にまき，背筋をピンとのばして歩いている。

　カイヌクからロドワまでの道は悪路である[*2]。20年間，メンテナンスがないと舗装道路がどうなるか。それがよくわかる破壊された悪路を走行する。穴があっても車の両輪を同時に落としてはだめ。これは悪路を走行する最低限の注意だが，気をつけていても車の足回りは毎回交換しなければならなくなる。開通当時は，"プジョー（当時多かったフランスの乗用車）で，ナイロビからトゥルカナまで行ける"と呼ばれたほどの舗装道路だったとは信じられない。夕日と競争しながら，車はロドワに到着する。

　高台のロッジにもぐりこみ，一日中ハンドルを押さえていた両腕とクラッチをきりかえた左足，ブレーキとアクセルを踏み込んだ右足，震動するシフトレバーにたたかれ赤くなった左ふくらはぎ，それに道の凹凸を読みとってきた網膜を休める。満天の星空，コウモリがはらはらと飛び，冷えたタスカ・ビール（ケニアのビール）がほてった脊髄を冷却する。

1-1-2　ロドワ

　ロドワはタークウエル川のほとりにある行政の中心地である。この川は常に流れている。丘の上に県庁にあたるオフィスがあり，川の近くには家畜市場，町中には国立病院，商店街，大きな教会がある。町は2本の大きな通りとそれを結ぶ枝道の両側に発達している。ガソリンスタンド，修理工場，衣類や雑貨の商店，八百屋，食堂・バー，薬局がたちならんでいる。ガソリンスタンド付近がロキチャーやカクマなど近距離を走るマタツと呼ばれる小型バスの発着所になっている。また，町中の食堂のひとつがキタレやエルドレッドと結ぶ大型バスの発着所にもなっていて，ここも深夜までにぎわっている。

　交差点には客待ちのタクシーがとまっている。友人の記憶によると，ロドワに最初のタクシーが現れたのが1995年である。それから台数が増え，今では

[*2] 旅行ガイドはランドクルーザークラスの車でなければ行くなとアドバイスしている（http://iguide.travel/Lodwar/Getting_There/By_car）。

30台以上のタクシーが走り，携帯電話で呼ばれては郊外と町とを結ぶ。深夜友人宅から帰るとき，ちょうど町での商売を終えてタクシーで帰ってきた中年女性と出くわした。バーを経営する彼女によれば「仕事が遅くなったときにはタクシーをよく使う，セキュリティのためにもいいわ」と説明した。

　ロドワから1時間半，120 km，これまでとはうってかわって，舗装道路の快適なドライブが続く。赤茶けた砂漠に灌木の林が緑の筋のように入り，ときおり島のように丘や山塊があらわれる。洪水になればたちまち多島海になるような風景だ。突然，前方の丘のあちらこちらから，合図のように閃光がまたたく。間もなくカクマにつく。

1-1-3　銀色の屋根

　伊谷（2009a）によれば，干ばつ以前の1978年，カクマは，教会と小学校のほかには数軒の商店があるだけの寒村だった。その後の大干ばつでは，多くの者が，北部ウガンダ国境方面（図0-2：5頁）から逃げてきており，なかにはウガンダの異民族ジエの人々も混ざっていたという。彼らは教会から配給されるトウモロコシの穀粉（ポショ）などの食料援助や病院での治療を求めて町周辺に難民集落を形成した。流入民がつくる臨時の家屋は1200戸に達した。

　現在のカクマは広い道の両側に60軒ほどの石造りの商店がならぶ活気あるタウンである。大きなガソリンスタンドがあり，大型長距離バスや小型のバンが発着し，そのまわりには荷台に厚い座布団を敷いた自転車タクシー"ボーダ・ボーダ"が客を待つ。最近（2010年）では"ピキピキ"と呼ばれるバイク・タクシーにとってかわられつつある。その背後に，携帯電話の中継アンテナが突きでる（写真1-1）。通話範囲はかなり広い。私の調査地は町から10 kmの距離にあるが，そこから携帯電話で日本へダイレクトにつながってしまう。家畜の鳴き声やアカシアの枝ずれの音を聞きながら，日本の家人と話しをしていると，ここがどこだかわからなくなる。

　町を歩いてみよう（図1-1）。まず，メインストリートの北側は小学校，教会，病院，行政オフィス，飛行場，集合住宅がならぶ。この地域は教会への道沿いに商店がならんではいるが，基本的には公共施設や住宅のエリアである。

写真 1-1　カクマのメインストリートと携帯電話のアンテナ
　　　　　　むかい側の店は，パンク修理の店である。

　商業地域は南側に発達している。メインストリートにある店々のすき間から背後に裏通りが伸びている。そこではトゥルカナの女たちがトウモロコシ，小麦粉，豆などを空き缶に山盛りに盛って売っている（写真 1-2）。店舗は地面にゴザを敷いただけか，木の棒で台をつくった，粗末な小屋掛け店舗である。そのほか，焼き肉と酒を出す野外の"居酒屋"もある。トゥルカナ湖から運ばれる干し魚も手に入る。店舗数は，1993 年には，表通り 55 店舗，裏通りに 40 の小屋掛け，2002 年には，表通りに 67 店舗，裏通りに 66 の小屋掛けの店があった。小屋掛けの増加は資本のない一般のトゥルカナの人々が町に依存していることを示す。2009 年には町当局によって付近の商店を集めた円形のコンクリート製のセールスヤードが建てられた。
　北側のエリアの外側には伝統的なドーム型の小屋が切れ目なくならぶ。最近

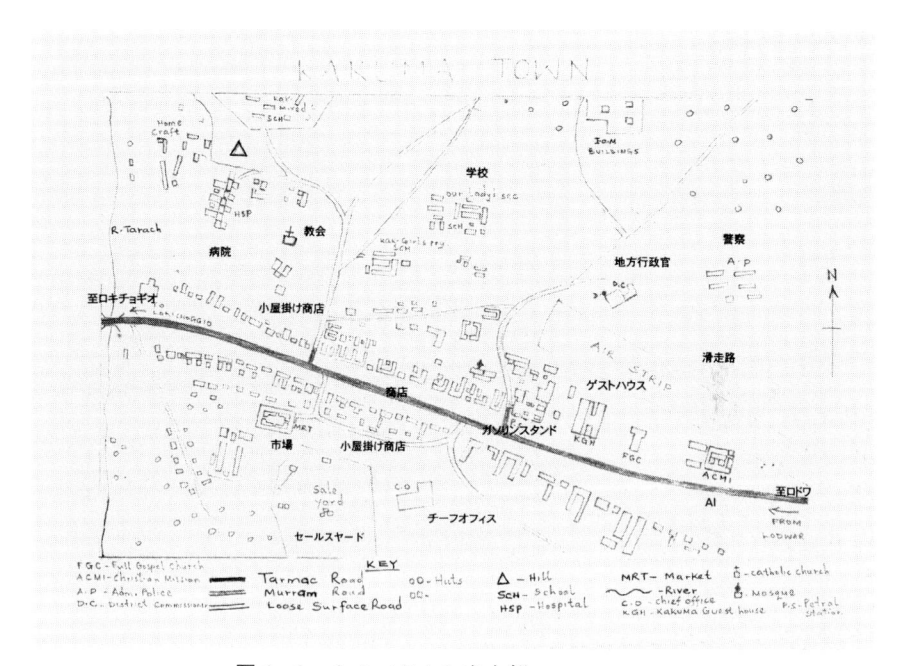

図1-1　カクマタウン中心部
　　　　小学校教師のラファエロ氏が作成。

やってきた人たちの家である。建設資材の木が付近になくなったので，町で拾ったシートや段ボールでまかなっている。地元の人々は彼らの家を"紙のアウイ"と呼ぶ。もともとの住民には知らない人々が増えたので物騒になったという認識がある。

　タウンは大きな涸れ川にいきあたって終わる。タラッチ川である。この川は，いつもは水がなく，上流部で降雨があったときだけ流れる（写真1-3）。川床を1mも掘ると水がわき出すので，地域住民にとっては貴重な水源になっていた。現在では，難民キャンプには深い井戸からポンプで水を汲み上げる給水所がある。また，近所には手おしポンプの井戸もできた。当初は，「薬臭い」とポンプ水を嫌う者もいたが，周辺住民はこのポンプ水に頼るようになっている。さらに，病院や診療所は無料で地元民も利用できるようになっている。難民キャンプへの道には病人を連れた家族の姿がある。

写真 1-2　裏通りの小屋掛け商店

　川にかかる両側 1 車線の頑丈な橋を渡ると，川に沿って，カクマ難民キャンプが広がっている。先ほどの銀色の閃光は難民の仮設住宅のトタン屋根からの反射光だったのである（写真 1-4）。2 km×5 km の面積に，2011 年 9 月，8 万人が暮らす。
　キャンプには，食料からラジカセまでが手に入るマーケットがある（写真 1-5）。いち早く衛星電話やビデオ・ショウを商売にしたのもここだ。レストランやインターネットカフェ，携帯電話の充電屋まである。大きなアンテナをあげたインターネットカフェでは，砂漠の暑さのなか，トタンの屋根の下，数人の若者がグーグルを使っていた。このカフェは工科大学を卒業したトゥルカナ青年が難民キャンプの青年といっしょに経営している。彼らは 2008 年には独立を先取りして，南スーダン共和国の首都ジュバへの進出を計画していた。
　肉屋にはヤギ肉が吊るしてあり，1 kg，200 円程度，そのほか，肛門と直腸

写真1-3　タラッチ川

がつながった部位が板にならべられている。ひとつ10シル。これはトゥルカナの人々用の商品である。丸めた直腸の上に肛門が顔を出し、海産物のようである。スープにする。棚の後ろにはヤギの頭が転がっている。肉屋が近くにあるので、人々は家畜を殺さなくても、肉が部位ごとにすぐ手に入るようになった。病気の治療儀礼では家畜1頭を屠殺して、そこから薬草入りスープをつくって飲む。今では、1頭まるまる、家畜を殺さなくても必要な部位だけを購入するようになって、儀礼というより薬草スープの飲用という治療らしいものになってしまった。

　キャンプはトゥルカナの人たちでにぎわっている。女たちは薪やミルクなどを売りに、男たちは家畜を市場や肉屋に出しにやってくる。食堂の下働きの青年、病人を連れた家族もいる。友人と座り込んでいるグループ。昼から酒を飲んでふらつく男たち。周辺にはトゥルカナの小屋掛け商店や住居が建て込み、

写真 1-4　難民キャンプの仮設住宅

ゴミや人糞が散乱する。

　カクマの人口は，国勢調査によれば，1989 年に 2000 人強だったのが，難民キャンプ設置後，1999 年には 9000 人を超え，2001 年の UNHCR（国連難民高等弁務官事務所）の推計では 35145 人に達した（Government of Kenya, 1994, 2001；Ohta, 2005）。

1-1-4　労働者

　町への流入は，人々の意識にも影響をあたえた。太田（1988）によれば，1979〜1980 年の大干ばつをうけて，EC（ヨーロッパ共同体）を中心にトゥルカナ復興計画（TRP）と呼ばれる事業が立案された。そのなかで，ノルウェーの援助によって，国道 A1 の整備拡張事業が実施された。1986 年にはロドワまで，1988 年にはカクマまでの舗装が完成した。

写真 1-5　難民キャンプのマーケット

　太田は道路工事開始時期のトゥルカナの男たちの意識を次のようなエピソードで述べている。1978年当時，太田の調査キャンプで雇っていた男は食事や給料をもらうことを「贈与と感じており，お返しをすると申し出て私をびっくりさせたものだった」[*3]。ところが，その10年後，1988年には賃労働はあたりまえに受け入れられたという。今では，調査地で雇用する人々（通訳・助手，手伝いの若者，水汲みの女性，ミルクの供与，水浴び場の建設）の間で，謝金の額や賃金の交渉の話し合いをもつのは，年中行事のようになっている。復興事業は人々に雇用機会をもたらし賃労働の考え方を理解させることになっ

[*3] 社会心理学者・安倍ほか（1989）は同様のエピソードを昭和30年代の青森県下北半島に見出している。そこでは，子どもを大工や美容見習いに出した父親が雇用者に恩やおかげの意識をもち，給料を謝絶しその分を自ら子どもに仕送りしたエピソードを紹介している。「意識の近代化」の例である。日本の場合は，国家に支えられた制度的近代化であったが，トゥルカナのようなフロンティアでは，国際機関による援助のかたちで，近代化が点描のように進む。

た。

　カクマの友人ロリネイは1965年生まれの男性である。本人の申告だが，大干ばつで1000頭いた家畜が一気に50頭まで減ったという[*4]。そこで兄がいた高原の町キタレでトウモロコシの収穫などの労働者をしていたが，復興計画の噂を聞いてもどってきた。そして"ウオッチマン"（夜の見回り）の職を見つけた。賃金は1時間50シルで，月に数千シルにはなった。これは当時のケニアの都会での給与より多い。給与は家畜の購入にあてたが，たびかさなる干ばつで結局，残らなかった。彼が得た教訓は「職をもつのが大事だ」ということである。彼の弟4人のうち3人はそれぞれ，教師，警官，NGO勤務である。

　トゥルカナ地域，カクマ周辺での社会変動は，1980年代の干ばつにはじまり，1992年の難民キャンプの設置で拍車がかかったといえよう。家畜の喪失によって飢餓の恐怖に直面した牧畜民たちは，国際援助や政府の配給を求めて，町に流入した。それは，生活の多様な領域を変容させると同時に，個人の意識のあり方を変えてきた。

1-2　掃き出された人々

　次の一組の夫婦の例で，干ばつと難民キャンプ設置がどのように個々人の生活に影響したかをみることにする。アトゥカンとロチョドは50歳代の夫婦である。1997年10月4日，夫妻宅で出産儀礼を行うから見にこないかと誘いがきた。出産儀礼は大干ばつ時に生まれた息子の儀礼を十年以上経って行ったものである。今日まで行われなかったのは，当時は干ばつのためトゥルカナ湖畔カラコルに避難中で，儀礼を依頼する女性も身近におらず，儀礼に使う家畜も植物の実も手に入らなかったからだという。彼らの経歴をインタビューした。

1-2-1　夫の死，ロチョド，実家にもどる
　ロチョドは，もともとアトゥカンの親族の妻であり，5人の子どもがあっ

[*4] 干ばつ以前，伊谷（2009a）は1000頭近いウシをもつ家長に出会ったエピソードを記している。

た。だから，ふたりは顔見知りだった。ロチョド一家はカクマから東に20km離れた場所に住んでいた。1970年にロチョドの夫がコレラで死亡。夫を失ったロチョドは，実弟のいるトゥルカナ湖畔のカラコル（図0-2：5頁）に身を寄せた。

1-2-2　大干ばつ，ロチョドとアトゥカンを引きあわせる

　トゥルカナには，その年の主要な出来事にちなんだ，年の呼び名がある。1975年は「多くの家畜が死んでたくさんの脂がとれた年」と呼ばれた。その年，アトゥカン一家は，家畜の病気によって財産を失い，カクマ近郊へ移住した。町の近くであれば，薪，炭をつくって売れると思ったからである。この年，継続的な食料援助はなかったが，飛行機が空からトウモロコシを投下して，奪い合いになったことをアトゥカンは覚えていた。

　大干ばつ時にはついに食べ物がなく，家族でカラコルへ行った。"白人"の援助を受けるためである。そこで，アトゥカンとロチョドは出会った。ロチョドはヤシの葉のマットやバッグ，木製ステッキ，酒をつくり，アトゥカンは漁師となった。ロチョドのつくった製品は，援助団体が買い取ってくれた。援助団体はアトゥカンにボートを提供した。

1-2-3　レイディングと占い

　3年間カラコルで暮らして，1984年，漁と手仕事でためた資金でヤギを買って，カクマへ行った。最初はカクマの東の郊外にいたが，町近くに移動した。覚えているだけで，4ヵ所を移動し，1992年に現在のタラッチ西岸，難民キャンプのマーケットのすぐ近くに移った。仕事があるかもしれないと考えたからである。

　カクマに移ってから，他民族へのレイディング（襲撃）によって家畜を増やそうとも試みた。ある日の夢で，ウガンダに行くと牛が手に入る，白い色の粘土を身体に塗っていくとよろしいと告げられた。友人に呼びかけると，7人のグループができた。ナカペリモル〔周辺の敵対民族ジエの領域の地名〕へ出かけると，運良く，自分の前を警護手薄な牛の群が通っていた。そこで40頭の

牛を手に入れることができた。でも結局その牛は，追っ手によってとりもどされてしまった。しかし，夢で見たことが実現したのだから，それ以来自分に占い師の力があると思い，サンダル占いをはじめた。「だが，誰も客が来ないので，いつもひとりでサンダル占いをしているわけさ」とのことである[*5]。

現在では，アトゥカンはわずかな家畜を飼いながら，ナイフ，山刀，斧などの金属製品の加工で暮らしをたてている。それだけでは暮らしていけないので，難民キャンプに薪を売り，土木作業の用役に出て日銭を稼いでいる。

この事例からは家畜を失ったときの対処を知ることができる。まず，病気で家畜を失ったアトゥカンたちが「町の近くであれば，薪，炭をつくって売れる」とみこんで，町部に出て生活をつないできたことがわかる。そして，伝統的な家畜回復法である他民族への襲撃も試みている。

彼らの苦闘をたどると，町が飢餓やセキュリティのためだけではなく，新しい生活をつくるために重要な役割を果たしていることがわかる。しかし，それは同時に，牧畜民がつくるセーフティネットからはずれた個人として生活しなければならないことを意味していた。キャンベルほか（Campbell et al., 1999）の図示はそのプロセスをよく表している（図1-2）。牧畜生活を維持できるかはいくつもの要因によっている。実際には，定住－牧畜を繰り返したり，町に依存しながら牧畜も行う"半町半牧"を営んだり，定住と牧畜の間にさまざまな生業戦略がありえる。この図で，干ばつの被害にあって牧畜セクターになお残存できるには，近親者や友人の援助が不可欠だと位置づけられている。反対に，一度，定住セクターに陥ると，牧畜をはじめるには，自力での回復を余儀なくされる。牧畜民の家畜のネットワークから脱落するからである。

1980～81年はロピヤール，「掃き出された年」と呼ばれる。この年から続く干ばつは家畜の命を奪っただけではなく，トゥルカナの人々をも町へ掃き出したのである。このような経験はアドゥカンとロチョドだけのものではない。多

[*5] トゥルカナでは占いがさかんで，なかでもサンダルを地面に投げてその配置を読みとるサンダル占いはもっとも一般的である（作道，2004，2005）。異常な出来事，治らない病気，身内の死などに際しては，占い師（エムロン）をたずねる。占い自体は難しくないので，占い師でなくてもできるが，アトゥカンのように評判によって淘汰される。

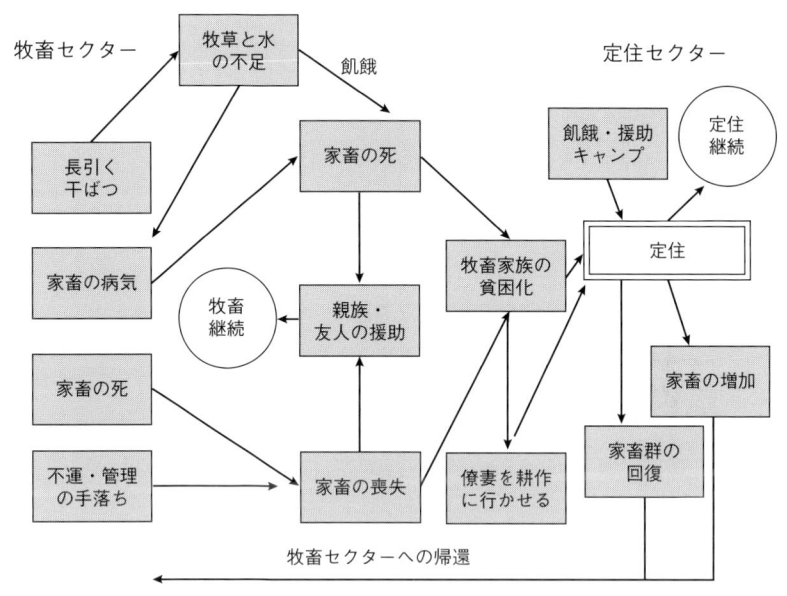

図1-2　牧畜民の定住−牧畜の経過（Campbell *et al.*, 1999 より作図）
　　　干ばつが長引くと，水や草地が枯渇し，飢餓や病気によって，家畜が死ぬ。
　　　あるいは，他民族の襲撃や自らの管理の不行き届きによって家畜を失う。
　　　そのとき，親族や友人の援助があれば牧畜は継続可能である。

くのトゥルカナの人々がもつ共通経験となっている。

　町に集まったのは家畜を失った避難民やビジネスチャンスをみた商人たちだけではなかった。

1-3　外来治療者

　小学校裏の立て込んだ路地に，その家があった。これから，"悪霊払い"のダンス治療が行われる。ギジョキョ[*6]と呼ばれる精神病の治療儀礼である。小屋のなかに招かれ腰をおろすと，次々と少年や少女が入ってくる。もうすぐ午後4時になろうとしている。子どもたちは，黒いプラスチックの水タンクを足の間にすえ，水を張ったたらいにヒョウタンを浮かべた。そして，水の量を

調整しながら，チューニングをしはじめた。散発的な演奏が歌の入った音楽になったのは，彼らの母親たちが入ってきてからである。小屋は約30人の人でいっぱいだ。少年たちが，水タンクのドラムと，水に浮いたヒョウタンをたたいて，リズムを刻みだす。ひとりの長身の女性が歌を歌いだす。ハスキーだが野太くひびく。「オー，イェイ，エエイ，エエイ〔かけ声〕，アミト・マイド，アミト・マイド……」と歌う。「湖にいるアミト・マイドよ，私たちを助け給え」という意味である。アミト・マイドは悪霊の名前である。次々と山の悪霊，泉や川の悪霊に呼びかけ，去るように歌う。歌い手の名前はアナといった。

うながされて二人の病者が立ち上がる。二人とも足首と腕に鈴をつけている。一人は10代の少年で，ロドワから来ている。もう一人は50歳代の地元男性である。男性が膝に鈴をつけて踊りだす。ただ，身体を上下させ，少しジャンプさせる踊りで，鈴の音と踊りが必ずしもしっくりしない。いっしょに治療を受ける少年は，無表情で，手足を伸ばしたまま，硬直したまま，足踏みをしているだけである。目はただ一点を見つめている。音楽も彼の深層には入らず，何か機械が反応しているかのように手足を動かす。音楽に感応するのを彼の何かが妨げているのだ。

そのとき，最前列に座って身体を震わせていた女性が，突然，立ち上がって踊りはじめた。硬いまま手足を動かす少年のまわりで踊って，もっと大きく踊るようにうながす。太鼓の音が止まったと思うと，たたき手の少年が倒れこみ，踊りだす。代わって別の少年が太鼓をたたく。歌っていた少女がうつむいたと思うと，踊りだす。小屋のなかは，病者と踊る少年少女で騒然となった。硬直していた少年も踊りだしたようだ。先ほどの女性は踊り狂う少年少女を小

[*6] ギジョキョとはジョキョの人々という意味。アナによれば，ウガンダ北部のアチョリ〔民族名〕に由来するという。アチョリを含む西ナイロートの諸集団にはジョックという「超人間的な力」を示す宗教的観念がある（栗本，1988）。岩，洞窟，木，林，川の湖などの自然物，井戸などに存在し，やってきた人をとらえ，錯乱状態や身体の変調をひきおこす。ベーレンド（Behrend, 1999）は，ジョック概念が植民地時代にキリスト教と結びつき，1980年代後半，北部ウガンダにおきた反政府カルト運動に影響をあたえたことを報告している。ギジョキョがジョック概念の影響を受けた可能性がある。

屋の外へ連れだしたり，介抱したりしながら，その場をコントロールしている。彼女は手を差し出しながら，見ている私に近づいては離れる仕草を繰り返しはじめた。私の隣の女性が小声で「ガロピエ〔お金〕よ」とうながす。50シル札を出すと彼女はそれを掲げて踊りながら去っていった。女性はナブーンといい，施術者のひとりだ。

　硬直した少年は悪霊（エキペ）に出会ったので話しかけたと言う。「なぜ，私を見るのか」とたずねた。すると，相手も「なぜ，私を見るのか」と答えた。そのとき（1988年）以来，身体の硬直が続いている。一方，年配の男性は，1994年，キャンプが来てから，突然右手と右足がきかなくなった。それはすぐ消失したが，「どうしてアウイ〔家〕にいるのかわからない」，「人々の名前が思い出せない」，「場所がわからないので，ひとりで歩くことができない」，「遠くで人の声が，自分の名前を呼ぶ声がする」，「妻の名前も忘れてしまった」といった症状に悩まされるようになった。素人の見立てだが，少年は心因性の運動障害，男性は脳血管系の障害を推測させる経過である。

　ダンス治療は，精神病の治療である。患者にダンスを踊らせ，薬草を飲ませ，病気を排出する方法である。同時に，治療者は周囲の人々に守るべき決まりを課す生活指導を行う。たとえば，先の男性の場合であれば，「彼と話したい者はまず，何か物を差し出さなければならない」という注意がなされた。ダンス治療では，「治療バンド」（長島，1987）がいろいろなエキペ〔悪霊〕の歌を歌い，ドラムをたたき，どのエキペがひきおこしたのかを調べる。3日ほどの間隔をあけて踊らせると，やがて歌に反応しなくなる。そうすればエキペが居場所に帰った証拠である。治癒までには3ヵ月くらいかかる。ドラムをたたくとまわりの人が踊りだすところをみると，誰もがこの病気になる可能性があることがわかるという。

　歌は悪霊に呼びかけ，去るように命じる歌詞の繰り返しである。激しいリズムとともに歌われる。

　　オー，イェイ〔かけ声〕，ナロラン〔悪霊の名前〕よ，踊りなさい，オーイ
　　エイ，ナロランよ／踊りなさい，ロドゥリアエ〔悪霊の名前〕よ，ナポン

ド〔山の悪霊の名前〕，かなたにいる／通らないで，私のいるところを／あなたのもの，それをもっていけ，あなたのではないもの，おいていけ，イエイエ／いきなさい，いきなさいナポンドよ，なぜいかない，二度ともどるな，泉のなかに，入っていけ，ナマナオ〔霊の名前〕よ／私たちは泉にいこう／ナマナオは川からゆっくり，ゆっくりやってくる。

1-3-1 アナとコジョ

　この種の治療はもともとトゥルカナにはなく，人々は他民族由来といわれる治療に頼ってきた。地域の最高齢と思われる老人は自分の若い時（1950年代），この病気にかかって，ウガンダの異民族ジエの治療者のもとにいき，ダンス治療を受けたことを覚えていた。

　リードボーカルのアナは，トゥルカナだが，ウガンダのモロトから2，30 km北方で，異民族のジエといっしょに暮らしていた（図0-2：5頁）。そのとき，発病したアナは彼らの治療を受け，治癒した。この治療は，ウガンダの北西部の民族アチョリから伝わったともいう。夫はコジョといい，トゥルカナ南部−ウガンダ国境に近いカティロ地域の出身で，高校を地元で卒業したあと，ウガンダの首都カンパラにあるマケレレ大学[*7]で経済学を学んだ。しかし，1970年代後半に，アミン政権によって追放され，故郷にもどっていた。そのとき，アナと出会いいっしょになった。ちょうど，1980年代の干ばつの復興事業の求人に応募したところ，書記兼，プロジェクトの啓蒙活動をするプロモーターとして雇用された。当初はロドワ，その後，カクマで仕事をした。

　アナは周辺にいるナブーンらといっしょに，夫の勤務地についてきた。1991年にロドワで治療を開始すると，多くの患者が集まり大盛況を呈した。カクマには，夫が仕事でたびたび訪れていて土地勘があったうえ，難民キャンプができるとのことでさらなる患者を見込んで移ってきた。ちなみに，夫は復興事務所のタイプライターを使って，ギジョキョのダンス治療の概要と料金を記載したパンフレットをつくっている。それによれば，「10頭のヤギかヒツジ，それ

[*7] ウガンダ最大の大学で，1922年技術学校として創立された。多数の独立後のアフリカ指導者を輩出した。ケニア大統領キバキ氏（2012年現在）の出身大学である。

ともウシ1頭，家畜がなければ10000シルを，患者を連れてくる前に用意すること」とある。夫の手によって，アナのダンス治療はカクマというマーケットで商品として売りだされたのである。

アナたちは1998年にいったんウガンダのモロトに帰っていたが，ときどきカクマにもどっており，2008年にはカクマでの治療を本格的に再開した。現在では，カクマとモロトを往復して患者をみている。

重要なのは，アナたちのようなダンス治療が治療資源としてカクマに現れるのは，干ばつの余波だということである。マケレレ大学にいたコジョは政治的軋轢でケニアにもどり，干ばつの復興事業で職をえる。妻で治療者のアナは夫の仕事で移動し，患者を集めてカクマで評判をとる。このように干ばつ後の社会変動は，治療者をも町に引き寄せたのである。

カクマの町には，アナたち以前からダンス治療を行っていた一家がいる。彼らはトゥルカナ北部オロポイ，トゥルカナ南部カティロ，ウガンダのモロトから，ダンス治療だけではなく針金治療や薬草治療をもたらした。そのきっかけは襲撃や干ばつであった。

1-3-2 ナッコイ家

ナッコイ家は現在カクマ近郊に居住しダンス治療や薬草治療など各種施術を行っている。家長のナッコイはウガンダとの国境地帯の出身である。彼には異民族カリモジョンの男と結婚し，ウガンダの町モロト近郊にいた妹ペドがいた。1970年代に夫がトゥルカナの襲撃によって殺されたため，ペドは子どもとともに身を寄せてきた。現在でも，ペドは息子をモロトへ行かせたり，自分がもどったりして，カリモジョンの薬草を手に入れて，販売している。カリモジョンの地はトゥルカナに比べて降雨量が多く，薬草が豊富であるという。

そのあと，大干ばつのため，母方の親族ロシケ〔男性〕が身を寄せてきた。ロシケもまた南部のウガンダ国境付近からやってきた。針金を使ったシル〔血の病気〕治療ができ，ナッコイは彼から針金治療を習った。同じ時期に，ナッコイと異母姉であるロカレイがやはり干ばつのため，北部国境地域オロポイから，家族といっしょにやってきた。彼女がダンス治療を持ち込んだのである。

ロカレイの治療はアナたちと同様に，悪霊の名を呼びかける歌を歌って患者を踊らせる治療である。彼女は病気治療をドドスのティム（図0-2：5頁）で学んだといい，一種の誘拐譚(ゆうかいたん)（超自然的な力によって拉致されたという定型の話）を語った。子どもの頃，洞窟に入ると，そこはミルクの流れる川があり，傍らに老人が死んでいた。老人をマッサージすると，老人は生き返った。そこでロカレイは数年をすごし，治療法を学び帰宅した。

ロカレイは症状について次のように表現した。患者は人々がまるで，ア・シネマ〔映画〕のなかにいて話しているようにみえる。治ると，ふつうに人々のなかにいるように感じる。町で見た映画の経験になぞらえて，離人症的症状を表現したと思われる。回復すると，音楽に反応しなくなる。ア・シネマが襲ったとき，カミが助けてくれて薬草で病気をいかせる。ロカレイは患者の体内から手品のように悪いものをとり出す"吸い出し"（アトゥワレ）の技術をもっている。彼女の場合は，直接患者の身体にかぶりつくように口をあて，肉片や木の枝，金属片を吐き出してみせる。2000年になって，高齢のロカレイにかわって，ナッコイの娘が，難民キャンプに隣接した場所でダンス治療を受けついでいる。難民キャンプの隣に家をもったのは，「患者が集まる」と判断したからである。

1-3-3 治療のマーケット

アナたちやナッコイ家の来歴をみると，カクマでの外来治療の隆盛は干ばつとその後の難民キャンプ設置という2つの大きな社会変動がきっかけとなっていることがわかる。干ばつによる避難民のなかには各地の治療者がまじっていただけではなく，最初から，町での顧客獲得を目当てに流入した人々もいた，その傾向が，難民キャンプの設置によって加速されたということができよう。カクマへの治療者の流入には，ケニア－ウガンダ国境地帯トゥルカナ北部で隣接する異民族ジエ，ドドスと，トゥルカナ南部の異民族カリモジョンからの，2つのルートがあるようである。国境地帯での，異民族との接触で治療法を学んだトゥルカナの人々が"営業"を開始した。それだけではなく，2005年と2009年に，高原の町キタレやさらにその南部の商業都市エルドレッドから，

薬草治療者がやってきて開業している。カクマの町は干ばつや略奪で家畜を失った人々の避難所であると同時に，ビジネスチャンスを提供してくれる治療のマーケットとなっている。

カクマはアナやナッコイたちのような異民族の治療を標榜する外来治療者を引きつけただけではない。より身近な治療者にとっても魅力的である。治療者のなかには，治療が評判になって，親族や友人に呼ばれてやってくる移動治療者もいる。一例をあげよう。

知人がたずねてきた。彼は病弱な妻をかかえている。「また妻の具合が悪い。ロミリという女性治療者がきているからかかりたい。ついては治療代が欲しい」ということである。事情は次のような次第である。妻は5年前に子どもを産んでからこんな調子だ。子宮が痛む。これは出産のあとの出血が子宮の中に残っているためにおこる病気である。他に症状はないが，とにかく痛む。別の治療者にもかかった。その治療者は血の病気で全身の血管が痛むシルだとして，ヤギを屠殺して，下剤入りスープを飲ませる治療儀礼を行ってくれた。下痢をすれば，確かにその病気はシルということで，病気も治ってしまうところだったが，下痢をしなかった。シルではなかったのである。それで，今度はロミリにお願いしたいという。ロミリの見立てによると，この病気はすでに慢性病（治らない病気）になっている。吸い出し治療をしなければならないと見立てた。

ロミリが今回来たのは，ロミリと知人の妻は祖父が同じ，親戚同士であったことがひとつの要因である。先月，夫妻が生活の援助を求めてロドワの知人をたずねたとき，一番下の子どもが熱を出した。そこで，ロミリに占いと吸い出し治療をお願いして，家畜の儀礼をしたら，回復した。そのときから，ロミリは「カクマならロドワより患者がいるかもしれない」と思い，ソンゴットの家に泊めてもらいながらの治療を思いついたのである。ロミリは結局，1ヵ月ほど滞在すると，ロドワに帰っていった。

1-4 医療の浸透

1-4-1 医療資源

　変化したのは民俗治療の領域だけではない。伊谷（2009a）は，大干ばつ時に医療援助が入ったことを報告していた。その後，難民キャンプが設置され，この地域の医療資源も大きな変動をむかえた。

　病気になったとき，住民が利用可能な現代医療の専門的エージェントとして，次の4つがあげられる。

　第1には1960年代に開設されたカトリック教会経営のカクマ・ミッション・ホスピタル（Kakuma Mission Hospital，以後KMHと略記）である。入院施設（60床）もあり，当地では唯一外科手術と歯科治療が可能なスタッフと設備を備えている。レントゲン撮影の設備もある。有料である。人々は「エ・ミッション」と呼んでいる。ただし，フィールドの人々にとっては，病人をつれて徒歩で1時間かかるため，次に紹介する難民キャンプの病院にかかることが多くなっている。第2は，無料で受診できる難民キャンプ内の病院と診療所である。国際NGO・IRC（International Rescue Committee）が運営にあたっている。近年では設備の拡充によって付近のトゥルカナにとっては最初の治療として考えられるようになっている。建物の色から，「ロニャン〔黄色〕」と呼ばれる。開設当初は難民を含めて多数の患者を収容できず，病院の中庭に黄色いテントを張って急場をしのいだことに由来するともいう。第3はキャンプ内にある薬や注射が豊富な私設診療所である。私設であるが，名称は「パブリック・クリニック」を用いている。自らも難民である医師らのグループがはじめたもので，独自の調達ルートをもつという。"診療室"は難民キャンプ内の民家である。治療費は高いが，わかりやすい。注射1本100シルとされている。人々は「ガロピエ〔お金〕」と呼ぶ。

　さらに，第4として2007年からタラッチ川上流10 kmほどのところに，大掛かりな移動病院ができている。治療者はウガンダのモロト出身の男性で，南スーダンの首都ジュバで，資格をとった。病院には，いくつものテントがあり，自家発電機，衛星電話を設備してある。患者は周辺のトゥルカナ住民と，

難民キャンプの南スーダン出身者である。治療すべき患者の多い地域をめざして移動する。

その他に，カクマから 80 km ほど北上した，国境近くロキチョギオには寄生虫（エキノコッカス）の予防・治療を行う AMREF（African Medical and Research Foundation）の病院や赤十字病院（ICRC: International Committee of the Red Cross）もある。また，ロドワには，国立ロドワ病院がある。しかし，カクマの人々にとって，これらは遠方であり経費がかかるため，容易には利用できない。

KMH の患者数を見てみよう。表 1-1 は 1990 年から 2000 年までの外来患者のべ数である。1990 年 7058 人を難民キャンプ開設前の基準とすると，1992 年から 1994 年にかけて 3 倍以上に増加している。ただし，この増加には，難民キャンプの施設が不十分なため，KMH に通院してきた難民の患者が相当数含まれていることがわかっている。1996 年から 2000 年の患者数は 9264 人から 14261 人までの範囲に収まる。キャンプ設置前の 1.3～2 倍の患者が訪れるようになったとみられる。難民キャンプの病院・診療所を訪れるトゥルカナの外来患者は全体の患者数の 1 割といわれており，それは年間 1 万人を超える。あわせて推計で年間のべ 2 万人のトゥルカナの人々が医療機関にかかっている。

表 1-1　KMH における外来患者数推移（病気別，のべ数，著者作成）

病名＼年	1990	1992	1993	1994	1996	1998	2000
マラリア	1417	4371	12628	9092	4994	4790	7383
呼吸器疾患	632	1051	885	1585	1698	572	1146
下痢	493	920	1902	1319	1285	652	786
皮膚病	787	838	377	1155	421	252	611
目・耳	551	661	951	930	530	363	381
栄養不良・貧血	196	1236	703	562	135	82	232
淋病・尿路感染	234	308	589	606	264	299	303
肺炎	184	389	379	859	154	169	257
事故	278	228	147	586	128	95	137
その他	2286	9293	6572	4981	2709	1990	3025
合計	7058	19295	25133	21675	12318	9264	14261

左手の人差し指の先にできた腫れものが悪化して，左腕全体が腫れ上がった40歳代男性は次のように訴えた。

　家畜を殺して血を浴びる儀礼と薬草入軟膏を使ったがよくならない。妹とケンカをしたとき，妹を指さしてののしったが，そのとき妹に呪いをかけられたのかもしれないと思った。そこで，占い師にかかったが，呪いではなく血の病気シルだと言われ薬草を買うように勧められた。自分としては，難民キャンプのためによごれた川の水のために，腫れものができたのではないかと思っている。

人々は「干ばつ以後，病気が増えた」「政府のトウモロコシ（食料援助や配給）が来て以来，病気が増えた」「難民キャンプができて，水がよごれて体調が悪い」「毎日薪を運ぶので身体のあちこちが痛い」と，地域の社会変動と暮らしの変化を，病気の増加・健康状態の悪化と結びつけて語るようになった。

1-4-2　医療化

「はじめに」で述べたように，毎日数十人の人々が私のアウイに相談ごとを持ち込んでくる。そのなかには病気の相談が少なからずある。彼らは私が持参した一般的な傷薬や風邪薬や抗生物質を目当てにやってくるだけではなく，病院や伝統的な治療にかかるために，さらなる援助を引き出そうと相談していく。そこから見える病気対処の実態を報告しよう。

1995年の8月から9月の2週間に，49人が相談に訪れた。1日平均で3.5人の相談を受けたことになる。ここでは，主に記録の不備がない45人を対象にして，彼らの志向性を探ってみよう。対象者の内訳は，10歳以下の子ども（21人）と大人（24人）である。子どもには1歳以下の乳児が9人含まれている。

相談に来るまでの日数は，子どもでは1ヵ月以内（うち1週間以内が14人，前日が6人）に発病した病気，大人では発病して1年以上経過した病気の相談がそれぞれ多い。子どもの相談は発病間もない緊急の病気，大人の相談は治り

にくい病気についてである。

　相談以前に何らかの治療を行ったケースは18例（全体の40％），その内訳は，自家治療が9例，医療が5例，トゥルカナの治療者に依頼したのが4例である。自家治療9例では，家畜を用いた治療儀礼が5例（55％），薬草を入れた水での水浴が3例（33％），薬草の飲用が1，その他が1（重複例を含む）である。トゥルカナの治療者は，占い師3例，瀉血施術者1例である。

　相談者が次にどのような対処を望んでいるかをたずねた。「私にもらった常備薬を試す」が23例（51％），「トゥルカナの治療をしたい」が16例（36％），「医療にかかりたい」が6例（10％）である。常備薬を求めてきた人々は，効果がないと，医療にかかる傾向があるから，29例（61％）が「できれば医療にかかりたい」という人々ということができる。トゥルカナの治療を希望する16例の内訳は，治療儀礼，瀉血など"外科"治療がそれぞれ4例計8例（50％）を占める。その他には，マッサージ，薬草購入，占い師がある。1995年時点にあっても，医療も，重要な選択肢であったのがわかる。

　医療化は相談者が使う病名にも表れている。エレケスは，マラリア原虫による疾病以外の広範な心身不調を含んだ病名だった。それが医療の普及によってマラリアと同じ意味で用いられるようになったのである。相談者の訴えに「マラリア」，「ニューモニア」〔肺炎〕，「ティービー」〔結核〕，「レプロシー」〔ハンセン病〕，「メニンギテス」〔流行性脳脊髄膜炎〕という英語の病気名をきくこともめずらしくない。医療援助とともに普及したのである。

　私はほぼ同じ10家族のメンバーを対象に，1年にどれくらい病気にかかったか，どのような治療を受けたかを定点調査を行っている。それによれば，2004〜05年では，病気エピソードの23％で，2006〜07年では41％，2010〜11年では54％が，商店での売薬か病院を利用していた。一方，伝統的な治療もすたれてはいない。病院は増大する患者に対して，緊急に治療が必要なケースと，ローカルな慢性的な病いとの弁別をしている。そして後者に対しては，「これはトゥルカナの病気」と，ローカルな対応を勧めることも多い。

　まとめてみよう。この地域は1980年代の大干ばつと，1992年の大規模難民キャンプ設置という大きな社会変動にみまわれた地域である。家畜の減少，町

への流入，定住化傾向，人口増加，配給・援助物資，マーケットへの依存，主食の変化，医療資源の整備が進行してきた。トゥルカナの人々は干ばつと難民キャンプを生活の変化の時代的な区切りとして認識している。新しい病気，古い病気という区別がいわれるのもこの区切りによってであった。医療機関の進出は，人々の体調への感度を鋭敏にした。とくに無料の医療機関の存在によって，人々は医療を第1の治療として位置づけるようになった。一方で，医療機関は，医療の病気と「トゥルカナの病気」を区別して増大する患者に対応しており，そのため，在来の民間・民俗治療もすたれていない。

　このような社会変動のなか，糞肛門は出現したのである。

第 2 章

見知らぬ身体

2-1　出会い

　1995年10月14日，10時過ぎ，私たちはウガンダ国境の山地部にいる知人をたずねるため，カクマからランドクルーザーに乗り出発した。西に見える黒い山陰にむかって未舗装の道を走る。11時半頃には雑貨屋とチーフの家があるオロポイという小さな集落につく（図0-2：5頁）。ウガンダ国境までわずかである。これより先にはもう集落はない。林間に放牧キャンプが点在するだけだ。車が通ることができるように踏み分け道をきりひらいて進む。その手伝いのため，あらかじめ数人の青年を乗せている。小川や邪魔な灌木に出会うたび，彼らは山刀やスコップを手に車から飛び出していく。

　ところが，そのなかで助手だけが出てこない。後部座席で窓に顔を押しつけて息を荒くしている。窓ガラスが熱い息でくぐもっている。額からは汗がふきだし，目はとろんとしている。はだけたシャツの胸に手をあてると，冷たい汗に覆われたなかに熱い固まりがあるようだ。高熱だ。みんなで木陰に運んで横にならせる。水筒の水でマラリア薬を飲ませようとすると，彼は薬を吐きもどし，そのまま咳をして寝込んでしまった。2時間ほど横になると熱も下がって，表情がしっかりしてきた。発作的な高熱，嘔吐，頭痛，速やかな回復。症状からしてマラリアの発作である。

　夕方5時過ぎ，日没前に，知人の家に着くことができた。ちょうど，放牧から家畜の群が帰ってきたところだ。標高は1100 m，日が落ちると涼しい。山のむこうには敵対する異民族ドドスの人々の集落がある。レイディングが活発な時期で，その夜も，明け方まで家畜泥棒を警戒する青年たちの声とときおり

の銃声が聞こえた。トイレに立つと護衛の若者がどこからともなく現れ，ついてきた。

　翌朝6時。涼しい冷気のなか，朝のチャイを飲んでいると，知人の妻がやってきて，「自分は病気だから，山を越えてドドスの治療者にかかりたい。アトゥワレ〔吸い出し治療〕をしてもらうのだ」と相談にやってきた。彼女の病気はアグレ，足の麻痺である。カクマから同乗してきた男が説明してくれる。「アグレの原因は糞肛門だ。食物がコリアン〔固い糞〕になって，腸が曲がったところにたまって痛くなる。その痛みが足にくる」。

　カクマにもどったのは，その日の昼過ぎだった。私はやっと回復した助手に，発作について確かめると，意外なことに助手はマラリアではないと言下に否定した。病気は糞肛門で，腸に固い糞がある病気である，その証拠に「アナカキネット」を吐いたじゃないかと主張した。アナカキネットとは家畜が吐き出すもので，人間にもあるという。さらに，翌日の朝，助手は頭痛と肩甲骨の痛みを訴え，鎮痛剤が欲しいといった。やはり「糞肛門だ」という。チライ（写真3-1，65頁）がどくどくいって痛いといって，へそのあたりを押さえてみせた。その後も，助手の糞肛門はときどき顔を出した。1998年11月3日夜，助手が咳をしていた。「どうしたのか」とたずねると，「糞肛門が心臓を圧迫している」「腹部で何かが屹立している」感じがすると訴えた。

　銃声が響くなか，知人の妻は敵対するドドスの治療者にかかりたいと訴えて，私を驚かせた。彼女は脚の麻痺を糞肛門と考え，それを同行の男性があたりまえのように講釈し，助手はマラリア発作を糞肛門で説明した。糞肛門は蔓延している。示された症状は多様である。脚の麻痺，咳，嘔吐，喉や胸部の違和感，チライの拍動，身体痛。これらの症状と糞肛門はどのような関係にあるのだろうか。そもそも助手の言った「アナカキネット」とは何か。

　本章では，糞肛門にかかった病者へのインタビューを中心に，糞肛門とはどのような病気なのかを現象面から理解する。まずは病気の現場にむかう。

2-2 エコリ調査

　トゥルカナの家は刺のある木の枝でつくったフェンスに囲まれた屋敷地にある。そこには家畜を入れておく家畜囲いと，ドーム型の小屋が点在している。これらの小屋はすべて女性の小屋であることはすでに述べた通りである。家長の妻たちや年配の姉妹たち，そのほかの縁者の女性が小屋をもっている。日常生活はこれら小屋ごとに営まれている。したがって，家族員の日常をよく知っているのは小屋の女性たちということになる。そこで，病気の調査をするとき，私はまず女性の小屋をたずねて家族員の健康状態をたずねることにしている。小屋は昼間過ごす大きめの小屋エコリと夜の小屋アカイが組になっている。聞き取りは昼の小屋エコリで行うことが多いので，私はこの調査を「エコリ調査」と呼んでいる。

　2001年8月28日。私がL家を，エコリ調査にたずねたときのことである。ギマレという女性のエコリのなかで，毛布をかぶらされ全身をたたかれている青年がいる。ギマレの息子である。よく見ると，お湯の入ったらいをかかえて毛布をかぶっている。獅子舞のようである。息子は，汗をかき，咳き込んでいる。話を聞くと，彼は卒倒して，嘔吐，下痢をしたため，カクマ病院に2週間入院していたのだという。お金のかわりに一頭のヤギをもっていった。診断はつまびらかではないが，おそらくマラリアだろうとのことである。数本の注射をされたところで経費の支払いができずにもどされてきたのだった。右腕にヤギの右前足からとった皮のお守りをしている。元気がないので，つい3日前に白い雄ヒツジで，心臓をとりもどすアウカキン儀礼をしたばかりである。今日の儀礼は家畜を使わないアウカキンの1種で，毛布をかぶって湯気を吸い込むことで，発汗をうながし咳き込ませ，心臓をもどす。咳き込むのは心臓がもどった証拠だ。母ギマレは，息子の病気を糞肛門か，心臓の問題だろうと推測していた。

　別の小屋では家長の妻ボトルが自分の病気を訴えた。熱こそないものの，食欲不振で，頭痛と咳がひどい。エレケス〔マラリア様の不調〕だという。発病してもう8日になる。町の売店で，1つ2シル（約3円）で赤と黄色で塗り分

けられたカプセル（抗生物質）を8つ買って1日1つずつ飲んだけれど，病状が改善しない。そこで，お隣さんのギマレに相談すると，彼女は「糞肛門」だと判断して，昨日からマッサージをしてくれている。糞肛門には薬はない。ボトルは，「マラリアか糞肛門かを病院で血をとってもらいはっきりさせたい」と言った。近年，マラリアかどうか判定する簡易キットが普及して，難民キャンプ内の私立クリニックで使われている。医師がマラリアといえば，病院で治療ができる，そうでなければ，糞肛門だ。それならトゥルカナの治療，マッサージしかない。ボトルはそう考えている。助手の発作にもみたように，糞肛門はマラリアのような症状をひきおこす。

　たまたま訪れた2軒のエコリで，私は糞肛門に出くわしたことになる。病状に注目してみると，ギマレの息子は入院加療途中での退院で，本来の医学的疾病マラリアが治っていない状態である。ボトルは服薬したが，効果がない状態にある。ふたりとも「どこか調子が悪い」状態にあって，病気を同定する際立った症状を見出せないでいる。それは特定の病気を指す標識症状をもたない，一般的な不調にとどまっている。そのとき，ただちに彼らは糞肛門の可能性に言及している。訴えられた症状は卒倒，嘔吐，下痢，食欲不振，頭痛，咳，全身不調と多様である。私たちは，糞肛門が多様な病気，症状をひきおこす病気で，既存の病気の背後にあるとされていることを知るのである。

2-3　蔓延

　実際どの程度，糞肛門は蔓延しているのだろうか。また，いつ頃からはやりだしたのだろうか。エコリ調査の結果を表2-1に示した。カクマ周辺に住む10家族129人が2003〜04年の1年間にかかった病気のうち，糞肛門が占める割合を示した。対象者が1年間になんらかの病気にかかった割合（罹病率）は78％（100人），病気にかかった人のうち糞肛門にかかった人は34％（34人）に上る。家族単位でみると，糞肛門患者がいないのは2家族のみで，8家族が確実に糞肛門の病者をかかえている。留意すべきは「みんなある」と答えた世帯が3つあることである。これは家族員の健康を担う女性が家族員の日々の体

表2-1 糞肛門病者数（2003～04年）

アウイ	対象者数	病者数	糞肛門	備考
1	45	36	4	
2	11	5	0	
3	15	13	2	
4	6	4	1	
5	7	6	0	
6	10	5	1	
7	11	9	9	「みんなある」
8	8	6	1	
9	11	11	11	「みんなある」
10	5	5	5	「みんなある」
計（人）	129	100	34	
罹病率		78%	34%	

調変化を観察して，糞肛門の存在を確信していることを示す。

　病気の経年変化もみておこう。表2-2は，1997～98年に実施した病歴調査の結果である。この調査は各屋敷の家長やその妻を中心に，これまでかかった病気エピソードを聞き取ったものである。ここでは14の主要な病気について，病気にかかった人数によって降順に並べた。想起してもらったデータなので，記憶の錯誤や減衰の影響はあるが，傾向はつかめる。これによれば，糞肛門は80年代から90年代に急増，病者数は前10年間に比べて2倍以上の伸びを示している。

　なお，そのほか，病者数の増加をみた病気としては，アウカキン〔心臓喪失〕，アラマタウ〔心臓遊走〕，ギジョキョ〔精神病・行動異常〕がある。いずれも，特有の心理的病態を指す。住民の心理的緊張が高まっていることが示唆されている。

2-4　症状

　糞肛門の症状と特色については，2002年に実施した糞肛門経験者16人（30歳代～50歳代までの男性12人，女性4人）へのインタビュー調査の結果から概観することができる。インタビュー記録から，便秘や嘔吐などの症状に注目

表 2-2　病気の年次変化

順位	病名	症状	1970～79 年	1980～89 年	1990～98 年	合計
1	アウカキン	情意減弱・衰弱	6	20	△44	70
2	クワン	黄疸、だるさ	6	24	23	53
3	ロメゼキン	腫れ、大きな湿疹	13	21	15	49
4	ロコウ	激しい頭痛	7	20	15	42
5	シル	血管の痛み	8	15	18	41
6	エティッド	脾臓・肝臓の腫れ	6	16	7	29
7	アラマタウ	動悸亢進	2	3	△18	23
8	シキナ	咳、黄疸、だるさ、発熱	5	8	10	23
9	アグレ	足の麻痺	3	8	11	22
10	糞肛門	便秘、腰・脚など各部の痛み	1	3	△17	21
11	ロマガリ	肋骨・体側の痛み	5	10	5	20
12	ロバイ	骨の中の痛み	1	7	7	15
13	プール	細かい発疹、麻疹	8	4	2	14
14	ギ・ジョキョ	精神病－行動異常	1	0	△3	4
	合計		71	159	195	406
	対象者		63	83	88	234
	平均罹病数		1.1	1.9	2.2	1.7

△は 1990～98 年において前 10 年間より 2 倍以上の増加をみた病気。単位は人、合計はのべ数（複数回答あり）。

して表 2-3 に整理した。

　症状は 5 種類にわけることができる。表 2-3 の左から、熱やだるさ、身体が硬直した感じなどの全身症状（6 人）、腹痛をともなう便秘（排便困難）、下痢、血便など排便の症状（8 人）、嘔吐、嚥下困難、咳などの症状（8 人）、胸痛（肋骨）、頭痛などの上半身の症状（7 人）、脚の痛み、歩行困難など下半身やその他の行動上の問題（8 人）である。糞肛門が全身的症状から身体各部まで広範な症状を示すことがわかる。「腹が心臓を押す」「腸が喉の後ろにある」など独特の表現で症状を訴える者もいて、この感覚は病気の仕組みの理解とかかわっている。パターンをみると、排便の症状を示す対象者と嘔吐などの症状を示す対象者、その両方を示す対象者がいることがわかる。行動障害を示す対象者は半数（8 人）おり、糞肛門とアグレの関連を示している。糞肛門の主症状は排便の問題とされるが、必ずしもそれをともなわない対象者も半数（8 人）を占めている（対象者 I から P）。調査時の症状に限定したデータではあ

表2-3 糞肛門の症状例

対象者	全身症状	便秘・下痢・血便	嘔吐・嚥下困難・膨満・咳	上半身	下半身・行動障害	表現
A	熱,だるさ	便秘,血便	膨満感	胸痛	脚の痛み	
B		便秘,下痢		胸痛,頭痛,上肢痛		
C	痩せ,貧血	便秘			卒倒,失語	
D		血便,下痢				
E	熱	下痢	膨満感		寝てばかり	腹が心臓を押す
F*		便秘,下痢				食欲不振
G		下痢		胸痛	脚の痛み	
H	硬直	血便			歩行困難	
I*			嚥下困難,咳			腸が喉の後ろ
J*			嘔吐,膨満（満腹感）		腰痛	少しで満腹
K			咳	胸痛,頭痛		
L	熱,だるさ		嘔吐,咳			
M			咳	胸痛		
N				胸痛,頭痛	脚の痛み 歩行困難	心臓が痛い
O			腹部違和感			
P*	熱			頭痛		
各症状計	6人	8人	8人	7人	8人	5人

*は女性。血便とは，鮮血がついた便のこと。腸にこびりついた固い糞がはがれるときに出血した証拠と考えられている。

るが，中心的な症状はなくても，背後に糞肛門の存在を推測する傾向があることを示唆する。たとえば，Pでは，熱と頭痛というマラリアのような症状だけで，糞肛門を考えていた。先のエコリ調査の母親の「みんなある」の言葉にみられたように，糞肛門が，人々が不調時にまずその可能性を考えるべき不調のベースラインとなっていることを物語っている。冒頭の発作をおこした助手は，嘔吐と全身症状から糞肛門と判断したのである。

病者の訴えに耳をかたむけることにしよう。

2-5 事例

A（表2-3の対象者に対応）は，難民キャンプの援助団体で稼働する元小学

校教師である。1992年に，マラリア様の症状，粘りのある血便が出た。抗生物質で改善され，便は少し硬くなって出てきた。1週間のマッサージの後，家畜儀礼をして，スープを飲用し，便の排泄をうながし，回復した。1995年にも同様の症状が出た。その後の症状は，身体の硬直，肋骨の痛み，腹部の膨満，便秘である。さらに，足先から痛みが上がってくる，脚が縛られたように動けないという症状があり，このままではアグレになってしまうと心配している。最近は，近所の女性からマッサージを受けている。彼は糞肛門が病気の父だと言う。

　アグレは，ロバイ［関節痛］，ロメゼキン［身体の腫れ］，ロコウ［頭痛］と兄弟で，それらの父が糞肛門である。みんながもっている病気だ。飢えがこの病気をもってきた。食物が少ししかないと固まって腹の中で糞が詰まってしまう。十分に食物があればふつうに出る。町の人がよくかかる病気だ。

　Aの話からは，糞肛門が再発する慢性病で，アグレをはじめとした他の病気をひきおこす原因，「病気の父」として認識されていることがわかる。発病の遠因は飢えや町での生活にある。

　他の病者の声も拾ってみよう。Ｉの症状は嚥下困難である。それを「腸が喉の後ろにある」と表現した。「アグレは昔からあったが，糞肛門は自分が少女時代（1970年代）にはなかった」と言った。

　Ｊは，難民病院でマラリアと診断され，治療を受けた。しかし，彼女は，自分の病気は糞肛門だと判断して，施術師にマッサージをしてもらっている。原因は食事にある。トウモロコシを食べると，糞肛門が「熱くなる」（活発になる）。腹が張って，すこし食べただけで腹がいっぱいになってしまう。Ｆは，激しい腹痛と下痢にみまわれ，町でカプセル（抗生物質）を買い求めたところ，改善した。しかし，今度は，便を出したくても出せない状態になったので，自分でマッサージをした。指で腹部を揉んで，チライ〔大動脈〕を押さえてみた。その前は，痛くて前屈姿勢しかとれなかったのが，まっすぐ立てるよ

うになった。本格的にマッサージ師にかかりたいと言う。

　病者の言葉から，糞肛門がただの消化器疾患を越えて，干ばつによる生活の変化や体調の悪化を反映していることがわかるだろう。そこには，嘆きのニュアンスさえ感じられる。そして，Fがひとまず自己流のマッサージで対処したように，トゥルカナの人々が，自己治療から糞肛門の治療を発達させていった事情もうかがえよう。

　Bは自分の糞肛門について言う。

　　腹痛だけではなく，肋骨も痛い，糞詰まりだ。食べ物がミルクからトウモロコシに変わり，それも脂肪も入れないで食べなければならない。だから，便秘になる。それは干ばつで家畜を失ってから，そうなった。家畜がいて，ミルクを飲んでいればこんなことにはならなかったのだ。ミルクを飲んでいるときに，ときどきある水様便は気にすることではない。

　この男性にとって，糞肛門の症状は腹痛だけではないが，便秘であることは先の女性と同じである。原因は主食の変化であり，その背景には干ばつがある。糞肛門の出現は，1980年代の干ばつによる家畜の死と，それによる食生活の変化とを重ね合わせて認識されている。「干ばつ以前・ミルク・脂肪・軟便」対「干ばつ以後・トウモロコシ・脂肪なし・便秘」という対比のなかで，時代を画する病気として，「糞肛門」は新しいのである。

　これらの話から，下痢や便秘，腹部膨満，嚥下困難，マラリア様の症状，身体各部の痛み，脚の麻痺といった幅広い症状が糞肛門に帰属されていることがあらためて確認できる。さらに，糞肛門であることは，病状や病勢の推移のなかで認識される。とくに，A，F，Jは，医療にかかったあとの病状をみて，糞肛門を確信している。L家の場面で見られた，不調のベースラインとしての糞肛門の特質をこれらのインタビューからも理解できる。

　歴史的経緯，病因論，発症の仕組みについても次のような特徴を読み取ることができる。①干ばつ以降（1980年代）の病気，②原因は食物不足（飢え）やトウモロコシの食事の摂取，③発症の仕組みは，腸にこびりついたトウモロ

コシの粒による腸内の傷，④多くの病気をひきおこす原因，「病気の父」，⑤脚の麻痺アグレに重症化，⑥山にはない，町の病気，である。干ばつ以前以後という時代区分，それによって対比された飢えや食事，生活形態の変化という文脈のなかで，身体構造に即して理解されているのがわかる。ただし，「病気の父」たる所以はインタビューからはわからない。

糞肛門が不調のベースラインとして定着すると，病気の記憶の再編成も行われる。Cが，糞肛門にかかったのでマッサージをしたいと援助を求めてやってきた。

> 家で卒倒して寝込んで4日になる。倒れたとき，すぐ父がヤギをもって，アウカキン〔心臓喪失〕の儀礼をしてくれた。すっかり痩せて，口がしっかりせず，話がおぼつかない。家人はアラマタウ〔心臓遊走〕だというが，自分は糞肛門だと思う。糞がなかなか出ない，出ても少ししか出ないからだ。アラマタウもアグレも貧血も糞肛門がひきおこしているのだ。糞肛門は以前からあった，生まれたとき（1963年）から自分はもっていた。子どもの頃（1971年）腹が腫れた。それが糞肛門の最初だったのではないかと思う。

Cは，糞肛門をさかのぼって過去の病気にまで適用し，意味づけしなおしている。もし，この地域の人々が自らを襲ってきた病気を糞肛門との関連で見直しているとしたら，それは人々の身体の大規模な変動を予想させないだろうか。

2-6 アナカキネット

「アナカキネット」について説明しよう。

ある女性がマラリア様の症状と腰痛を訴えて私をおとずれ，マーケットでヤギの脂肪を買いたいと相談した。糞肛門の治療のためだという。なぜ，彼女はヤギの脂肪を買う必要があるのか。ちょうど居合わせた3人の年長者と話し合

ったときに,「アナカキネット」がひきあいに出された。年長者たちは,この女性の病気は固糞が原因の糞肛門だといったが,そのとき,「アナカキネット」との類似が指摘された。この言葉は,「アキナック〔吸う〕」を語源としており,「腹の中のものを吸うもの（それがひきおこす現象）」という意味である。

　彼らによれば次のようである。

　ウシやラクダのミルクに体毛が混じることがよくある。それを飲むと,腸のなかでミルクとともに溜まってしまう。腸と腰の骨は接しているから腰も痛くなる。それが「アナカキネット」である。同じことが脂肪のない肉を食べてもおこる。そうなっても次の食事で脂肪の多い肉を食べれば問題ないが,数日腸の中でとどまってしまうとこの病気になる。また同じことが血を飲んでもおこる。乾期にはミルクがないから,血だけを飲むことがある。そのとき体毛がいっしょに入ると,血が固まって腹にとどまり,この病気になる。この病気の原因は,絞りたてのミルク,スープなしのポショ,脂肪のない肉,血だけの食事にある。肉にしろ,血にしろ,ミルクにしろ,食べものが腹にとどまり,症状をひきおこすものの総称をアナカキネットという。治療はマッサージで腸の中の固まりをほぐすか,薬木を水につけた浸出液と1日放置したミルクをいっしょに飲む。すると,嘔吐と下痢がはじまり,排出される。

　別の女性（50歳代）にたずねたところ,自分が子どもの頃（1960～70年代）は,糞肛門は聞いたことがなかったといい,ただアナカキネットがあっただけだという。彼女は,「昔,アナカキネット,今,糞肛門」と言った。

　助手は,子ども時代にかかったアナカキネットになぞらえて糞肛門を理解していたのである。腹のなかでミルクの固まりができ,嘔吐してしまう病状と,糞肛門の症状が重ね合わされている。これは,新しい病気が現れるとき,まず既存の病気による理解が行われる例であるが,「昔,アナカキネット,今,糞肛門」にはそれ以上の含意がある。そこにはミルクの豊富な時代と飢えの時代とが対照的に読み込まれ,自分たちがいる現在が示されている。

第3章

新しい病気

3-1 "手づくり"の病気

　トゥルカナの人々は1980年代の干ばつ以降，身体の不調を「新しい病気」と認知し，民間の知識や経験を駆使し，対処を発達させてきた。糞肛門は "正解" のない病気である。病院では，胃腸障害，消化不良，貧血，マラリアなどと診断され，点滴や注射を打たれ，錠剤をもたされて帰されてしまう。「トゥルカナの病気だから，トゥルカナのやり方で治しなさい」というわけである。治療法はマッサージだけである。糞肛門は民間で発見され，マッサージで対処されてきた，手づくりの病いということができよう。

　ケニア北西部半砂漠地帯に暮らす牧畜民トゥルカナの人々の間に，1980年代の大干ばつをきっかけに出現した，新しい病気，糞肛門。ここでは，医療人類学の手法を援用し，その出現過程をとらえるための枠組みを求めよう。

3-2 医療人類学

　医療人類学は1970年代に確立した人類学の一領域で，「病気や健康保持に対する人間の観念や行為（独立した文化体系）についての人類学的研究」（波平，2002）である。池田（1989）は「医療や医学に関する現象を人類学の方法論や理論的枠組みを用いて分析し，応用に役立てようとする諸分野」として，応用人類学的な側面を強調している。近年の途上国への開発援助の必要性や，医療化社会への危機感がこの領域への関心を高めている。

　医療人類学は大きく2つの立場に分類することができる。生態学的医療人類

学（ecolocical medical anthropology）と，医療人類学（medical anthropology）である。前者は，生物文化的人類学（biocultural anthropology）とも呼ばれる。生業形態（たとえば狩猟採集，牧畜，農耕），ライフスタイル（都市と農村），移動（出稼ぎや移民，難民，強制退去，移住），社会変動（都市化，産業化）など，広義の環境への生物学的適応が対象となる。後者では，病気における文化の役割が対象となる。たとえば，病気の意味づけや治療の文化的多様性，治療効果のプロセスなどが扱われ，病気の社会的構成はこの領域の基本的な枠組みのひとつである。新しい病気の検討にあたって，2つのアプローチ[*1]は相補的に用いることができる。生態学的アプローチは新しい病気が出現しやすい好発条件を，文化的アプローチは病気における文化の役割を教えてくれる。

3-2-1 好発条件

デュボス（Dubos, 1965 木原訳 2000）は，病気には「社会的型」があるとしている。人口の大規模速やかな移動や密集はそれ特有の病気の型を生みだす。「微生物による病気の重さと広がり方は，病原となったものの毒性やその他の性質よりも，むしろ侵される側の人間の生活のやり方によって左右される」からである。移動や移住，工業化や都市化による集住といった急激な環境の変動は私たちの健康状態と密接に関連する。より一般化して，デュボスは「絶えず変化しつづけている環境のもとに生活するように強要をされたり，新しい社会関係の中で，予想のつかない未来に直面せざるを得なくなったりしたときに，多くの人間が挫折して健康を損なう」と述べている。そのなかで現れた病気は，変化と関連づけられて人々から"新しい病気"と知覚される可能性があるだろう。さらに，新しい病気は，生活環境の変化が，①感染機会の増

[*1] 生態学的アプローチとしては，デュボス（Dubos, 1959, 田多井訳 1977；1965 木原訳 2000）の一連の著作，マッケロイとタウンゼント（McElroy & Townsend, 1985 丸井ほか訳 1995），ウィリーとアレン（Wiley & Allen, 2009），医療人類学の入門書としては，波平（1994），池田（1989），池田・奥野（2009），総合的な教科書として，フォスターとアンダーソン（Foster & Anderson, 1978 中川訳 1987），ヘルマン（Helman, 2007），主題ごとのまとめとしてジョンソンとサージェント（Johnson & Sargent, 1990），シンガーとエリクソン（Singer & Erickson, 2011）。民族誌を例にした教科書としては，ストラサーンとスチュワート（Strathern & Stewart, 1999 成田訳 2009），池田（2001）がある。

大，②食生活の変化，③ストレスの増加（社会的・心理的圧迫）を招くことによって生じるという。以下，生活環境の変化による体調の悪化を扱った研究例を示す。それらは新しい病気を生み出す好発条件の検証である。

コーエン（Cohen, 1989 中元・戸澤訳 1994）は，社会進化的立場から，狩猟採集や遊牧生活といった移動生活から定住生活への移行が健康に悪影響を及ぼすとしている。野生動物を狩猟する，家畜を飼うといった移動性の高い集団は定住集団にくらべて，人畜共通の多様な病原体に出会う機会が多い。しかし，このような移動生活のデメリットを考慮しても，定住化の方が住民の健康状態に悪影響をあたえる。たとえば，定住化は人口密度の増加をもたらすため，排泄物を介した感染や食料の不平等分配がおこり栄養状態は悪化する。一般的に，移動生活から定住化へという生活の変化は住民の健康状態を悪化させる。

トゥルカナ地域でも同様の立場からの調査が行われた。バーケイほか（Barkey et al., 2001）は南部トゥルカナにおける調査結果を発表した。これは結果的にデュボスの3条件の検証になっている。彼らは，干ばつ対策によって牧畜から定住農耕へと生業を変えた集団と以前同様牧畜生活をおくる集団の栄養摂取と健康状態の関係を比較した。方法は，身長・体重，皮下脂肪の測定を行い，健康状態の評価を年齢群ごとに比較した。それによると，健康の問題の深刻さの主観的評価については，ほとんどの年齢群で，定住トゥルカナが深刻な健康問題を訴えた。とくに多い訴えは咳や痰など呼吸器系の訴えである。結論では次のようである。定住トゥルカナの健康状態悪化を干ばつによる家畜喪失の心理的ストレスによる免疫の低下との関連を示唆する。また，牧畜民は定住民と比較して高タンパク食をとっており，それが成長を促進させ疾病にかかるのを防いでいる。この研究はたんに定住化の健康への影響だけではなく，援助が健康被害をもたらす可能性を示唆している。

開発によってかえって病気が蔓延するという現象を指して開発原病（Foster & Anderson, 1978 中川訳 1987；見市，2001；池田・奥野，2009）という。それと似た現象が援助によってひきおこされることがある。マッケロイとタウンゼント（McElroy & Townsend, 1985 丸井ほか訳 1995）は，1970年代にサハラ砂漠南端のサヘル地域でおこった干ばつと飢餓についてまとめている。そ

れによれば，深刻な被害を受けた遊牧民が都市や設置された難民キャンプへと移住した。そこでは，食料援助も行われたが，アメリカ合衆国からの最初の援助は家畜用のトウモロコシだった。これは，それまで主に乳製品の食事に慣れていた遊牧民たちに急激な胃けいれんと下痢を起こしたという。食料援助による食生活の変化が健康を害する結果になるということである（写真3-1）。著者たちは食料援助の意義を評価しながらも，現地の実情を調査することでより効果的に行えると助言している。

　これらの研究からは，干ばつ以降の調査地カクマの状況は健康被害の好発条件がそろっていたことがわかるだろう。人々の流入，定住化傾向，互助的ネットワークからの脱落，援助物資，マーケット依存，主食の変化など，デュボスの3条件（感染機会の増大，食生活の変化，心理的なストレス）を検証するような場となっている。とくに，援助物資や市場での食料調達に依存しているため，健康状態の悪化はさけられない。そのうえ，医療化と治療者の流入によって健康被害への注意と感度が高まったという条件を加えることができる。これらの条件は，健康に大きな影響をあたえ，「新しい病気」の発現の可能性を増したということができよう。

3-2-2　象徴的な解釈

　ところで，人間は生体としての適応が終わるまで，手をこまねいているわけではない。私たちは新しい環境で出会う心身の不調にとにかく対処しようとする。そこには，現れた症状をこれまでの経験や文化的な意味づけ体系によって対処可能な病気にしていく，社会的・文化的・心理的な対処過程がある。デュボス（Dubos, 1965　木原訳 2000）も生体という観点からのみ適応を考えたのではない。環境要因に対する人間の応答は「ふりかかった刺激にその人が与える象徴的な解釈によって，いちじるしく左右される」としている。

　次のようなプロセスが考えられる。環境の変化による健康への影響は新たな症状の出現や病気の経過のパターンの変化として知覚される。私たちはそれらの異変を既存の知識や経験，物知りや専門家の助言によってなんとか意味あるものとして日常生活に組み込み，対応をめぐらせる。この病気対処のプロセス

写真 3-1 粒のトウモロコシを煮る少女
彼女と兄弟の夕食である。「食べるか?」と声をかけてくれた。彼女の額のおしゃれなビーズとカラフルな布はキャンプの商店で求めた物,私たちのプレゼントである。ビーズは輸入品である。彼女は身につけて見せにきている。「ありがとう」にあたる言葉がないトゥルカナだが,うれしさは行為に埋め込まれている。鍋がかけられた炉(エジコ)と炭は私が買ったものを使っている。炭は彼らが焼いたものだが,商品であり,自分たちが使うことはない。炉の前に落ちているビニールの切れっぱしは調味料の袋。調味料を使うようになったのは,キャンプができてからである。味つけはひどく塩辛くなってしまうことが多い。後ろでヤギをもった男は 20 km 離れた町から来た家畜の売り手。キャンプの市場で売るつもりで来たが,私の家の方が早く買い手に会えるだろうと寄り道をした。1 枚の写真にはフィールドの変貌が書き込まれている。

によって，病者や関係者は過去の経験をまとめあげ，治癒の希望をもって持続的に対処にあたることができよう。その過程でその症状や病態は新しい名称で呼ばれるということもおきる。

以下では，「新しい病気」に関連した医療人類学的研究を紹介しながら，本書がとるべきアプローチを検討していく。最初に，これらの研究のモデルとなったクラインマン（Kleinman, 1980 大橋ほか訳 1988）のアプローチを簡単にまとめておくことにする。それはフィールドワーク系の病気対処研究の古典となっている[*2]。

3-3 病いの社会的構成

3-3-1 臨床人類学

私たちはさまざまな心身の不調に出会ったとき，その苦境の原因や治療を求めて自身の経験に聞き，身近な家族や友人，それに医師をはじめとする治療者にかかることで，「自分はどのような病気にかかっているのか，今後，どうすればいいのか」という病気の定義を確定しようとする。その過程では，病気の定義を確定するのを手助けするさまざまな人々や専門家，治療者に出会う。病気の現実は相談相手によって多様に定義されていく。このように病者と治療者によって構成される重なり合う病気の現実を，病気の多元的現実という。

この多元的現実を実現させている文化システムがヘルスケア・システム（Health Care System，以下 HCS と表記）である。それは，「ある社会文化的な状況下で人々がどのように病気に対処するのか，すなわち病気をどのように認知し，命名し，説明し，処置するか」を決定する，病気と治療を結ぶ文化システムである。HCS は病気を解釈し病気対処や保健行動をとるときに参照される地図にたとえられ，社会によって特有の様態をとる。そこでは，生物医学にもとづく医療だけではなく，多様なエージェントが病気対処にかかわっている。HCS は，民間セクター（家族や身近な人による自家治療中心），民俗セク

[*2] 医療人類学の包括的な教科書（Helman, 2007）の第 4 章「ケアとキュア」はクラインマンのセクター概念（後述）にもとづいてヘルスケアを解説している。

ター（"伝統的な"治療者による儀礼中心の治療），専門職セクター（資格をもつ治療者−医師，看護師による治療）にわけられる。なかでも対処に影響をあたえるのが，素人による対処の舞台，民間セクターである。

　HCSはその病気の定義や治療の方向づけると同時に，その病気の社会的リアリティを構成する。それは3重の円で図示されている。中心には，不調を訴える病者がいる。不調は精神身体的リアリティ（psychobiological reality）を背景に，文化システムとしての象徴的リアリティ（言語）によって媒介される。たとえば，不調は医学的検査や心理検査でとり出されれば，医療や心理学の特有の言葉で表現される。在来の占い師にかかれば，祖先の怒りとして特有の言葉で表現され，家族に儀礼が指示される。いずれの場合も指示に従うか，別の治療を探すかは病者と家族によって決定され，特有の社会的現実を構成する。医療人類学ではこのような社会的プロセスによって構成された病気を，自家治療や民間治療による病い（illness），生物医学的な疾病（disease），不調の状態を指す病気（sickness）と区分している[*3]。

　治療の方向を決めるのに重要なのは，治療場面である。そこでは病者と治療者の相互行為によって，病気の説明モデル[*4]がやりとりされ，病気が意味づけられ，対処が方向づけられる。その過程はいわば，病気の共同翻訳になぞらえられる。クラインマンはとくに，臨床場面を中心に集約された現実，「病気についての態度や規範，臨床の場面での人間関係，治療活動」がつくる現実を「臨床リアリティ」と呼んだ。これらHCSや臨床リアリティは文化的比較の単位として提案されたが，それにとどまらず，クラインマンはこれら概念を，保健医療専門家の教育・訓練に医療人類学を組み込む提案の基礎とした[*5]。

　私たちはクラインマンに医療人類学の基本的な枠組みを見ることができる。

[*3] 池田（1989, 2001）を参照。
[*4] 説明モデルとは特定の病気エピソードに応じてつくりあげられる「臨床過程にかかわる人すべてがそれぞれにいだいている病気エピソードとその治療についての考え方」である。病因論や病気の初発とその様態，病態生理，病気の経過，治療法とともに「病いの体験を表現するための病気のラベルと文化的イディオム（慣用句）」，それらによって形成される「意味論的ネットワーク」が含まれる。
[*5] この提案は別書（Kleinman, 1988 江口ほか訳 1996）での「微小民族誌」の提案に結実した。それはちょうど異文化を調査する人類学者のように，臨床家が医療実践を記述し，患者の病いの生きられた経験を理解できるようになることをめざす。

①生物医学にもとづく医療を相対化する文化相対主義，その結果としての，病者の生活世界の重視，②治療者・病者間の相互作用による病気のリアリティの構成をいう社会構成主義的アプローチ*6，とくにその現場である治療者 – 患者の相互行為の分析，③生物学的基盤をもつ精神身体的現実を言語という文化システム（HCS）が媒介するという図式，がある*7。病気の新たな意味づけは，相互行為の創発性によることになる。

次に紹介する2つの研究例には，突然現れた病気が意味づけられていく社会的構成過程が示されている。

3-3-2 森林病とシーダ

ニクター（Nichter, 1987, 1992）は南インドの南カナラ地域を襲ったキャサヌール森林病（KFD）への対処を，とくに病因論の社会的構成に着目して検討した。池田（1989）の詳しい要約がある。参照しながら紹介する。

KFDは，インフルエンザのような症状を呈したあと，消化器からの出血，血痰などをともなう咳といったさまざまな症状を発現させ，ときに中枢神経系の異常をもたらすという経過をとる。この病気は，開発によってそれまで人への感染がほとんどなかった病気が疫病化した開発原病である。森林伐採による低木地帯の拡大にともない，牛の放牧域も拡大し，そこで，感染を媒介するダニが牛につき感染が広がった。伐採の一部は，プランテーション農場への道を確保するために行われたものである。犠牲者は牛を飼う貧しい農民であった。

KFDの突然の出現に直面して，医療は効果的な治療を施すことはできず，行政も効果的な対策をとれなかった。そのため住民は占星術師や民間治療者など多様なエージェントを頼ることになった。KFDは，守護神や土地のカルマなどと関連づけられるようになっていった。また，住民は，ダニの媒介を理解していたが，発病の原因を民俗的な熱 – 冷二元論にもとづく「過熱」に求めて

---

*6 社会構成主義とは「あらゆる現実は社会的に構成されたものである」という認識論的立場である。社会心理学者ガーゲン（Gergen, 1999 東村訳 2004）によれば，自明のものとされたカテゴリーや理解から解放し，新たな対話の可能性を開き，研究者と相手との共同実践へと導く可能性がある。

*7 クラインマン（Kleinman, 1995）は著書を振り返って，HCSが決定論的であることを認めつつ，その個人と社会をつなぐ役割を強調している。

いた。民間治療者は，医学的効果はともかく，民衆の健康観に合った対処を行うことができた。結論として，住民は，病気の出現を当地域に特有のコスモロジーで理解するにいたった。開発や社会変動によって，守護霊が媒介する森林（野生）と人間の関係秩序が崩れたことと重ね合わせて理解したのである。

次に紹介する，ファーマー（Farmer, 1992）は1983〜90年のハイチにおける調査から，シーダ〔エイズのフランス語表記〕が「長期に持続的な意味の構造」に埋め込まれる過程を分析している。

シーダが現れた初期，ハイチ起源説がメディアやアカデミズムから，ブードゥー教（西アフリカ起源，ハイチで発達した土着キリスト教）との関連で言及された。このような言説が「調査地の村にいる全ての人びとに継時的に刻印をとどめた」という。シーダがどのような意味を獲得してきたか，時間順にまとめると次のようになる。当初（1983〜86年）は，人々の話題にはなるが，「町の病気」と考えられていた。ラジオ放送からの限られた表面的な知識をもっているに過ぎなかった。新しい病気で下痢をともなうこと，アメリカ合衆国起源，同性愛と関連することなどである。まだ，この病気は身近に来ていなかったのである。1987年，村外から赴任した若い教師がシーダによって死亡するという事件がおこった。それに対して，シーダは他者から送られた病気（妖術）とされた。その背後には，教師の裕福さへの妬みがあった。その後（1988〜89年），シーダは2つの実体的原因によって理解されるようになった。つまり，保菌者との性的接触によってひきおこされる自然な疾病であり，一方で邪な人が成功した人に送る妖術による不自然な病気である。そして，貧困層のなかでもとくに成功をおさめた人々が妖術によってシーダを送られたとされた。

疾病が突然出現した事情が，より広いグローバルな社会的，政治的問題（合衆国の帝国主義支配，支配層の腐敗，貧困と格差）と結びついた。それはハイチの人々が世界を「権力と富と健康がひどく不平等に分配」された場所だと読解していることを示している。そして，ファーマーは「農村部のハイチ住民が非人間的なあるいは歴史的な諸力の影響を自らの貧困のなかに指摘した，その驚異的な才能」を高く評価した。同時に，文化分析が構造的な暴力や貧困の問題を文化的伝統に帰する危険性を指摘した。

別書で，ファーマー（Farmer, 1997 坂川訳 2011）は，体現化（エンボディメント）されたシーダとして事例をあげている。田舎町の貧困な農家の娘アセフィーは軍人の愛人となった。その後，都会に出てメイドとして稼働し，家族に送金し続けた。そのうち，ミニバスの運転手との間に，娘を身ごもった。その頃から体調が悪化，出産後の検査で感染を告げられ，死亡。その後，アセフィーの父も後を追った。娘の不名誉を苦にした自殺だった。シーダの感染者は，ローカルな精神世界の個々具体的な経験を通して，ハイチの貧困と搾取，構造的暴力を体現化する存在として医師である著者に立ち現れたのである。

3-3-3　治療現場へ

　2つの研究例は共通して，次のような手法で描かれている。まず，多様な治療エージェントやマスメディアの言説によって，病気についての多元的現実が構成される状況が示され，新しい病気が既存の意味構造へ回収される過程が描かれる。結果として，KFDでは患者が社会の主要な文化的な価値やメタファーを表現する存在となり，シーダではハイチをとりまくグローバルな状況のなか，患者が社会階層や経済的格差を反映した存在となったとされる。病いの社会構成主義的分析にもとづき，病者の存在論的意味を指摘したといえよう。ファーマーではそのような病気がどのように個人の人生や生活に具現化し壊滅的な打撃をあたえたかという実情が示された。

　糞肛門の検討も，この病気の社会構成主義的手法を下敷きに進めていく。すなわち，ある身体の不調がどのように「糞肛門」という病気として扱われるようになったか，その意義は何かを探るということである。分析の中心は唯一の治療法であるマッサージである。第2章で私たちはすでに，糞肛門が不調のベースラインとして扱われていることを知った。それは，変化する体調や異変，患部を前に，既存の知識を用いながら，手当てしてきたなかで，現れた糞肛門の身体の存在を示している。マッサージ師は病者の身体を揉むとき，どのように糞肛門の身体を想定しているのだろうか。揉まれた身体はどのような意味を帯びて現れたのだろうか。

　本書がもつ特徴を3つ指摘しておこう。まず，従来の研究の焦点が伝統的な

世界観（コスモロジー）や妖術といった「パーソナリスティックな」[*8]意味にあてられていたことである。後述するように，牧畜民の場合，身体の解剖的仕組みに即して病気を理解するという指摘がある（河合，1998）。そのため，本研究では，「ナチュラリスティックな」，物理的身体に即した理解に着目する。第2に，第1の着目点と関連して，これまでの研究では，占い師や治療師などのエージェントによる言語的な意味づけが重視されてきた。そのため，自家治療や手技といった身体を直接扱う対処の役割は軽視される傾向がある。手技はその性質上，身体観や身体操作を直接知ることができる機会であるのに，注視されてこなかった。糞肛門ではマッサージが主な治療法である。本書では，病いの手技による意味づけという領域を扱うことになる。第3には，身体の可能性である。これまでの研究は，病気の表象（意味）を重視するあまり，身体をただ意味づけられる受身な存在として扱ってきたという批判がある（Lock, 1993）。2事例が示唆するように，身体は自ら置かれた状況に気がつき表現する。「身体で現す存在」とはエンボディメント（体現化）といわれる視点へつながる。そのとき，「身体的なカテゴリが世界の他の要素と関与する組み合わせの原理」（Comaroff & Comaroff, 1992）については検討する必要があろう[*9]。そのため，クラインマンでは中心的だった治療場面の分析が重要になる。

まとめる。これまで，新しい病気への対処は，主に，病気がマスメディアを含む多様なエージェントによって意味づけられる過程として分析されてきた。焦点は，病気が既存の意味構造に回収される過程にある。そこでは，とくに民

[*8] フォスターとアンダーソン（前掲書）は，医療体系をパーソナリスティックな医療体系とナチュラリスティックな医療体系に分類した。前者は，「超自然的存在，非人間的存在，または人間などの生命のある作用体が目的を持って干渉することによって病いが引き起こされると信じられている医療体系」である。後者は，「非人格的な体系的用語で説明」され，とりわけ平衡モデルにしたがう。たとえば体液のバランスや熱－冷二元論がある。

[*9] **Comaroff & Comaroff**（1992）は，ナミビアのジオニスト教会における儀礼を身体的改変として論じた。儀礼ではダンスや憑依のあと，水の入った容器の前で予言者は人々の頭に手を置き霊で満たす。この儀礼は干ばつの光景と政治的・社会的に疎外された人々の乾きの状況を癒す意味がある。ここに「身体的なカテゴリが世界の外の要素と関与する組み合わせの原理」を見ることができるという。身体の乾き－干ばつ－疎外という換喩的つながりを指示している。儀礼は白紙の身体に何かが書き込まれるのではなく，身体の論理に呼応して文化や歴史が生成される場としてとらえられている。

俗的なコスモロジーにもとづく，パーソナリスティックな表象の役割がとりあげられた。このアプローチは治療の多元的現実をよく示す一方で，意味構造自体の変動，ナチュラリスティックな治療体系，身体への注視が必要であることを示している。方法論的には，表象や言説の分析からではなく，病気対処の現場（身体を舞台に症状が出現し，意味が形成され，対処が行われる治療場面）から出発することに求められよう。

3-3-4 ヘルスケア・システム補足

　クラインマン，ニクターを経て，ファーマーへと研究例をみてきたところで，治療の多元的現実という概念がもつ静的な特質も明らかになった。池田（2001）が早くから指摘してきたように，医療的多元論は「個々の医療システムの独立性を前提とし，統一性をもった社会のなかで複数の医療システムが共存」するという前提をもつ。それは現代医療の似姿として各システム（伝統的医療など）を描き出した。そのため，システムが特有の医療資源を配置し，それを患者に適用するという静的な配置図のような印象をあたえる。実際には，たとえば近代医療と伝統的医療とは実践的には相互に補完し，共存している。トゥルカナでも占い師が医療の受診を勧めたり，医師が伝統的治療に委ねるように示唆したりということがおこっている。第4章で紹介することになる皮下瀉血では針金を使用することで，また脾臓の治療では空き缶を利用することで，伝統的治療の現代療法化がなされている。池田（前掲書）はクラインマンの説明モデルが治療者・病者や関係者の現実にそぐわないことを指摘している。

　ファーマーが描くハイチでは，人々はマスメディアの言説被害にさらされ，植民地時代から続く収奪構造，政情不安，貧困，構造的暴力〔「権力の病理学」（Farmer, 2003）〕のなかにいる。第2章で描いたカクマ周辺域は，干ばつ・難民キャンプ設置による社会変動，食料援助や医療援助への依存，難民キャンプの医療の導入，といった状況に置かれている。このような植民地後的状況では，自律的な治療システムによる一貫した対処が行われにくく，個人的な資源，僥倖やチャンスに依存したパッチワークのような対処が行われる。このような

歴史認識にもとづき，地球規模（グローバル）な世界システムや社会構造においてヘルスケアをとらえる概念も提出されている。たとえば，それは，国民国家の枠組みをこえた中核から周辺への経済的影響とそれへの文化的対応をとらえる「世界医療システム」（池田，2001）であり，近代医療の浸透の特徴を「帝国医療」（奥野，2006）ととらえる枠組みである。

どのような調査も実践もその地域で誰が何をやっているのかの実態把握なしでは効果的に行えない。グローバル要因の検討についても，「微細な日々の実践のなかに，より巨大な影」（池田，2001）を見出すことが出発点である。留意点はあるものの，ヘルスケア・システムは，地域を設定して行う実地調査や医療実践で必要な地図として－地図がもつ限界を示すことで，実態を伝えるという意味も含めて－有用性をもっている。

これまでの検討は治療場面への回帰をうながす。さっそくマッサージの現場にお連れしよう。2場面である。最初は私自身のマッサージ経験を報告する。2つ目はエトットが受けた施術である。マッサージ師が身体の"様子見"をする様子が描かれる。これら現象的記述から，3点を確認しておく。マッサージは①糞肛門の身体をつくりだす手技，つまり，病気を触知可視化して，治療して再び身体に埋めもどす手技で，②施術者の触覚と病者の反応によって身体内部を知覚しながら進み，③身体の解剖的知識とそれを共通認識とする間身体性（後述）にもとづく，ことである。

3-4　ぎっくり腰

1995年8月28日早朝，私はテントからおきあがれなくなっていた。私にとって2回目のトゥルカナ調査のときである。調査地では，日本にいるときよりもはるかに肉体労働やとっさの対応が必要な場面が多い。荷物の積みおろし，タイヤの交換，テントの設営，物品の移動などである。そのため，腰を痛めてしまうことがある。もともと，日本にいる間に，私はいわゆる，"ぎっくり腰"をやっていた。整形外科医は，右腰の筋肉の損傷と診断した。それがフィールドで再発したのである。

朝，おきるとおきあがれない。腰が痛くてどうしようもない。やっとのことでテントの柱にすがって，入り口のジッパーをあけよろめき出ると，青年たちがびっくりして支えてくれる。まわりを囲んだ人々が息をのむのがわかる。岩屋からの復活をみて驚く人々，驚かれたキリストはこんな感じか。本当に歩けない。ひとりが杖を差し出し，それにすがって，用を足す。これもしゃがめないので一苦労。寝込む。

　そのとき，エトット家にいる女性アペヨノニがマッサージを申し出てくれた。「何をするのか」とたずねると，脇腹を両手で揉む身振りをして，「腸を揉む」という。腸と腰は関係がないだろうと思った私は丁重にその申し出を断ってしまった。何をされるのかわからないという不安があったのも事実である。マッサージを体験する好機を逃したわけだ。チャンスは次の調査でめぐってきた。

　1997年9月8日，私は再び，フィールドで腰痛にみまわれた。私はフィールドノーツに「以前，ぎっくり腰をやったときのようないやな感じがする。腰は痛いし，何より吐き気と頭痛が激しい」と書き留めている。

　（昼食後）午後3時をすぎて眠くて仕方がない。午睡をとる。5時頃起きると，腰が痛い。便意がある。何度かトイレに通っている間に，ますます痛くなってくる。便は出そうで出ないし，決して下痢ではない。吐き気もする。ついには，せっかくつくった日本食もテントの中で吐いてしまう（ビニール袋で受け止めた）。いたたまれず，テントに入ろうとすると，私の顔色をみた二人の知人が呼びとめる。私は彼らにどうすることもできないだろうと思いつつも，心細いから立ちどまると，二人がマッサージをしてくれるという。女性は前回，マッサージを申し出たアペヨノニだ。木陰に敷いた敷皮の上で，男性はストレッチのようなマッサージ，アペヨノニは腹部を揉んでくれる。

　その後，テントで休む。身のおきどころのない痛み。右腰から右下腹部

の痛みである。以前，尿路結石で苦しんだ夜を思い出す。あれは右だったはずだ。だが，検査では左に結石が見つかった。あれにしても，発作のとき検査したわけではないのだから，尿路結石だったかどうかはわからない。前回の腰痛では，右の腰が痛かったが……とにかく，右を下にして寝るとよい。しばらくすると，痛みはうそのようにひいていく。

私は彼女のマッサージを受けてみることにした。深夜か早朝に彼女の小屋で施術を受けることになった。1997年9月11日の深夜だった。マッサージ場面は次のように記録されている。

　彼女のマッサージは背中や腰だけではなく，腹部まで及ぶ。指を腹部に入れて，しごいていく。脇腹から入ってへそのまわりをしごく。痛い。彼女は次のように言う。糞肛門で腰が悪くなっている。左の肋骨の下あたりからへそ下までが大きくなっている。証拠として，押さえると左側は痛いだろう。大きくなった腸が胃を圧迫している。左側の腸が硬くなって曲がって，腰に接している。それが糞肛門である。続けば慢性化してアグレになって歩けなくなってしまう。糞肛門は背中にも触り，それで手や腕や頭に痛みを生じさせるのだという。糞肛門で，クワンという別の病気もある。だから，ヒツジを殺す家畜儀礼（アキロック）も必要だ。糞肛門は，昔はなかった病気で，アグレといっしょにある病気である。

腰の痛みが腫れた腸によってひきおこされたとは意外な指摘だった。しかも，左側が悪いという。確かにマッサージをされると，左側がしこっているのがわかる。「大きくなった腸が胃を圧迫している」という指摘はそういえば吐き気をうまく表現している。だが，右側はどうだろうか。問題ないとのことである。発作がおきてから時間がたっていたからだろうか。数日間のマッサージは決して苦痛ではなかった。確かに，腹をしごかれるときには息がつまるような痛みがあった。しかし，終わったあとは気分がよい。ゲップがしきりに出て，さらに腸の動きが活発になり便通がよくなった。

ふりかえってみよう。当初私はひどい身体不調を感じていたが，それが何に由来するかわからなかった。これまでの経験から背中の筋肉の損傷や尿路結石を疑った。私は不調を経験しながらも，その核心がどこにあるかわからない，"身のおきどころのない"状態にあった。トゥルカナの知人はあまりに苦しそうな私の様子をみて，治療を申し出たのであった。そして，マッサージ師は思いもしなかったように，私の身体を揉み治していったのである。解剖学的に説明されたように身体はつくりかえられていく。マッサージは，トゥルカナの身体が私の身体に重ねられ，同定できない未分化な不調を体験する身体から，具体的な構造をもった病気の身体をつくる手技なのである。

別のマッサージ師の施術場面を紹介する。

3-5 マッサージの夜

1998年10月4日，エトットは「マッサージ師を呼んだので，治療を見に来ないか」と私を誘った。エトット家でも，糞肛門は「誰もがかかっている」というほど，はやっていた。家長自身，この病気を患い，腹痛と肋骨痛，便秘に悩まされていた。

太陽が沈んで2時間，夜8時を過ぎ，やっと気温が下がり，しっとりした大気が流れ込む。屋敷の囲いのなかでは，走りまわって遊ぶ子どもたちの声が響く。マッサージは妻アパラの小屋の前に敷皮を敷いてはじまった。エトットはマッサージ師にむかって頭を左において，横むきに（マッサージ師に顔を見せて）寝ている。マッサージ師は，黄色い植物油を患者の身体に塗りつけると，ゆっくりと揉みはじめた。

マッサージ師は，ゆっくりと，エトットの左脇腹に右手を伸ばし，肋骨の下の縁を通ってへそまでを，ゆっくりと押しながら揉んでいる。右手は親指を突き立てながら，脇腹からへそ下までを押し揉んでいく。それを追いかけるように，左手が今度は親指以外の4本の指を突き立てながら，より肋骨に近い場所をとってへそまで押しながら揉んでいく。左手と右手はゆっくりと交互に入れかわりを繰り返す。贅肉のないエトットの，肋骨の下縁部と腰骨のでっぱりの

間からへそ下までを繰り返し揉む（写真3-2）。腹が大きくかき回されて，目覚めたように動いている。エトットは両手で顔を覆って，痛さをこらえた。しかし，ときおりくぐもった声をもらしてしまう。

　マッサージ師は何かを確かめているようだ。何を触っているのかと，たずねると，左手の指を引っつけすぼめてみせた。そして，そのすぼめた4本の指を右手で力を込めて揉んでみせた。「重なっている腸を元にもどしている」と説明した。そして，マッサージにもどり，左の肋骨の下に指を立てて押しながら，「ロトボ〔病名〕かと思ったが，違った。もしそうなら胃の下あたりが固いはずだ。これは固いが，揉むと腹に音（蠕動）がしたので，これは糞肛門だ」と言った。そのあと，うつぶせになった背中を肋骨から脇腹へと揉んでいく。そして，腰，臀部，腿の後ろと揉んでいく。このあたりが固い。アグレになりかかっているという。

　マッサージの中心は，腹側では，へそまわり，下腹部であり，背中側では脇腹のようだ。ときに，指を突き立てるので，かなりの苦痛がある。マッサージは身体に一定の順序で揉みながら，腸の重積をほぐす，しこりを探すという意図をもっている。

　最初のマッサージなので，マッサージ師は慎重に様子見（アキロ）をしている。「ロトボ」とは身体が腫れる病気のことで，胃の下部に固い石のような"しこり"がある病気である。このしこりはマッサージをしても動かない。これは現在では，ロキチョギオの病院へ連れて行くべき病気とされている。助手によれば，エキノコックス症の可能性があるという。この地域はエキノコックス症の重汚染地帯で，AMREFが中心となって予防や治療にあたっている。マッサージ師はその嚢胞を心配していたのである。トゥルカナの身体観は外科的な医療と親和性があるのにも気づかれよう。エキノコックス症はエキノコックスという肝臓に寄生する寄生虫がひきおこす人獣共通感染症で，肝機能障害をおこす。腹部膨満も症状のひとつである。この場面は医学知識と在来知とが結びついた医療化の場面とみることができる。

　エトットの場合は，揉むと腸が動き，そこに固いものを触ったので，そうではなかった。それで，マッサージ師は脚のむくみを考慮して，エトットの病気

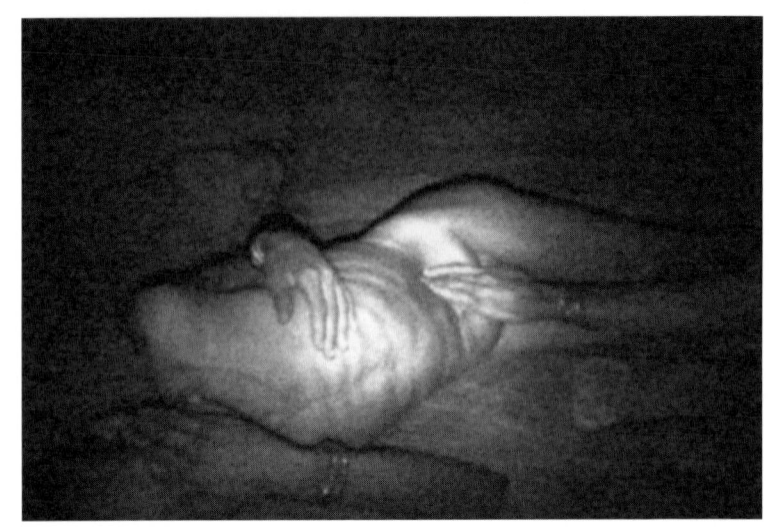

写真 3-2　揉みしだかれる身体
　エトットの左肋骨の下縁部と脇腹の境に右手を入れて、しごき揉んでいる。エトットは苦痛のため顔を手で覆っている。

は、糞肛門で足の麻痺へ進行しつつあると見立てた。

　私に質問されたマッサージ師は、自分の身体を使ってジェスチャーで説明した。マッサージ師の手の指は身体内部を触知したあと、再び内部を表現するために使われていた。マッサージの説明場面でよく出会う、この説明の仕方は身体に埋め込まれた知識を自らの身体を使って対象化して示す実感をともなったやり方である。

　本場面は、身体内部の患部を手でまさぐって探した場面である。マッサージ師は身体の反応を手がかりにして進む。胃の付近に動かない固いものがあればロトボだというように身体構造に位置づけて確かめた。マッサージ師の言動は、新しい患部に気がつけば、それに対して対応してきたマッサージの歴史を想像させる。

　マッサージ場面では、当然のようにマッサージ師は病者の身体を揉み、病者は揉まれるように身体を差し出す。両者間に、言語化されないが、身体についての共通の認識や感覚（触覚）がある。そこは哲学者メルロ＝ポンティの言う

間身体性の世界である。菅原（2004）の定義を引用する。

> 身体は，見／見られ，触れ／触れられ，聞き／聞かれ，嗅ぎ／嗅がれる存在として，他の身体が共に属するこの「世界」と交わり絡みあっている。この交わりあい＝絡みあいから共通の知覚のしかた，感じかた，そしてふるまいかたが生まれる。このような「共通のセンス」によって充満した場，あるいは個々の身体や意識に還元することのできない前＝言語的な現実，それが間身体性である。

　私が最初のマッサージの申し出を断ったのは，トゥルカナの人々に身体を開くほど慣れていなかったからである。
　トゥルカナの治療場面での共通認識は，マッサージでみたように，解剖的な身体構造である。それは家畜の身体構造についての形態的知識にもとづいている。この共通認識やそれにもとづく治療は，幼児期からの社会化過程において病いの習性として学習されている。解剖的知識については第4章で，具体的な治療に埋め込まれたかたちで示す。これらはマッサージ場面の記述における着眼点となる。
　本章の最後に，本書の見取り図を掲げておこう。見取り図に肉づけするのが各章の役割である。

3-6　見取り図

　ケニア北西部半砂漠地帯に住むトゥルカナの人々は1980年代から続く干ばつに端を発した大きな社会変動にみまわれてきた。町への流入・定住，市場や援助への依存，医療の浸透などである。その影響は1992年のカクマ難民キャンプの設置によって拍車がかかっている。なかでも，ミルクからトウモロコシへの主食の変化はトゥルカナの人々の健康に大きな影響をあたえている。医療の浸透によって病気への感度があがっていることもあり，干ばつ以後，キャンプ設置以後を境に，病気が増えたと人々は認識している。そのなか，蔓延した

のが，消化不良のトウモロコシを病因とする糞肛門という新しい病いであった。糞肛門は病院では治せないとされ，唯一の治療法はマッサージである。トゥルカナの人々による"手づくり"の病いである。

　本書では，マッサージを干ばつ以後の新しい身体不調に即して発達した手技と位置づけ，従来の治療と比較してその意義を検討することを目的とする。検討を通じて，トゥルカナの治療が身体の解剖的知識を基盤に発達していること，したがって，身体を注視していること，糞肛門は社会変動による体調の変化に対して，身体構造の新しい結びつきを発見した"適応"例であること，そして，糞肛門が社会変動による生活の変化をエンボディメントする病いであることを示す。

第4章

野生ネコの捕まえ方

4-1 野生ネコを狩る

1998年11月3日。夕方。暗くなる頃。野生のネコがいるといって、アウイ〔家〕中の者が、手に手に棒や石をもって一本の木の下に集まって、石を投げたり、木の後ろに回ってゆさぶったりしている。子どもや青年を中心に10人ほどの人が集まっている。ネコは食べるのだというが、そっちへいったぞ、それ！　たたけ、とまわりの見物人も楽しそうだ。楽しみの狩りといったところ。それを見ていた僕の横に、エトットが現れて、「トゥルカナのエデケ〔病気〕はなあ……」と話しかけてきた。「それはなあ、アキテデキンだよ。とにかく、熱心になんでもやるもんなんだよ。ちょうど、今みんなで野生のネコを追っているだろう、ああいうふうにだ」。（結局、ネコは逃げてしまった）。

　エトットは、病気についてたずね歩いている私をみかねて教えてくれたのであろう。アキテデキンは「治療する、看護してもらう」と翻訳される言葉である。おそらく語源は「病気」を意味するエデケだと思われる。そこから転じて、この言葉は、たとえば「探す」という言葉といっしょに用いられて「八方手をつくして探す」といった場合にも用いられる。家長が私に教えたかったのは、トゥルカナの病気対処は何か一つにこだわるのではなく、「あれこれなんでもやってみる」ことなのだということであろうか。
　エトットが「ネコ狩り」のたとえで、暗示したトゥルカナの病気はどのような特色をもつのか。さまざまな外来治療や現代医療が流入するなかで、トゥルカナの人々がかわらず頼っている「トゥルカナの病気」の治療とは何か。本章

では，彼らの自家治療に焦点を当てて，トゥルカナの病気対処の基本的な論理や態度をとり出す。とくに，そこに後述する牧畜民の解剖的知識がどのように反映されているかに注目したい。したがって，治療儀礼を扱う場合にも儀礼の過程や象徴の効果といった治療儀礼自体の分析にはいたっていない。日常的に出会う病気治療にみる解剖的説明をみることになる。

トゥルカナには，「人の病気」「カミの病気」という言い方がある。「人の病気」とは「人がおこした病気」の意味で，私たちが"呪い"（邪術や妖術）と呼ぶ現象である。当地では，「他者の怒りが災厄をひきおこす」とされ，出来事が災厄の兆しをみせたら，占い師にかかり，儀礼を行わなければならない。重篤な病気の場合も，儀礼を行う。一方，「カミの病気」は，「病気の原因はわからない（カミのみぞ知る）。しかし，治療法はある病気」である。両者は別物ではあるが，人々は常に両者の可能性があるものとして病気の推移に対応している。本章で扱うのは，「カミの病気」の治療法であり，「人の病気」については必要に応じて触れることにする〔「人の病気」の占いについては別稿（作道，2005，2006）を参照〕。

まず，彼らの病気対処の過程を俯瞰しておこう。

4-2 対処過程

トゥルカナの病気対処は「トーマ・アウイ」〔家のなかのこと〕といわれる。家族員の病気は個人の問題ではなく，その家族で対応すべき問題とされている。家長には，家族員の病気は個人の患いを越えて，家族にふりかかろうとする災厄の兆候かもしれないという不安がある。迅速な対応がとられる。

対処はまず，家族員のなかの病気経験者によって担われる。かつてその病気にかかって治癒した経験者が他者に治療を施すことができる，といわれている。したがって，病気対処は治療法の伝播，治療者候補の再生産の場でもある。この経験者＝治療者原則に沿って，適任者が家族内にいない場合には，親族のなかで，あるいは近所で評判の人に治療を依頼する。病気の経過によっては，占い師や町の外来治療者，病院や薬屋，などに頼る。治療者の流入，医療

資源の拡充によって，カクマ周辺は多様な治療が利用できる状況にあることは第1章で述べた通りである。

どのような治療であれ，人に依頼した場合は，たとえ相手が家族であっても，アウノと呼ばれる治療費の支払いが必要になる。もっとも家族の場合は"口で支払う"（アキトック・ボン）だけのこともある。アウノは謝礼の家畜を連れてくるときに，ゆわえておく「紐」を意味する。支払いの基本は小型家畜1頭であるが，町の治療者や外来治療者，占い師にかかると，多くのアウノを要求される。近年は現金で要求されることも多い。したがって，病気対処は家長のあずかるところになる。病気対処には，病状や病勢の進展によって，さまざまなエージェントがかかわるが，しかし，依然としてその中心は家族にある。自家治療には，薬草浴，軟膏塗布，温湿布，薬草などの飲用，瀉血・切除などの外科治療，家畜を屠殺する治療儀礼などがある。

表4-1は，フィールドでよく出会う病気である。一般的不調を表すエレケスから精神病を表すギジョキョまで29がまとめられている。表からわかることをまとめておく。病名の由来については，患部（11），症状（10），原因（4），治療（3），不明（4）の順である（合計32は複数由来がある病気を含むため）。原因が病名になったのは4つだけである。25の病名が患部や症状からつけられている。トゥルカナの人々が，病気の，目で見える，触れることができる特徴にもとづいて病気を分類していることがわかる。治療については，家畜を使った治療儀礼を行う病気が15を占めている。瀉血や切除といった外科的手技（5例），マッサージ（2例）といった身体を直接扱うタイプの治療がある。

当初の治療の効果がないときやより深刻な病気が予期されるとき，もっとも頼りにされているのが家畜を屠殺する治療儀礼である。儀礼では，ふつうヤギかヒツジが用いられ，病者の身体のまわりに家畜を回したあと屠殺，その家畜の肉で薬草入りスープをつくり，病者が飲むという基本構造をもっている。薬草だけの飲用も行われるが，これは家畜がないときの便法で効果は薄いとされる。すでに述べたように，近年では市場でヒツジの頭だけ，尻の脂だけを買ってきて行うこともあるが，効果はもうひとつという評価である。薬草について

表4-1 主な病気

No.	患部	病名	病名の由来	由来分類	症状など	治療例
1	不調一般	エレケス	不明	不明	震え（寒気）、だるさ、筋々の痛み、下痢などマラリア様の症状、医学的なマラリアを含む、不調の一般的な表現	なし。病院、売薬
2	腹部・全身	エオシン、ア、ガチャ、ロウシシチン、モルアリオン	「糞の肛門」	患部、原因	下腹・へそまわりの痛み、腹部膨満感、下痢、便秘、嘔吐、咳、頭痛、足の麻痺、背中痛、腰痛など多様な症状	マッサージ、脂肪スープ、家畜儀礼
3	頭部	ロコツゴ●*	「頭」	患部	脳がきまわされるような激しい頭痛	瀉血、薬草飲用、家畜儀礼
4	目・顔	リア●	不明	不明	目・顔の片側の痛み、青い鼻汁、目・尿・血が黄色化	同上
5	目	ガモネン	「目」	患部	目やに、目が赤い、目の腫れなど眼病一般	薬液で洗浄・貝殻の塗布
6	歯	ギケル*	「歯」	原因	子どものなかなか治らない下痢、緑色水様便	抜歯
7	口	エジョラ●	「歯石、歯槽膿漏」	患部	舌や口内の赤い腫れ、白い傷（口内炎？）、下痢をひきおこす	なし
8	咳	ロゴーロイ*	「扁桃腺」	患部	扁桃腺の腫れ、咳と痰	口蓋垂の切除、ロバ糞
9	不調	アルコム	「咳」	症状	咳や痰をともなう、風邪様の不調	薬草、油の飲用
10	咳	アキッタ	「咳」	症状	呼吸が速くなって、咳をすると胸に痛みを感じる。結核ともいわれる	薬草・油の飲用、温湿布
11	咳	ロキッド	「こすげ落とす」	症状	激しく連続的な咳、胸部の痛み、百日咳	薬草・油の飲用、温湿布、口蓋垂切除
12	胸部の痛	エラルム	「胸」	患部	胸部の痛み	家畜儀礼
13	胸部、体側	ロマガリ●	「広く横に広がった角の形状」	症状	両脇・体側の痛みや、咳	ロバ尿・蟻塚の土の飲用、ミルク・油の飲用
14	胸部	シキナ*	「乳首」	患部	胸の痛み	切除
15	皮膚	アメリエシン	「痔のある肛門」	患部	肛門周囲、手の指がひどくかゆい、亀裂	なし。病院
16	皮膚	エグレット	「突き出す」	症状	関節にできるやわらかな腫れもの	病院で切除
17	皮膚	アブス●	「腫れる」	症状	できもの。腫れる。中に水状の液体がある	脂や軟膏塗布、薬草の冷水浴、家畜儀礼
18	皮膚	アモディン●	「家の外」（隣接）	治療	脂が出るような出来物	隔離、家畜儀礼
19	皮膚	エノモル●	「火傷する」	症状	赤くただれ表皮がⅡ度傷したようになる	隔離と家畜儀礼
20	皮膚	プール	不明	不明	細かい赤い丘疹、はしかに多く、かゆみをともなう	脂肪と軟膏塗布
21	皮膚	ロメゼキン●	「ヒツジ」	症状、治療	四肢、全身の腫れ、かゆみをともなう	家畜儀礼
22	血、全身	シル●*	不明	不明	四肢、全身の腫れや痛み、腹の内部にも同様の腫れの可能性	瀉血、家畜儀礼

4-2 対処過程 ● 85

	部位	薬草	病名		症状	治療
23	血、全身	タワン●	「風」	原因	体に風（霊）が入る病気。黄色くなる、だるさ、発熱。肝炎様症状	家畜儀礼
24	脚	アタレ●	不明	不明	足が麻痺して歩けない。	家畜儀礼、マッサージ、脂肪スープ、家畜儀礼
25	骨・関節	ロバイ●	「ひびきわれ」	患部、症状	関節・骨の痛み。全身が痛い	家畜儀礼
26	内臓	エティッド・ロリオ*	「脾臓」、「塞ぐ物」	患部	脾臓の腫れ。元気がなくなる。痩身。心臓を圧迫。咳き込ませることも。血の飲み過ぎが原因。同時に肝臓の腫れを併発	瀉血
27	心臓	アウカキン●	心臓を「すくい上げる」	治療	心臓がなくなる病気。貧血、衰弱、意識減弱	家畜儀礼
28	心臓	アララマタケ●	「動悸がする」	症状	心臓がぶらぶらする病気。心臓が激しく拍動し、落ちつかない。繰り返し昏睡する	家畜儀礼
29	行動	ギジョキョ、ギケレッブ、マリーン、ロバリアン、ケレレワン	悪霊の名前	原因	行動異常、独語空笑、失語、記憶障害	ダンスと歌による治療

病名の横の●は畜を使った治療儀礼を行う病気。*は瀉血などの外科的治療を行う病気。なお、「薬草」とは薬効を示す植物の総称。

は，よく用いられるのは10種類程度であり，病気によって使い分けられるものの，効果は嘔吐・下痢に限定される。下痢止め，鎮痛，解熱，咳止め作用のある薬草は知られておらず，私たちの目からみて，"対症療法"にとぼしい。薬草は必要に応じて，近辺の丘や山地部にとりにいくのがふつうで，薬草を常備している家はまれである。一部薬草は市場で売られるようになっている。

4-3 解剖的身体

　その日，私は，主人のエトットや私の雇った助手たちにヤギを一頭プレゼントした。限られた人だけのいい機会なので，身体の部位や内臓について教えてもらうように頼んでおいた。

　解体は，エトットの妻アパラの小屋のなか，敷皮の上で行われた。ヤギの首にナイフで傷をつけ，白い食道を指で手前に引っぱりながら，その後ろにある動脈を切る。食道を切ってしまうと，胃の内容物が逆流してきてしまうからだ。ほとばしる血を桶に受けていると，ヤギの目の力がなくなっていく。

　血は撹拌されて血餅と血清に分けられ，血餅は取り除かれる。そこに砂糖を入れて泡立つほどかき混ぜると爽やかな飲み物になる。アパラがナイフをもって解体に当たり，ひとつひとつ部位と内臓をとり出して示してくれている。まわりの男たちは手伝いながら，血の入った桶をまわして飲んでいる。生命力がつくという。

　私はこの機会に「チライ」を確認したいと思っていた。腸をしごいて未消化の便を出していた青年が胃や腸がとり出されたあとの腹腔の背骨の手前に，白い管があるのを示してくれた（写真4-1）。腹部大動脈だ。彼は「これは大きな血管（ガケパ）で，足から腸の後ろを通って，心臓・肺までいき，目まで続いている」と説明した。別の年配の男は，チライを示して，「病気のときは，血がなくなる。このヤギも病気だったのだ」と言った。確かに白い血管にはほとんど血がない（失血か？）。

　青年が「おまえは，血を飲まなかったな」と言いだした。実は，この飲

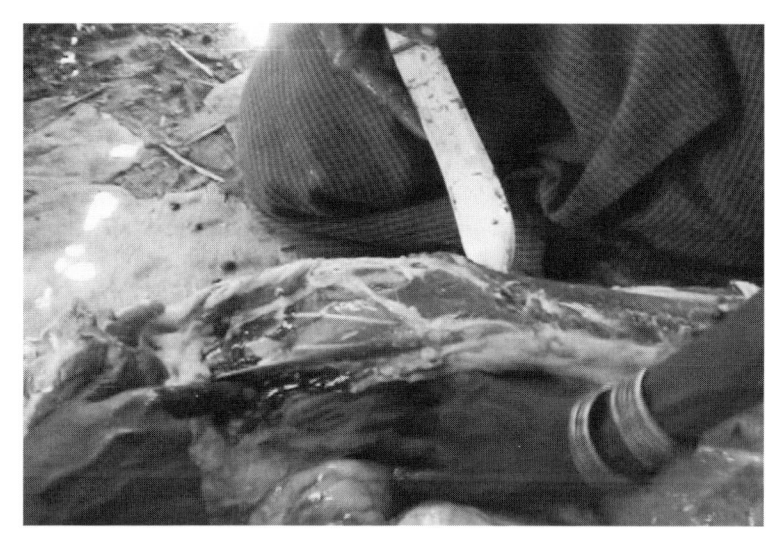

写真 4-1　「これがチライ」
　　　　　腕輪をした手の上，背骨に沿って走っている。

み物は飲むと鼻血のあとのような味が口に広がるので，私は苦手だった。青年は「血を飲むと丈夫になる」と言い，自分の両腕をそろえて前に出して見せた。目で血管を追って私を誘いながら，「ほら，さっきまで血がなかったが，血を飲んだので，今では，こんなに血があり，生命力がある」と言い，右手で左上腕から手の甲までの血管をたどってみせた（2004 年 9 月 9 日）。

　血管は血を運ぶとともに，病気が体内を移る経路として認知されている。すでに第 1 章で，移動する女性治療者ロミリが病弱なロカデリの病気を，出産時の出血が血管を伝って全身にまわったとみなしたことが思い出されるだろう。同時に，青年は「生命力が入った」という感覚を血管に血がある状態として，そこで目で追い指さした血管で感じていたのである。
　グイ・ブッシュマンを研究する人類学者菅原（1998）は，犬猟でしとめた獲物を人々が解体し，血に濡れたなまの獣肉と密着しながら運搬する場面を描写

し、次のように述べた。「血だらけになって獲物の肉の重みを全身に受けとめたり、内臓を腹腔からとりだし腸から糞をしぼりだしたりするような身体の直接的な経験は、なんらかのかたちでことばの世界と連絡し、かれらの語りかたを、ひいてはかれらの「世界認識の基底部」を深く規定しているはずだ」。

　病気対処の研究では、霊的なコスモロジーに依拠した儀礼や治療が焦点化される傾向があることはすでに述べた通りである。河合（1998）が描くケニアの牧畜民チャムス〔民族名〕はより身体に即して病気を考える人々である。チャムスの人々は頻繁に、自身や家族の体調についての話をかわす。話の内容は、解剖的な知識にもとづいて「身体現象を物質的世界のできごととして語ること」（河合、2004b）である。以下、河合（1998）による説明である。たとえば、脾臓の病気は「脾臓が腫れて痛む病気だよ。脾臓が大きくなって肋骨の下にでてくるんだ……脾臓に大量の血が入りこんで溜まっている……発熱や頭痛があったり、背中が痛むこともある……」と説明される。これらの知識は牧畜生活のなかで培われた。チャムスの人々にとって「身体は「病気」を経験する際の不可欠の媒体」である。「個々の症状を、それがまさに知覚された身体の問題として自己完結的にとらえようとする」。これは他者と感覚を共有する回路がない、ということではない。むしろ、人間に共通の解剖学的身体を媒体として、「脾臓が大きくなって……」として語られ、その「脾臓の肥大」という現象に自己の感覚をのせていく、というやり方でなされる。病気の語り合いは「他者の経験を、人間に共通の身体におこった現象として自己の身体に投影することによって、「他者の身体」と「私の身体」の交流を可能にする場をかもしだす行為」である。

　チャムスは、解剖的知識でもって、病気を身体で起こった出来事として語る。この知識は病気について説明するときの基本的な枠組みとなっている。それはもっとも実感ある語りを生み出し、治療に導く。しかも、生業である牧畜がもたらす認識と密接に結びついている。本書では、家畜の経験に根ざし治療実践と結びついた認識を、病気についての「牧畜民の解剖的知識」と呼ぶことにする。本論において、牧畜民トゥルカナも同種の理解をもって、病気の対処にあたると仮定している[*1]。

解剖的知識とは，牧畜民が家畜とのつきあいのなかで家畜と人間の身体をなぞらえあわせながら，発達させた理解の仕方のことである。日常的に解体する彼らにとって身体構造や組織，器官は身近なものである。また，病死した家畜についてはいわば，病理解剖を行って，病気の症状と内部の器官や組織の変調を対応させる（太田，1991）。それは援用されて人間の身体の知識として蓄えられていく。

　以下，咳や胸痛，脾臓や肝臓の腫れ，血の病気をとりあげる。病気の症状や治療がどのように身体構造と結びつけて理解されているかをみていきたい。その際，河合（1998）にならって，訴えられた病気の経験を症状，そのような症状をひきおこす直接的原因である「異常な状態にある器官や組織」を患部，「患部に異常をもたらす何ものか」を「基底的原因」として検討する。

4-4　咳と胸痛

　咳や胸痛を症状とする病気には，アルコム，ロキッド，ロゴーロイ，エラルムなどがある。

　アルコムは咳を主症状とした病気である。その説明は，口元に拳を近づけて咳をする動作と決まっている。ロキッドは連続的な咳の発作で，英語では百日咳と翻訳されることもある。いずれも治療は薬草を煮だしての冷飲用，木の実の粉と油を混ぜたものの飲用，口蓋垂（"のどちんこ"）の切除である。そのほか，薬草飲用で下痢をひきおこし，体内の病気を排出する。ロゴーロイは，同じく咳と喉の痛みを主症状にするが，原因が咽喉部の腫れにある。塩水や薬草の冷飲用，口蓋垂の切除，あるいはロバの糞の飲用で下痢をひきおこして対処する。口蓋垂の切除では，赤くなった患部を紐でしばって引っ張りだして，カミソリで切る。そのとき，施術者は切除された肉片の状態をみて，病気がそこにあることを確認する。エラルムは胸を意味し，咳と胸部の痛みを主症状とす

[*1] 本論は拙論（2007）の見直しにもとづく。そこでは，私は解剖的知識の重要性に気づいていなかった。その後，フィールドノーツなどの再検討の結果，Sakumichi（2011）では修正して発表した。

る。対処は，温めたミルクの飲用や，ロバの尿・蟻塚の土といった異物の飲用による下痢である。ミルクの飲用は，痛みの原因である胸の中にできた傷を治療するためである。同様の理由から車のエンジンオイルの飲用が効果的と考える者もいる。

　別の例をあげよう。胸の痛みが重篤化した病気に，ロマガリがある。身体の両脇，肋骨に沿った部分が痛くなる病気である。咳をともない，血を吐くという副症状をともなう。マガリとは家畜の角の形状を示す言葉である。両腕を広げたようにまっすぐな角が広がっている様子を示す（Ohta, 1989）。角の広がりは痛みが身体の両端（体側）にある病状を表す。ロマガリには，家畜を用いた治療儀礼を行う。ヒツジを屠殺し，つくったスープに脂肪と血を混ぜ，赤くなるまで熱した斧を入れる。すると，独特のにおいのついたスープができあがる。その飲用で，患者に嘔吐をもよおさせる。血に斧を入れ，その蒸気をかがせて嘔吐させる場合もある。いずれの場合も，嘔吐によって，病気を外に出す。その際，この病気への対処が下痢ではなく，異臭をかがせての（胸に吸い込んでの）嘔吐だということに注目されたい。患部が意識されている。

　これらの病気と治療からは次の2点がわかる。まず，彼らの関心は，基底的原因ではなく，患部と症状・病態の関係にあることである。基底的原因については「病気（悪い物）が入った」と説明するだけである。次に，治療は身体の内部の患部への直接的な介入である。それができない場合，薬草や異物の飲用・吸引による下痢・嘔吐治療がなされる。身体のどこかにある基底的原因を排出させるが，そのときにも身体内部の患部が意識されている。患部への直接的介入と下痢・嘔吐による排出がトゥルカナの対処の基本である。もう一例，シルの治療で確かめよう。

4-5　シル

　シルとは血に病気が入ることでかかる血の病気である。症状は全身各部の痛みが主症状で，腫れをともなう。身体が弱ってすぐ卒倒してしまう。腹部の痛みが最初に来る，大きな出来物ができるという病態を示す。

長年，シルを患ってきた女性は次のように語る。

　痛みを感じる時，全身の血管がゲップをし，踊りだす。これがなくなれば全身の熱もおさまるのだが。自分が患ったのがシルだということはわかっていた。というのは，血管が痛かったからだ。自分は，シルが身体の血に沿って痛いことを知っていた。それだけだ，全身が……（左手で血管の浮き出た右腕を握ってさすり，ついで右手で左腕を握ってさすり，最後に両手を広げて浮き出た血管を見せて）痛い。食べても，病気に腹のなかのものをもっていかれてしまう。

　全身の血管が拍動にあわせて痛む。全身が熱く感じ，食事をしても弱ってしまう窮状を訴えた。そこには解剖的表現が含まれている。
　主な治療は，瀉血と家畜の治療儀礼である。2例の治療場面を提示する。

4-5-1　瀉血

　患者は10歳代の少年。昨年から，たびたび熱を出して震えるという症状を見せている。2, 3日前から左足首の下部を中心に腫れたので，少年の祖母が呼ばれて施術を行った。14時過ぎに到着すると，屋敷から少し離れた木陰で女や子どもが集まって座って，おしゃべりをしている。ラクダの酸乳をもらう。うまい。少年の姉が平たい石に薬木（エロロギット）をほぐしたものを入れ，丸石と平たい石で粉にしている。黄色い。これはあとで，油と混ぜて軟膏として用いる。エロロギットはシルやロメゼキンの家畜儀礼のときには飲用にふされる薬木である。基本的に，その病気の家畜儀礼のときに用いる薬草が軟膏に使われる。昨日，同居する青年が近所の山でとってきた。

　家の外にある大きなアカシアの木の幹によりかかって少年が立つ。左足を踏み出して，腫れている足首の関節の下を指で押さえながら，瀉血の場所を教える。施術者は少年の祖母である。マイナスのドライバーの先端をたたいて広げたような刃物（エバニット）を使って，手首のスナップをき

かせて，キリッ，キリッと短い切れ目を入れていく。十数ヵ所に切り傷が入れられた（写真4-2，4-3）。流れ出す血で切り傷が見えないほどの出血である。途中，少年は顔色が悪くなり，木の幹に身体をあずけ，それを母が横で腕をとって支える。施術は3分ほどで終わる。少年は紐で膝下を縛り，止血をする。施術者は小枝で丹念に流れる血を拭っている。施術が終わって8分が経過して，出血がおさまり，用意したエロロギット軟膏を塗り込んだ。施術者は「悪い血を流すため，瀉血をする。悪い血は黒い」と小枝にぶらさがった凝固しかけた血を差し出しながら説明した。
（1995年8月25日）

症状が全身性の場合には，針金を使った瀉血治療が行われる。

4-5-2　針金瀉血

次に紹介するのは，30歳代後半の男性施術者による「針金を用いた瀉血」である。針金瀉血の原義は「骨の瀉血」（アキドゥン・ア・ガコヨ）である。最近では細い針金を使うのが一般的である。針金以前は細い骨や砕いた骨を用いていたという。施術者は小学校4年で中退，以後カクマの町で暮らす。スワヒリ語と片言の英語ができる。施術は1970年代に当地を訪れたウガンダの異民族カリモジョンの施術者から習ったという。患者は20歳代の青年。全身が腫れているという訴えである。

　患者は両足を伸ばして地面に座っている。施術は，針金と両刃の安全カミソリ，それにドライバーを加工した刃物（エバニット）で行う（写真4-4）。施術者は，左脚のくるぶしの関節の上に，カミソリで傷をつける。そこにしなった針金を入れていく。針金の長さは約15 cm。それをほぼ最後まで入れると，膝の関節の下まで通っていく。皮膚の下を針金が入っていくのが皮膚を通して透かし見える。すべて入ると，針金の先端にカミソリで切り傷を入れ，さらにその手前に2ヵ所の傷を入れた。針金の入り口とあわせて，4つの切り傷が入れられたことになる（写真4-5）。

写真 4-2 木にもたれて,足首を差し出す少年
　　　　 施術者がカミソリでリズミカルに切り傷を入れる。

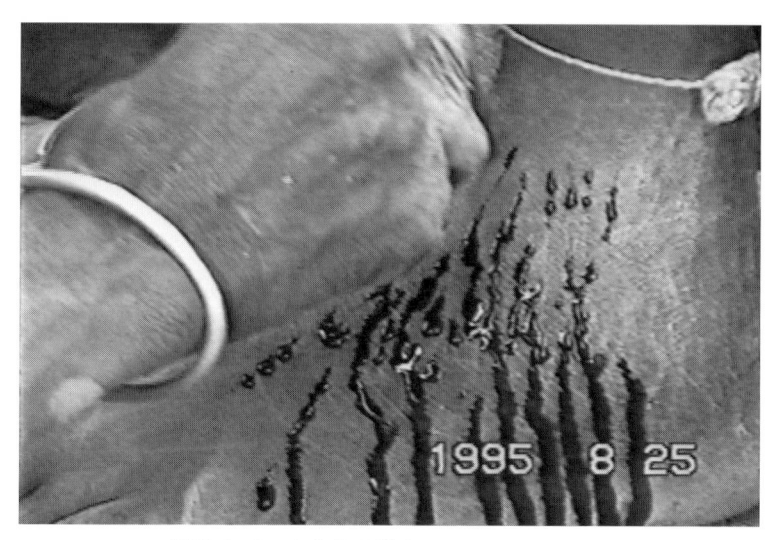

写真 4-3 かなりの出血
　　　　 少年は木にもたれて耐えていた。

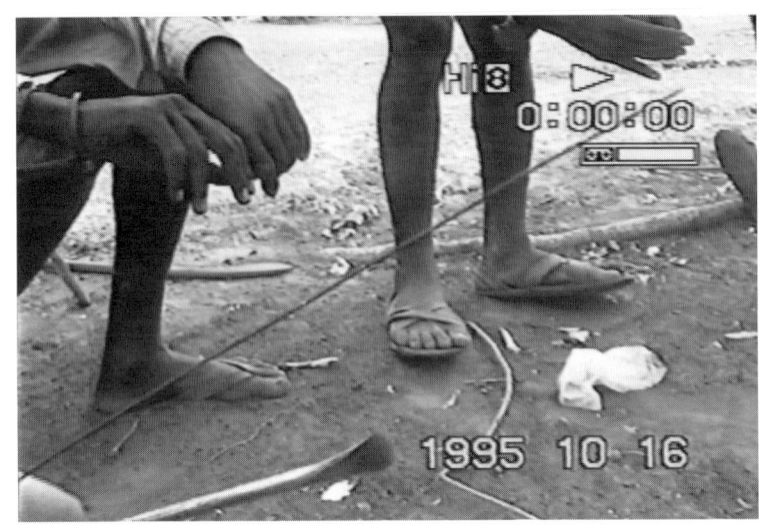

写真4-4　右がマイナスドライバーの先を刃にしたエバニット　左が体内に入れる針金。40 cmほどの長さがある。

写真4-5　傷をつけて，針金を通す

施術者はその傷口にエバニットの刃を押し入れて，大きくしていく。さらに，施術者は針金自体をしならせたり，抜き差しをしたりして，出血をうながす。出血が激しくなる。そこで，施術者は血を指さして「これがシルだ」と説明した。
　次に，針金を抜いて，今度は膝上から入れていく。3，4ヵ所に切り傷をつけ，エバニットで傷を広げる。出血は続く。7分経過したところで，患者の顔色が悪くなり，身体をおこしていられなくなっている。患者は片手で額を覆ってしまった。施術者は水を持ってこさせて飲ませる。私は「今，病気が血にあるのか」とたずねる。すると，施術者はそうだと応え，患者の足指の甲（爪と第1関節の間のわずかな場所）を次々とカミソリで傷つけていってみせた。そして，血を指さして「ここが熱い」と説明した。中指の甲の傷から針金を入れはじめた。針金は皮膚の下をしなりながら入っていく。足の甲には細い竹ひご細工のように細い骨が走っている。針金が，その骨の上側をくるぶし（脛骨のふくらみ）の下まで入っていく。針金に沿って，また，切り傷が入れられ，出血をうながす。しばらくすると，「ここだ，ここだ」と言って，施術者は，第4指につけた傷から斜めに針金を足の小指の中骨の上に通して，足の外縁まで入れていく。
　出血の具合を見ながら今度は指で太ももから臀部のあたりを押している。病気がどこにあるか，血を触って調べている，と言う。今度は，先ほどと異なる場所に切り傷をつけて入れていく。針金は，太ももの臀部よりにむかっていく。そのとき，針金をこきざみにゆらすので，そのたびに，患者はピクッと身体を震わせる。施術者はエバニットで傷をほじくる。そのたびに，患者はピクッとする。ピクッとするたびに，施術者は「おい」と声をかける。施術者は，「患者の心臓が拒んでいる（患者がこれ以上施術を受けたくない）」と言う。施術者も針金を抜くと，息を荒げる大声で「ああ」とため息をつく。彼自身もストレスを感じているようだ。
　針金を入れた上をそこかしこ指で押して様子をうかがっている。「ここは，なかに何かがたくさんある」「ここは何もない」と言う。太ももの傷をエバニットで広げる。患者はピクッとする。傷口をさして「病気を外に

出すために，開いている」と説明する。患者は気分が悪くなり，水を飲んだ。今日はこれで終わりにすると施術者が言う。予定では両足，腕にも行う予定だった。約20分経過している。出血は続いているが，固まりかけている。木の枝で，その血をすくうと，血は固まっていて小枝からタラリと垂れて，地面に落ちない。施術者は「これがシルだ」と説明した。色がふつうの血とは異なり，シルは黒いのだと言う。

　針金瀉血が終わると，家長の妻の小屋のなかに移動して，家畜の血を浴びる儀礼が行われた。小屋に座って，ヒツジを頭の上にのせ，そこで，喉をかききる。鮮血が頭から滴り，全身を濡らしていく。「身体が冷えていく」と患者は言う。一方で，周囲では女たちが2つの鍋に湯を煮立て，解体したヒツジからスープをつくる準備をしている。スープは飲む分だけ，木桶にとられ，そこは薬草を入れて，供される。患者は夜にかけて，数度にわたってスープを飲み，下痢を繰り返す。肉は集まった家族や近所の女性と子どもに分配される。(1995年10月16日)

　少年の瀉血では，足首の腫れがシルと判断された。そのとき，施術者は瀉血で流れる血に病気があることを指摘する。針金瀉血の場合は，症状が全身にわたるため，全身に瀉血を施した。針金を使う理由は次の通りである。本来，皮膚と肉はいっしょにあって，触ると弾力がある。それが，シルになると，指で皮膚を押してもなかなかもどってこなくなる。つまんでみると，皮膚と肉にすき間がある。そこに病気がある。だから，針金が通りにくい部分には病気がある。針金で探って瀉血を施して病気を外に出す。施術者が指で患者の脚を押していたのは，どこに針金を入れるのか，患部を触ってすき間の有無を確かめていたのである。

　少年の瀉血では，症状（痛み，歩行困難）をひきおこした直接的原因は患部（足首の腫れ）にある。基底的原因は外から侵入した悪い物であり，患部に溜まった血にある。施術者は腫れた患部にある病気を排除する。針金の全身瀉血の場合も同様に，施術者は患部にある病気を瀉血によって排出した。ただし，患部が全身に広がっていたから，針金を全身に入れなければならなかった。い

ずれの場合も，瀉血の後，病変した血（黒い血）に基底的原因を見出して，施術の効果を確かめている。

4-6　基底的原因としての患部

　河合（1998）はチャムスの病気には「症状があるならば身体のどこかに異常がおきているはずであるという理屈」があるとした。これまで見てきたトゥルカナの病気にも同様の理屈をみることができる。治療は，まず第一に，身体に定位された患部（異変）への介入である。基底的原因は「病気（悪いもの）が血に入った」と説明されるだけで，重要視されていない。また患部に基底的原因を見出し，治療効果を確かめる。基底的原因は患部にあるとされている。直接患部を扱えないときには，嘔吐や下痢によって患部にある基底的原因を排出する。2つの方法には身体構造の特定部分に生じた異変に対応するという基本的理屈がある。

　同様の関係は"外科的治療"を施す他の病気に見ることができる。2例あげよう。エティッド・ロリオは脾臓と肝臓が腫れる病気である（写真4-6）。エティッドは脾臓のことで，ロリオの原義は「遮断するもの」を意味し，肝臓が腫れて血をとどこおらせる病態をさす。両者は同時におこるとされる。症状は，だるさ，午後の発熱である。血がそれぞれの臓器に過剰に集まった状態にある。その原因はわからない。だから，腫脹した脾臓と肝臓を手で浮き立たせ，位置をまっすぐにして，その上を瀉血する（写真4-7）。さらに，出血をうながすため，臓器を揉む。瀉血をした施術師は流れる血を指さして，次のように言った。「血は川の水のようで，水が流れたあと，黒い病気が泥のように残っている」。基底的原因は患部（臓器）の黒い血にある。また，シキナとは，乳首の周辺の脂肪に病気が入って，咳やだるさをひきおこす病気である。患部の脂肪が心臓を圧迫して咳が出るとされる。治療は病気の脂肪の切除である。乳首の周辺を触って，拍動がよく指先に感じとれる場所に病気の脂肪がある。そこをカミソリで切開し，金属製のフックを差し入れ，3，4cmの黄色がかった脂肪をとり出す。施術者は黄色の外見を確かめ「病気がある」と確認す

写真 4-6　肝臓の位置
　　　　　　ロリオのとき，肝臓は鳩尾の下に横に長く腫れ，触るとわかる
　　　　　　という。手の下には細かく縦に入れられた瀉血の跡が腹腔を横
　　　　　　切るようにある。脾臓は左肋骨下にある。このような見立てが
　　　　　　医学的に正しいかどうかは不明である。

ると，ただちに，"病気"を地面になげすてる。

　以上の検討から，トゥルカナの病気理解では，基底的原因は身体構造に定位される患部にあるとされ，治療は患部への直接介入と下痢・嘔吐による排出によっていることがわかる。その介入の舞台である身体構造は身体の観察や触知，症状の吟味によって身体を分節化している。

　病気のなかには，症状が全身性で，かつ患部が特定できない病気がある。患部が特定できても直接治療できない病気もある。治療を試みても改善されなかったり逆に悪化したりする病気もある。このような場合には，家畜を使った治療儀礼を行う。次に儀礼の過程を紹介する。

4-7　治療儀礼[*2]

4-7-1　払底的な治療

　家畜儀礼は症状が深刻だったり病気が治らなかったりした場合に，頼られる

写真 4-7 脾臓と肝臓の瀉血を受ける若い女性
腫れた器官の位置を確認して，カミソリで切れ込みを入れた。そのあと，灯油をしみこませた布に火をつけ，空き缶をふせた。陰圧にして出血をうながすわけである。この方法はこの施術者の工夫で，通常は切り傷を入れ揉みだすだけである。施術者は患部をゆっくり触って，出血をうながしている。

治療である。どの病気も当初の治療の効果がない場合には，最終的には家畜儀礼を行う傾向がある。家畜をねだられた家長がその要求を断るときの説得力ある言い訳に「おまえに家畜をあげたら，病気のとき，私は何を殺したらいいのか」というのがある。家長たるもの，家族員の病気のための家畜を最低限とっておかなければならないとされている。

[*2] 本書では，「家畜を屠殺して薬草スープを飲む」儀礼を治療儀礼（家畜儀礼）と呼んでいる。トゥルカナ語では，病気のエタリといい，「病気のときに行う決まり事」の意である。家畜儀礼だけに使われるわけでない。とくに，家畜を使った儀礼は，家畜の体色を指定して行われることが多いことから，アジュロット〔体色〕といわれる。「どのような病気か」とたずねると，相手はしばしば，「ヤギを殺して，薬草を入れたスープを飲み，下痢や嘔吐をすると治る病気」と説明をする。行えば治ることになっているという治療の規約で，習慣的な側面を表す。

また，入院治療を受けた場合でも，帰宅後家畜儀礼が行われる。マラリアで入院したある婦人は，退院後すぐ，アウカキン儀礼を実行し，「病院では何もしてくれなかった，座っていただけ」と不満を訴えた。しかし，病院からの請求書には5本の点滴と3本の抗生物質の注射，抗マラリア剤が投与されたことが記載されていた。家畜儀礼こそは彼らにとって本当の治療であって，治ったという実感をあたえてくれる。家畜儀礼とはどのような治療か，身体的理解がどのようにかかわっているかを検討しよう。

　家畜を屠殺する治療儀礼（家畜儀礼）は，病者にスープを飲ませることに由来して，飲ませる（アキタマット）と呼ばれる。すでに述べたように，病気に一度かかって回復した経験者はその病気の治療ができるとされるので，まず家族内でできる人を探し，いない場合は経験者を近隣に探すことになる。依頼されて儀礼を行う治療者は「飲ませる人」（エケタマタン）と呼ばれる。

　飲ませる人は家畜の種類や体色，お守りづくり，用いる薬草など儀礼の手順を自分が治ったときにしてもらった同じやり方で儀礼を行う。この儀礼は病気経験者による「過去の出来事の再現」（北村，2002）という側面をもっている。

　とくに重要なのは，家畜の体色（アジュロット）である。施術者に言われた体色の家畜がアウイにない場合は，その体色の家畜を所有する人に家畜の交換を依頼したり，その体色の家畜が手に入るまで儀礼を待ったりする。屠殺すべき家畜の体色がわからない場合やより深刻な事態が憂慮される場合には，病者にふさわしい体色を占い師に占ってもらう。

　次の事例は，治療者にとって儀礼が再現であることを示すと同時に，治療の伝播が病気経験者と病者の出会いによってなされる事情を伝えている。

　1998年10月8日朝，アグレを患う青年に治療儀礼が行われた。現在は別の家にいる青年の母が呼ばれた。母は黒い雄ヒツジを屠殺し，3種の薬草を使ってスープをつくり，薬草入りの水で水浴をさせた。「なぜ，黒い雄ヒツジなのか，3つも薬草を使うのか，ただの水ではだめなのか」という私の問いに「私が治ったときそうしたから，そのときの治療者がそうしたから」と応えた。以前，食べ物を探しにカクマの町に行く途中，脚が動

かなくなって道端に寝込んだことがあった。そのとき，通りがかった近隣の知り合いの妹が治療してくれた。そのときのやり方だという。

4-7-2　儀礼の実際

1995年9月13日，午前9時から12時まで，30歳後半の女性アボンが40歳代の男性ソンゴットに行った儀礼を紹介する。儀礼は彼女の小屋で行われた。

病者ソンゴットは2ヵ月前，右足首を挫き腫脹をみた。本人はシルかと思ったが，そのうち腰全体，腰のまわりが刺すように痛くなり，足を引きずるようにまでなった。近隣の女性にマッサージを依頼。女性はアグレとシルの同居を指摘。マッサージは支払いが続かず中断。患部が再び腫脹。そこで，隣家のアボンに相談して，儀礼を勧められた。アボンは自分の治癒経験から，頭が黒く身体の白いヒツジを指示した。

儀礼はまず，治療者が家畜を病者の身体にこすりつける「回させる」からはじまる。家畜の屠殺・解体の間に前脚の皮で腕輪をつくり，腸はひっくり返した鍋の底に丸く広げられ，アボンと年長者の男性たちの腸占いに供される。最後に，薬草入りスープを飲用，儀礼は終了する。病者は嘔吐と下痢を示し回復する。

以下，三場面を紹介する。

1)「回させる」（アキシリム）

ヒツジが連れてこられる。病者は脚を伸ばして座らされている。アボンの指示で傍にいた若い二人の男がそれぞれヒツジの前足と角，後ろ足をたばねてもち，病者の背中にのせる（写真4-8）。「回させる」がはじまった。ヒツジは腹ばいになった病者の上に前足と後ろ足を伸ばした格好で，腹ばいになっている。アボンはヒツジの背中を押さえ，「(病気よ) 行ってしまえ，(心臓よ) もどってこい」といいながら，平手でたたく。ヒツジの腹腔に響くようなポンポンという音がする。前足と後ろ足をもつ二人とアボンとで，ヒツジを前後に鐘突棒のように勢いよくゆさぶって，病者の背中や腰の周辺にこすりつける（写真4-9）。32回に及んだ。同様に，病者をあおむけにしヒツジをたたきながら，アボンが「シル，ロマゼイ〔いずれも病名〕」と言うと，そばの男が掛け

写真4-8 「回させる」
ヒツジを病者の腰にこすりつける。

合いで「アグレ」と言う。アボンが「クワン，リブ〔病名〕」と言うと，男が「立ち去れ」と合わせる。アボンが「おまえたちの家へさっさと行け」。アボンはヒツジで身体をこすりながら，「どこだ，アグレよ」と呼びかけている。27回（写真4-10）。

次に横臥してまず右体側に18回。病者を反対にむかせようとするとき，外でニワトリが鳴いた。男が「シルを食べろ」と声をかけるので，笑い声があがる。ついで左体側に19回，こすりつけた。こすりつけた勢いで，ヒツジは敷皮に放り出された。ヒツジは放心したように動かない。放り出されたヒツジと右をむいて横たわる病者は同じ姿勢をとっている。アボンはヒツジの糞を両手にもって，額からはじめて，首筋，背中，両足になすりつけていく。そばの別の女が私に「身体の病気よ，行け（ってことよ）」と言う。これは「塗らせる」（アキトジュク）と呼ばれる。

写真 4-9　ヒツジの足をもって病者の患部である腰に執拗にこすりつける

写真 4-10　多くの病気に呼びかけて，出ていくように命じる

2) アムンづくりと解体

　皮の敷物の上に，ヒツジが寝かされる。首筋に血受けの木製桶をあてがい，喉を切る（写真4-11）。血が桶に滴る音が響く。右前足に切れ目を入れ，膝下の皮を剥ぐ。その真ん中に切れ目を入れ，病者の左手首に通す。病気が入るのを防ぐための腕輪である（写真4-12）。女たちが解体をする。皮に赤い点がぽつぽつとある。私が見ていると，「病気がヒツジに入った痕跡だ」と女が説明してくれた（写真4-13）。

　腸が小屋の外にいる男たちに渡され，腸占いがはじまる（写真4-14，4-15）。腸に赤い点が見える。「ヒツジか？」と年長者が問うと，アボンは「いや，ラクダだ」と言う。病者の家畜囲いにいる1頭のラクダが悪い病気を運んでいる。このラクダは邪術師だと。ラクダの元の持ち主とソンゴットとの間に確執があることをほのめかしている。そのほか，天候や牧草の有無が話題になった。

写真4-11　首の動脈を切る

写真4-12　ヒツジの足の皮で腕輪をつくる

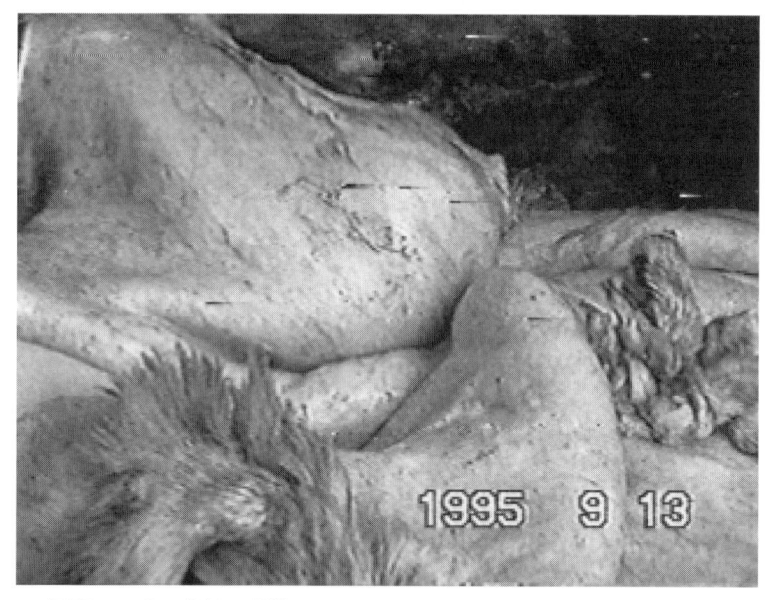

写真4-13　病気の痕跡
　　　　　皮の内側にある，赤い点々は病気が入った証拠である。

106 ● 第4章 野生ネコの捕まえ方

写真 4-14　解体されるヒツジ
　　　　　　腸がどこかへ持ち去られる。

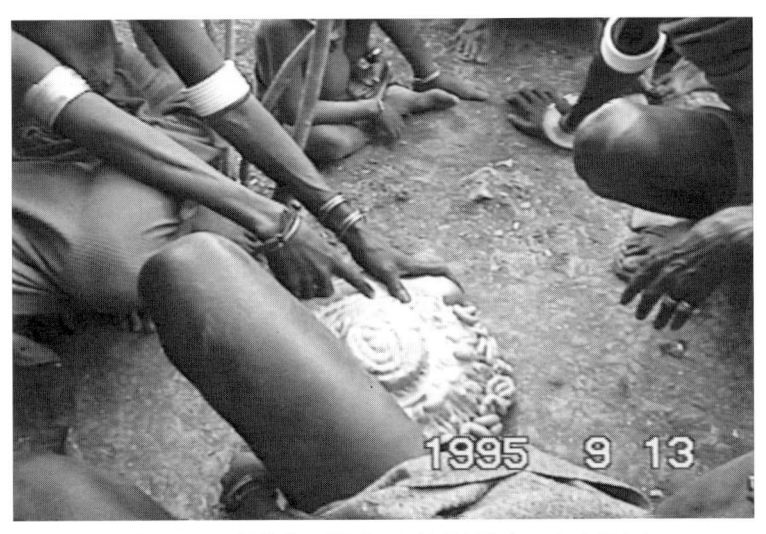

写真 4-15　施術者や周囲の年長者が腸占いをはじめた

3)「食べさせる」

　2つの鍋と1つの小鍋が外のかまどで湯気をあげている。少女が番をしている。ひとつは肋骨や肝臓，腎臓，4つの脚，背骨，腰などが入って，澄んだ「身体のスープ」，ひとつは，胃，腸，首・胸肉の濁った「腸のスープ」，小鍋はヒツジの脂肪を煮ている。頭は鍋の下の火にちょこりとくべられて，こちらを見上げている。煮上がると，少女は木製の小さな桶に，肋骨，右前足，肝臓を入れて，アボンにもっていく（写真4-16）。アボンは冷めるのを待って，肝臓をとり出し，一口かじると，ぺっと地面に吐き出し，病者の口元にもっていく。病者も一口かじって吐き出す。ソンゴットは手を使わず，アボンに食べさせられている。肋骨，右前足も同様にアボンが食べさせる。これは「食べさせる」（アキタニヤム）といわれる（写真4-17）。

　それが終わると，肋骨，右前足，肝臓を入れた小桶は病者に渡され，自由に食べることができる。同時に，他の肉が集まった家族や付近の人々に分配される。食べ終わると，ソンゴットとアボンはお互いに食べた肉の骨を石で割る。

写真4-16 少女が鍋から煮上がった肉を桶に入れて患者と施術者に渡す

写真 4-17 「食べさせる」

　アボンは薬草を粉にし，スープに入れる。かき混ぜ棒で，丹念に，細かい泡がスープの表面を覆うまでかき混ぜられる。アボンはできた薬草スープを病者の身体のまわりを回し，一口飲むと吐き出し，ソンゴットにも同様にしてもらう。これが儀礼や施術者の語源である「飲ませる」である。ソンゴットは一晩かかって，大きな桶一杯のスープを飲み，下痢や嘔吐をする。下痢や嘔吐の有無，便や吐瀉物の状態を見て，儀礼の効果があったかどうかが確かめられる。

4-7-3　儀礼の過程

　家畜儀礼は「回させる」から屠殺までの前半と解体からスープ飲用「飲ませる」までの後半の2つの過程に区別される。参加者の説明からは，病気を扱う次のような論理が読み取れる。
　前半は「回させる」によって実体化された病気を病者の身体から家畜の身体へと移す過程である。とくに症状のある部分（腰や背中）を中心にこする。そのとき，複数の病気の名前が呼ばれるのに留意する。顕在化した病気の背後に他の病気が隠れているとする。病気がもどらないようにつくった腕輪，家畜の

皮に確認された赤い痕跡は,「回させる」による病気の実体化を補強する。後半は薬草入りスープによる下痢と嘔吐による病気の排出である。病気を腸に集めるという。翌朝,便の状態（色や泡の有無など）,嘔吐の有無が病気の排出の証拠として病者から語られる。

　他の儀礼も検討しておく。ロバイ（表4-1：84頁）は全身の骨にひびが入ったように痛む病気で,骨のなかが水になる家畜の病気ロキピになぞらえる者もいる。治療儀礼では,水を入れた胃を木に吊るし3つの穴をあけ滴らせた液体と薬草をスープに入れて飲用させる。ロコウ（表4-1）は激しい頭痛を症状とする病気である。その儀礼では,生きたヤギの頭蓋骨のなかから,脳をとり出し,病者の頭にのせる。クワン（表4-1）は悪霊を意味する風が体内に入って,だるさや黄疸など肝炎様の症状をひきおこす病気である。儀礼ではヤギの屠殺前に,病者の鼻先で灰をまきあげ咳き込ませ,体内から出てきた悪霊を斧と山刀を打ち鳴らして追い出すという動作がなされる。このような象徴操作とともに,儀礼では共通して「回させる」とスープの飲用という身体構造を意識しての実践が行われている[*3]。

4-8　多重説

　「病気はひとつではない,そのなかに,多くの病気がある」。私が,ある年配婦人にインタビューしたとき,言われた言葉である。彼女は,エピソードのいちいちで「その病気は何という病気ですか」と質問してくる私に閉口していたのだろう。「私にはこういう症状があって困っている。それは,ロバイと言えるだろう。だが,ひとつの病気には多くの病気があるのだから,そう病名,病

[*3] トゥルカナの人々の説明に,調査者側の近代的な「道具的合理性」（Good, 1994 江口訳 2001；奥野, 2006）の反映を認めることができるかもしれない。また,変動期にあるトゥルカナの人々自身,医療化の影響を受けているのも事実である。全体として病気対処をみるためには,家畜の病気との類比や病気や儀礼の意味論的広がり,人の病気とカミの病気の重なり合いなどに注目することも重要である。このような課題には,まだ本研究がいたっていないことは率直に認めるところである。その一方で,ここで伝えたいのは,儀礼であっても,それを身体構造で生じる物理現象として理解する彼らの傾向である。

名と言いなさんな」と言いたかったのだろう。

　「ひとつの病気の下にはいくつもの病気がある」。これを病気の多重説と呼ぶことにしよう。トゥルカナでは，病気は顕著に感じられる主症状（標識症状）によって判断される。いったん，病気が決まると，他の副症状はその病気にありえるものとして位置づけられる。実際は，病気間で決め手の症状が重複していたり，強く前景に出る症状が複数あったり，時間経過によって症状や病勢が変化したり，するのがふつうである。そのような状況では，病気を確定する診断に時間をかけるよりも，ありえる病気を決めて対処をする方が実際的である。特定の病気だとされたとしても，それはありえる病気のうちのひとつにすぎない。たとえ，治療が効かなかったとしても，もともとあった別の病気が現れただけである。

　病気Aを指し示す症状aがあるとする。それに対して，治療aが施される。しかし，その症状aは別の病気Bの症状でもあることがある。また，治療aをしても症状の一部が残り，それが別の病気の病気Cを指し示したり，別の病気の症状dが出たりする。そうすると，当初あった病気Aの背後には，BやCやDがあったと知覚される。このような体験を先取りすれば，病気の多重説が形成されるだろう。このように考えると，家畜による治療儀礼は，病気の多重性に対する払底的な対処と位置づけることができるのである。

　太田（1991）はトゥルカナの家畜の病気カテゴリが演繹的であると指摘した。帰納的なカテゴリとは異なり，演繹的カテゴリは特徴的な症状に着目することでつくることができる。その結果，病者が特定の主症状を示した場合，他の症状を考慮せず，診断が可能になる。また，演繹的カテゴリは記述的にカテゴリをつくることができるため，新しい病気にもとりあえず名前をつけることができるという利点がある。トゥルカナの病気（病名）は患部や症状に着目してつけられることが多いことは指摘した。人間の病気についても演繹的な性質を指摘することができよう。

　決め手の症状が混在している例をあげよう。

4-8-1 多重な病気

　1994年に北部山地部から難民キャンプがきっかけで，もどってきた青年。1ヵ月前から，目が痛くて涙が出る，頭がずきずき痛む。手や足の潰瘍，足の痛みに悩まされる。彼によれば，この病気は，それぞれ，ガコネン〔眼病〕，ロコウ，アモディン〔重篤な出来物〕，シル，ロバイがあるという。まず，アモディンための治療儀礼に必要な家畜を求めて私のもとにやってきた。(1997年9月13日)

　のちに青年は，病院で寄生虫病の疑いがあると診断された。複数の症状があり，それぞれに対応した病気があるととらえている。
　組み合わせの過程では，細かい病状の観察が行われている。

4-8-2 構成された病気

　30代の男性ナリニョがロメゼキン〔全身の腫れ，発疹〕の家畜儀礼をするという。儀礼では，病者の頭上で家畜の喉を切り，吹き出す血を浴びる。3日前にもロメゼキンの儀礼をして，私も参加したばかりである。そのとき，血を浴びたナリニョは「熱かった身体が冷えて気持ちがいい」と感想をよせてくれた。それなのに，どうして再度，儀礼をするのか。事情を本人にたずねると，次のように説明した。
　今回の経過は，最初腹痛がして下痢の症状があり，その後，細かい発疹が出たというものである。この病気はロメゼキンとプールがいっしょにある病気だと判断した。その理由は以下の通り。プールとロメゼキンの発疹は表面から消えても，腸に出て下痢をさせる点で似ている。プールは小腸の，ロメゼキンは大腸の病気である。だが，発疹の大きさと出る場所は違う。プールは発疹が小さく，顔や手足，身体全体に出る。一方，ロメゼキンの発疹はプールに比べて大きく，出現場所も限定的である。今回の場合，その発疹は大きさからみると，プールと同じ細かい発疹だったが，発現部位が両手の内側と太ももの内側に限定され，その場所はロメゼキンの発疹が出る場所である。そこで，施術者に相談すると，プールとロメゼキ

ンがいっしょにあると教えられた。プールだけの場合には薬草は用いない。前回も同様に考えて儀礼を行ったが，便が少量しか出なかったので，今回薬草を変えて再び行ったとのことである。（1997年9月18日）

上の例は2つの病気の症状が複合した，病気が混ざった例である。病気についてこのような多重論的な思考になるのは，病名が症状（患部）と治療とは結びついているが，その発病機序（仕組み）とは無関係であることによる。たとえば，激しい頭痛のロコウは，頭（脳）という症状（患部）と治療儀礼とは結びついているが，なぜ激しく痛むかは言及されない。「病気が入ったから」と説明されるだけである。「カミの病気」とは「原因はわからないが，治療法はある」という意味だったことに思いあたる。

人々はそのときどきに顕著な症状を示す病気に対処する方法をとる。多重な病気のうちどれを選択するのかは，病者やその家族，相談をもちかけた相手がどのような病気経験をしてきたかによる。病気の多重説は他の病気の可能性を前提として，当座の病気にとりくむという彼らの姿勢を示す。さらに，それは病気に対する協働の態度をつくりだしている。

【事例　アクワム】
　私は，アパラの小屋で昼寝をとっていた。そこへ助手がやってきてナエレル家で，家長の妻アクワムが急に倒れたから来て欲しいという。
　ナエレル家にいく途中，家人5人に連れられたアクワムに出会う。まわりに支えられている。本人を座らせて経過をたずねる。2000年に生まれた子どもを身ごもっていたときから，胸の肋骨や脇が刺されるように痛かった。そこで施術者へいってマッサージを受けたところ，「糞肛門」と言われた。が，支払いが続かず，1ヵ月で終わった。1年経って今年，背中の下の部分，背骨をはさんだ両側が痛くなった。マッサージを4ヵ月してもらって，治まった。昨夜から背中の痛みが再びはじまったという。みると，両腕両足に，それぞれ，足首の上と膝の下を紐で縛ってある。「血で

痛みが全身に伝わるので」縛ってある。付き添いの家長，その妹二人と息子は，アクワムは調子が悪く，火の側にばかりいるし，目が黄色いので，「テレゲゲ」〔首が硬直して回らなくなる病気。流行性脳脊髄膜炎ともいわれる〕か「ロパリアン」〔精神病。第2章のギジョキョと同じ〕じゃないのか，いずれの病気にしても，「強いエレケス」〔深刻なマラリア様の症状〕があるのは同じことだと話し合っている。結局，話し合いの結果，私から援助をもらい，病院に連れていった。マラリアと診断され，1週間入院した。（2002年8月27日）

　以前，肋骨や脇の痛みから糞肛門の治療を受けたが，2度の再発をしていた。病気同定の手がかりとなった背中痛は，他の病気でもおこりえる。背中痛が糞肛門と判断されたのは，アクワムの訴えにあったように，妊娠期間に発病したという認識と関連しているのだろう。妊娠に関係した腹部の問題と背中痛が糞肛門との関連を疑わせたと推測される。3度目の現在，背中の痛みに卒倒が加わり，家族内で検討された場面である。以前は糞肛門と判断された背中痛が再発，卒倒という症状が加わったことで，家族から別の病気ではないかという推論を受けている。

　ここで注目したいのは，推論のプロセスよりも卒倒という症状の発現を受けた家族の対応である。私の援助をえるために，病者を連れてきた家族は，その場で"カンファレンス"を開いて，可能性を検討している。最後には，それらの病気に共通する症状「ひどいエレケス」に着目して，病院にかかることになった。エレケスとは本来は「調子が悪い」といった一般的な不調の状態を表すが，現在ではマラリアと同じ意味で用いられることが多い。だが，この結論には誰も納得しておらず，入院後帰宅してからあらためて家畜儀礼を行った。

　トゥルカナでは，「病気の経験者は治療ができる」と考えられている。症状は複数の病気を指し示す。絶対的な権威をもって病気の同定や治療の決定ができる人はいない。症状の何が決め手かは，患者自身や家族員など経験者同士の出会いによって決まるのである。

　一方で，病状が慢性の経過をとり，好転しない場合には，次々と相談者を変

え，異なる治療を行わなければならなくなる。

4-8-3　ギジエの乳がん

　1997年の12月頃，40歳代後半の女性ギジエの胸に小さな腫れ物アブスができた。それが2001年には大きくなり固い中身が外に出るまでになった。白く黄色く緑がかった内容物が露出したのである。最初は，小さなしこりだったので，乳首の病気シキナと考えたが，中身が出て大きく腫れたので深刻な腫れ物エノモケルではないかと思い，血浴儀礼を行った。しかし，ついに，その出来物は開口しなかった。

　家長が近隣の知り合いにみせると，彼は四つの薬草と犬の糞に油をまぜて塗るように指示した。好転しないので，アラマタウ〔動悸やほてり〕の家畜儀礼のために1頭のヒツジを使い，シル〔血の病気〕とロバイ〔骨・関節の病気〕の家畜儀礼のために1頭のヤギを使い，ロコウの家畜儀礼に1頭のヤギ，再び，エノモケルとアウカキン〔心臓が失くなる病気〕の家畜儀礼に1頭のヒツジを使った。その間，新興宗教の治療者にも占いを依頼した。

　おそらく乳ガンと推定される死去までの5ヵ月で，施術者への支払いを含めて10頭のヤギ・ヒツジを使った。その調達に家長は友人に1頭のロバとそれら家畜の交換を依頼しなければならなかった。ギジエは最後の日に，自分の病気は娘の夫の母親が呪ったためだと言い残し，この問題は両家の間の確執となった。

　死後，家族は外来を標榜する占い師をたずねた。占い師はヒョウタンにしゃべらせることができると評判だった。ヒョウタンも"呪い"の存在を語ったので，ヤギを殺し，その皮でお守りをつくり，家族13人でもつことにした。(2001年8月29日，家長エトットとギジエの娘からの聞き取り)

4-9　野生ネコの捕まえ方

　ここまで，トゥルカナの病気と治療において，身体構造がどのように用いら

れているかを中心に述べ，トゥルカナの病気観について触れてきた。トゥルカナの病気対処は身体構造上に実体化された患部への介入である。基盤的原因は患部にあるとされるので，結局，患部へ介入するトゥルカナの治療は対症治療ではなく，根治治療ということができる。患部を特定できない全身性の症状や難治性の病気に対しては，家畜を使った治療儀礼が施されるが，多様な象徴操作のなかでも，身体構造のどこかにある病因を腸に集めて排泄する方法は一貫している。トゥルカナの病気分類は顕著な症状を標識としてつくられた演繹的カテゴリである。そのため，症状とそれをひきおこす患部との随伴性によっている。生物医学的疾病が背後にある場合，このような治療には限界がある。ギジエの例で見たように，疾病の生物医学的な経緯が症状主導で切断され，別々の病気の単位として用いられ，治療が施されることで終結する。それは当座の病気の定義としては有効だが，病気の進展や症状の変化を捕捉することはできない。それを補うために言われるのが，「ひとつの病気の背後には多くの病気がある」とする病気の多重説である。つまり，多重説はトゥルカナの病気カテゴリが演繹的であることの限界に対応して発達した病気観である。多くの病気に呼びかける家畜儀礼を「払底的」と呼んだのは多重にある病気に対処したからである。

　さまざまな症状が交錯する不調が病気として認識されるとき，基本的な身体図式としてあるのが解剖的身体である。解剖的身体は「家畜と人間の身体は同じである」という人畜共通身体観にもとづく。病気は身体構造（骨，組織，皮膚，筋肉，内臓）の異変（患部）に位置づけられ対処される。治療がむけられるのは目に見える，手で触れるように実体化された患部である。外部からあたえられる医療の説明に比べて，トゥルカナの治療は病者の身体に即しているので，実感をもって受け入れられるだろう。

　最後に，家長エトットが野生のネコ狩りで言いたかったことを考えてみよう。野生のネコは木陰に隠れてみえない。追う人々は，棒でたたいたり，石を投げたり，大声を出して，茂みから追い立て，捕まえようとする。だが，野生のネコはすばしっこい。「それ，とらえたか」と思えば，逃げ出して別の場所に出没する。再び，人々は追い立てようとする。

病気は，捕まらない野生のネコだ。全身は見えずちらりと姿を見ることができるだけだ。人々はそれを手がかりに病気を名づけ治療を施してきた。儀礼というネットを張って一斉に捕まえようともしてきた。いろいろな方法を探して試みた。野生ネコのエピソードはとらえがたい病気の多重な現れに対して，ひとつひとつ「なんでも熱心にやってみる」トゥルカナの姿勢を表している。

　ギジエの事例は悲惨な結末をむかえた。それはこの対処の限界を示している。しかし，その死までの過程は，アウイ総出の懸命の対処だったといえよう。病気対処は「トーマ・アウイ」〔家の中のこと〕だという。それは「一家総出で」と訳されるべきなのである。

第5章
身体を拵える

5-1　ヒツジを飲む

　糞肛門の治療はマッサージとスープの飲用である。スープは肉だけを買ってきて作る場合もあるが，たいてい家畜儀礼を行う。今，糞肛門とアグレのための儀礼が行われようとしている。病者は60歳代の男性ナクレである。

　暑い，風のない昼下がりだった。治療儀礼はマッサージ師の家の近くの木陰で行われた。ナクレは立って，私に説明する。「歩けないので，ただ寝ているだけだ。この部分が痛い」と右脇腹をおさえる。「以前，ヒツジを飲んだら，いくぶんよくなったから（この治療儀礼を行う）」と両腕を広げてみせた。そして，「むこうに座って，おまえは自分の仕事をするがいい」と言う。

　マッサージ師はアカプアと呼ばれる50歳代の女性である。ネックレスとともに宝貝をぶらさげている。彼女は患者のために赤いジュースを買うように言った。私は少女に金を渡して，キャンプのマーケットで購入してもらった。別の手伝いの女性がやってきて，私に「お前は以前，うちのこの子を助けてくれた」と言いだし，「また助けて欲しい」とねだりをはじめた。ナクレは，「今，ソコミチは仕事中だ，ピーチャ〔ビデオ〕をとっている，静かにしなさい！」とたしなめてくれた。頭が黒く，体の白いヒツジが引き出された。手伝いの女性とマッサージ師が二人がかりで綱を引いた。マッサージ師は桶に汲んだ水をナクレと手伝いの女性にかけた。

　アカプアはナクレに，正面からヒツジを抱かせた。そして，ヒツジの背中と右脇腹を36回たたいた。さらに，手伝いの女性にヒツジをもちあげさせて，ナクレの首にのせて，23回たたく。背中におぶわせて，9回。ヒツジの顔とナ

クレの顔をつきあわせて，13回。執拗にたたく。ヒツジはナクレの頭の上で喉を切られた。ナクレは頭から血を浴びた。血は熱くなった身体を冷やすとされる。ヒツジは解体され，スープがつくられた。そこに3種類の薬草が加えられた。この薬草は下痢と嘔吐をひきおこす。

ナクレは今晩マッサージ師宅でマッサージを受けるから見に来るように誘ってくれた。

5-2 アキレット

トゥルカナ語ではマッサージはアキレットといい，マッサージをする人はアキレットをする人という意味で，エカルトンという。これは，動詞アキレットからの派生語で，専門的な職を表す言葉ではない。マッサージ師はほとんどが女性で，他の治療者同様に，自らマッサージを受けた経験や，身近な人（母親か祖母）のマッサージを見た経験から，やり方を覚えた人である。マッサージを受けるのに毎回の料金は必要ない。マッサージの効果がでてきた適当な時期に，マッサージ師が数頭の家畜を請求する。患者は毎回身体に塗る油を用意しなければならない。家畜の少ない状況では，油は商店から購入する。マッサージは1週間から数ヵ月に及ぶので，油代が用意できず治療を中断する例もある。

本章では，マッサージ場面の概略を示して，分析のためのデータ化の方法を述べておく。糞肛門のマッサージは脂分のあるスープの飲用と組み合わされることが多い。冒頭の場面はその1コマである。

5-3 ナクレのマッサージ

以下，2002年8月17日にエトット家の年長者ナクレに行われたマッサージである。ナクレは糞肛門とアグレにかかっている。糞肛門が慢性化するとアグレになるといわれている。治療はマッサージと脂分の多いスープの飲用を繰り返す。ナクレはすでに1ヵ月，マッサージを受けたりスープを飲んだりしてい

る。本事例はスープの飲用とマッサージを同時に見ることができた例である。記述から調査の方法と着眼点を整理しておこう。

5-3-1　マッサージ場面

　マッサージは夜8時半からはじまり，30分程度で終わった。あとでたずねると，もう今日の分はすでにやっていて，私が遅くに訪問したので，わざわざやってくれたのだった。だから，普段の半分ほどの時間だと言う。

　ナクレは，体の右側を上にして横臥している。マッサージ師はナクレの背中側にいて，彼の頭はマッサージ師の左側にある。

　マッサージ師はまず左手で肋骨を押さえて，右手を使った。親指に力を入れて立てた状態で，背骨の横を腰まで押し揉む。そして肋骨を触りながら，右脇腹に親指を強く突き立てた。その間，ナクレは「エピピリ，エピピリ，エピピリ〜！〔痛い，痛い，痛〜い！〕」とだんだん声を大きくして叫んでいる。右親指を脇腹に突き立てて，細かく振動を与えると同時に，左手もまた，親指を立てて，背骨から同じルートを通って追いかけてくる。痛がるところが悪いところとされる。左手は右手を追い越して，肋骨の下縁を通って鳩尾まで揉んでいく。それを追って，マッサージ師は左手で鳩尾まで押し揉んでいく。両手は相互に追いかけっこをしているように協同して動いている（写真5-1）。

　私は「そこに（脇腹に）何かあるのか」とたずねた。「イルルン〔丸い〕」と言いながら，「ここにもある」と言って右手でナクレの右太ももをつかんでみせる。そこにはアグレやロバイ〔骨が痛む病気〕もあると教えてくれた。

　マッサージ師は背中から腰へと，両手を使って「シャー，シャー」と何かを流す，身振りをした。そして，背中から腹へも同様の身振りをした。「病気を集める」と言った。「血管（チライ）を伝ってか」とたずねると，「血管（チライ）は閉じている（拍動しない），触ればわかる」と言う。説明によればナクレの場合，チライが活動していない。血がないのだ。だから，マッサージ師は赤いジュースを買って飲ませるようにしていたとのことである。

　患者は右手の肘を上げ，腋の下を見せている。マッサージ師は，右手で患者の右脇腹を肋骨へと押すと同時に，左手で反対側の肋骨のあたりを右脇腹に押

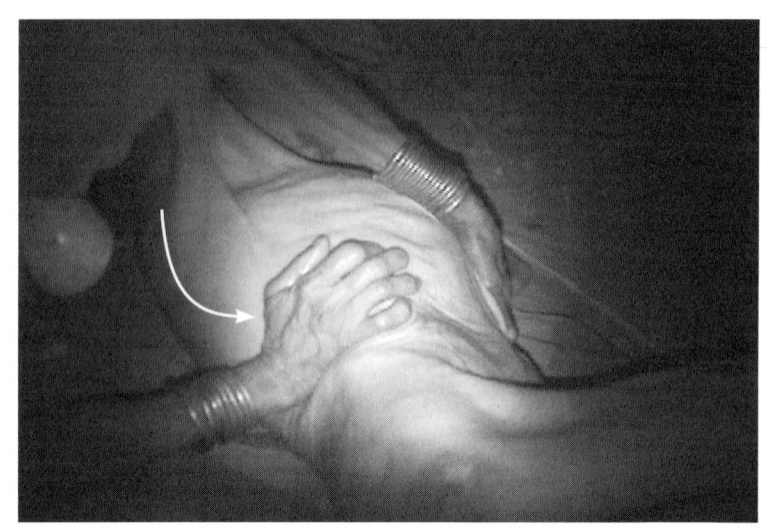

写真 5-1　マッサージ師は，右手の親指を背骨に沿って押しながら，脇腹をしごく。左手は肋骨の鳩尾付近を押さえて，右手に力が入るようにしている

しもどす。右手と左手で腹部を両側からはさみ込んで整形しているようである（写真 5-2）。「腸をもとの位置にもどす」と言う。

　マッサージ後のインタビューで，ナクレは「糞肛門は最近の病気で，トウモロコシの粒がやってきてからのことだ」と述べた。アカプアに，最初にマッサージ治療を施したのはいつかをたずねると，1970～80 年代で，このとき自分もアグレにかかって，カミに治療を教えられたという。マッサージを背中にもするのは，背中にある固い石のようなものを揉みほぐして腹部に集めるためである。

　ナクレはマッサージのあと，マッサージ師宅に一泊した。翌朝，ナクレをたずねると，下痢が続いて，眠れなかったと嘆いた。儀礼で脂入りスープを飲んだので，胸が悪くなって，食欲がなくなる。「心臓が黒くなる」〔胸焼けがする〕と訴えた。

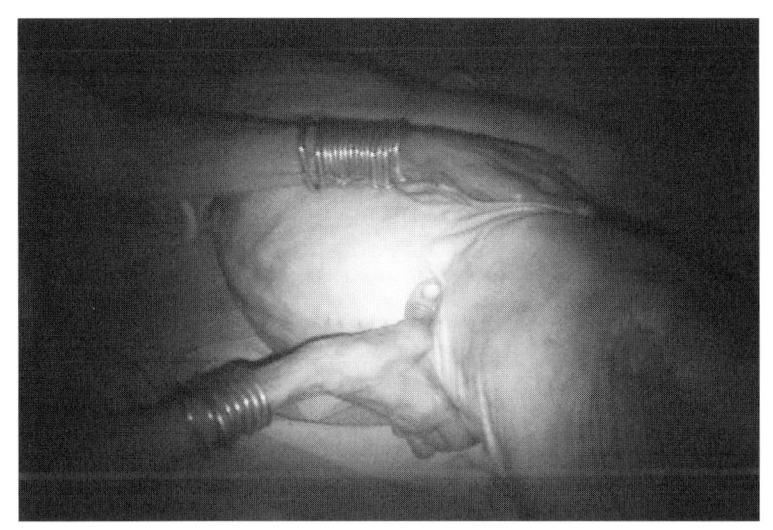

写真 5-2　左手で，患者の左肋骨を押さえ，右手で脇腹を押している
　　　　　両手で腸をはさみ込んで，整形している。腸をもとの位置にもどすため。
　　　　　右親指は深く脇腹に入って，しごいている。

5-3-2　方法・着眼点

　場面分析の目的は，マッサージ師がどのように糞肛門の身体をイメージし揉んでいるのかを理解することにある。そのために，①観察と同時的インタビュー，②集合インタビュー，③録画分析を行った。それぞれの着眼点をまとめる。

①観察と同時的インタビュー

　描写にもあったようにマッサージの手の動きは両手が呼応しながらほぼ切れ間なく続く。一部細かい描写で補いながら，「背中から押し揉みながら，脇腹へ」というように手の軌跡を中心に記録した。動きはビデオから取り込んだ静止画上で，矢印で表すとともに，イラストで連続した動きで表現できるようにした。反復される動きや印象的なマッサージに注目した。

　マッサージでは，指先に力を入れ手の指を広げて速度が早い「押し揉み」とほとんど静止して親指や 4 指を突き立て振動させる「しごき」を区別することができた（図 5-1，5-2）。2 種類の揉み方がどのような意図で用いられて

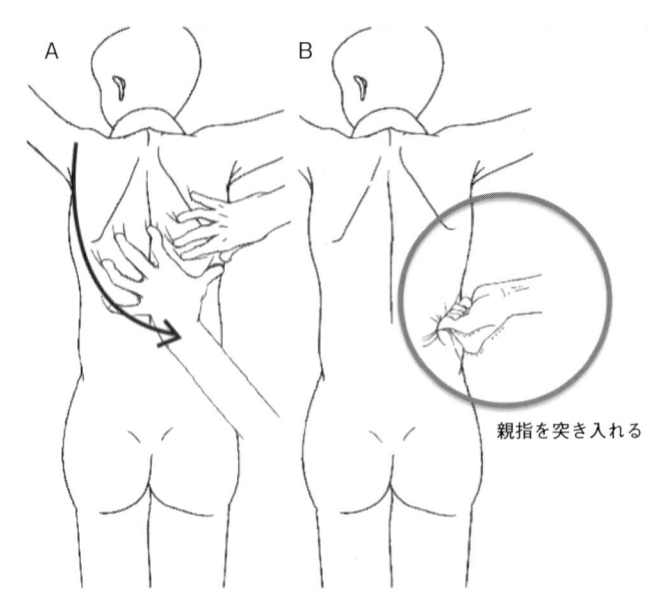

図5-1 押し揉みとしごき
　　　Aは，指先に力を入れて揉む，「押し揉み」である。主に，肋骨や肩甲骨など，骨格の上を揉むときのマッサージ法である。腕や脚の場合は，棒を強く握るようにして揉む。Bは，親指や4指を腹に突き立てる，「しごき」である。1ヵ所に集中して激しく振動を加える。押し揉みは表層，しごきは深層に働きかける方法である。

いるのかに注目した。あわせて，病者のうめきや苦悶，身体の反応を記録した。マッサージ師はこれらの反応を頼りにマッサージを進めていた。

　マッサージ師がどのような意図をもって，揉んでいるのかを知るため，マッサージの最中に「いま何をしているのか，何を触っているのか」とたずねる同時的インタビューを行った。

②集合インタビュー

　マッサージ師と病者，家族とともに集合インタビューを実施した。マッサージをふりかえりながら，糞肛門の症状，仕組み，原因などについての説明を求めた。また，マッサージ師と病者には家族関係や生活史のインタビューを行った。

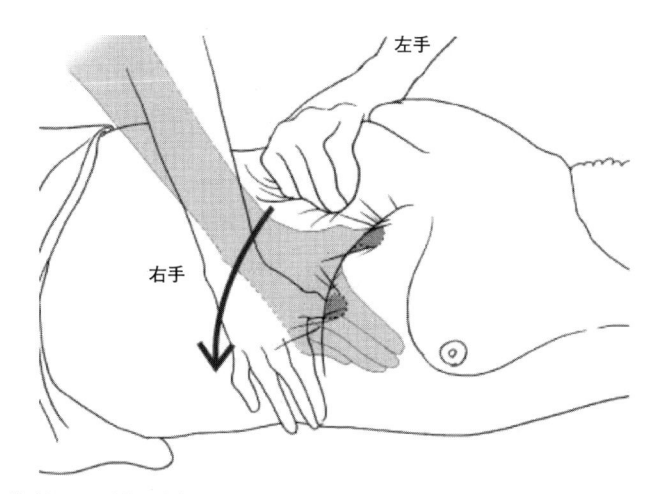

図 5-2　腹部のしごきの例
　　　　患者の背後から，マッサージ師は左手で右肋骨の下縁部をつかみながら，右手で，患者の右肋骨の下に親指を入れてしごいている。このとき，親指以外の指はしっかりと肋骨を上から押さえている。この図では，マッサージ師の左手が，右手の支点となり，右手の4つの指が親指の支点となっている。マッサージ師は正座からやや前かがみになって体重をかけている。

③録画分析

　ビデオ録画は対象者の承諾を得て行い，マッサージの軌跡の確認と会話の内容分析のため用いた。後者では，インタビューで頻発する身振りによる説明に着目した。なお，マッサージ場面の写真はビデオ映像からとった静止画である。

5-3-3　点描をつなげる

　ナクレの治療場面からわかることを列挙してみよう。

　・家畜儀礼は治療者の指示で行われた。家畜を病者の身体にこすりつける。とくに念入りに擦りつけた腹部がのちのマッサージでも集中的に揉まれた。

　・スープに薬草を入れて飲用し，嘔吐・排泄をうながす。翌日の反応によって治療の効果が確かめられた。

・脇腹へのマッサージ。親指を突き立てて，振動させる。その後，マッサージは肋骨に沿って鳩尾までなされる。患者は激しく痛がる。痛がるところが悪いところ，とされる。

・指先で「丸いもの」を揉んでいる。「丸いもの」は背中や脚にもある。そして，糞肛門といっしょに他の病気もあることが指摘された。

・背中から脇腹へのマッサージは，病気を脇腹に集めるためである。マッサージ師は押しても腹部の血管に拍動が感じられないことを気にして，血がない（貧血）と判断して，増血効果があるとされる赤いジュースを飲むように指示した。

・腹を成形するような「腸をもとの位置にもどす」マッサージ。

・糞肛門の原因はトウモロコシ（粒）とされた。

　すでに第2章で糞肛門の実態に触れた私たちには，糞肛門の身体構造やマッサージの意図が見えている。背中から脇腹へのマッサージ，脇腹をしごく親指，腹にある固くて丸い物，同様の物が脚にもあるという指摘，「背中から脇腹へ病気をもどす」，「腸をもとの位置にもどす」などの表現はそこに一貫した身体構造の存在を予想させる。本書では，これら場面で得られた知見をインタビューや他のマッサージとの比較を通じて結びつけることによって，糞肛門の身体を描き出すことをめざす。

　以下，提示する3組の事例を簡単に紹介しておこう。訴えの種類によって選んだ。まず，第6章は，主に腹部と腰・脚，全身の痛みを訴えるロコリケライとマッサージ師クリエである。第7章は，腹部から胸部の訴えをもつアメクイとマッサージ師ナカプアンである。ここでは，二人の見事な掛け合いによる説明をみることができる。第8章は，アジェンとマッサージ師ナトゥコイで，マッサージに込められた情動について検討する。また，マッサージの地域差の可能性を示唆する。

第6章

心臓のすき間

　2004年8月20日。ロコリケライは自宅でマッサージ師クリエのマッサージを受けた。以下はマッサージ場面とマッサージの終了後，施術者，病者とその妻へ行ったインタビューの模様である。病者は，排便困難，下腹部の痛み，ならびに，上半身（頭痛，上腕，首，目），さらには下肢の痛みを訴えている。すでに数週間のマッサージを受けている。施術者には「糞肛門でアグレになりかかっている」と言われている。

6-1　マッサージ場面

6-1-1　うつぶせ

　マッサージ師は正座して座り，病者は敷皮の上にうつぶせに横たわった。彼女は病者の背中に油を塗った。そして，少し腰を浮かせて上体を右にねじって，背骨の一番下（腰の骨との境）に親指を当てて，構えた（写真6-1）。間尺を測っているようだ。

1）背中から脇腹へ

　マッサージ師は，両手を背骨の上部に置き直してマッサージを開始した。手のひらを広げて，背骨を両手の親指ではさむようにして，背骨の上部から下部へ（肩甲骨から腰へむかって），押し揉みをしていく。数cmの間隔をあけてじっくり指の鋲（びょう）を押し込むようである（写真6-2）。

　最後は肋骨の下縁部（肋骨と腹腔の境）をたどって，両脇腹にそれぞれ手が滑り込んでいく。この背中から両脇腹へという動きが5，6回繰り返され，そのたびに病者はゴウゴウと苦痛の息を吐く（写真6-3）。

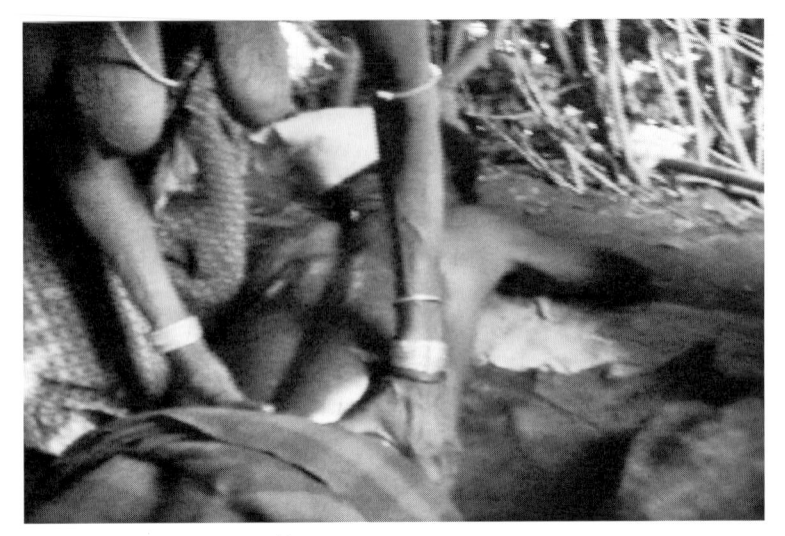

写真6-1　マッサージ開始
マッサージ師は腰を少し浮かせて，背骨の末端に手を置き，間尺を測る。病者は頭に白い布を巻いている。

ときどき，両手は背骨下部から押し揉みながら背骨上部へもどっていき，首の盆のくぼを揉む（写真6-4）。そのとき，肩甲骨に行き着いた両手は，両脇へ広がっていく（写真6-5）。

マッサージの最中，病者の妻が背骨の右の筋肉を数ヵ所，指でついて，「筋肉（アキリン）の，ここが痛いのよ」と言うと同時に，外にいる子どもたちに「ブチヤギに注意しなさい」と大声で怒鳴る。小さな牧童たちは屋敷周辺でヤギに草を食ませているのだが，私が来ているので，小屋の中を覗き込みに集まって叱られている。

2) 腰・臀部から脇腹へ

マッサージ師は両手を最初に構えた背骨下部の位置にもどした。手のひらで圧迫を加えながら腰と背骨の境を左右の脇腹にむけて，押し揉みをする。背骨を出発点にして，腰を手のひらで押しながら，脇腹に指を落とし込んでいく。最後は，右手の親指を肋骨と脇腹の境にひっかけて，他の4つの指を脇腹に差し入れて，脇腹をしごくようになる（写真6-6）。背中から脇腹を揉みしだ

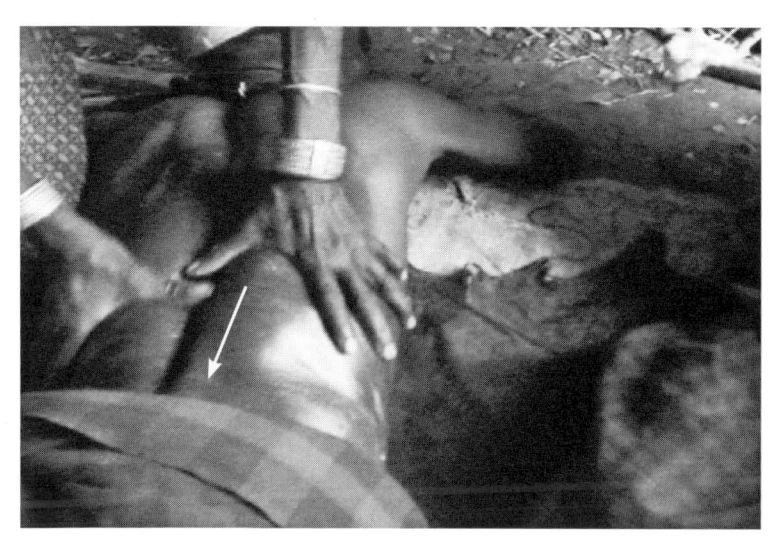

写真6-2　背骨に沿って，上から下へ押し揉む
親指で鋲を打ち込むように。

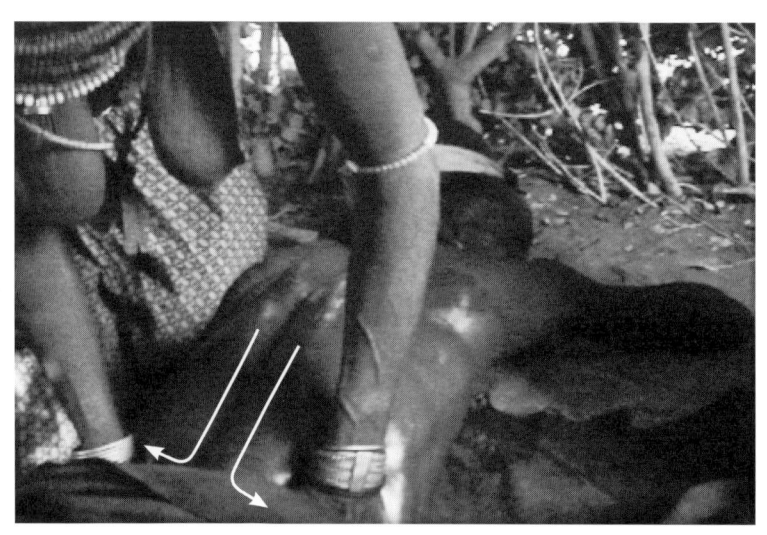

写真6-3　両手が左右の脇腹に滑り込んでいく

128 ● 第6章 心臓のすき間

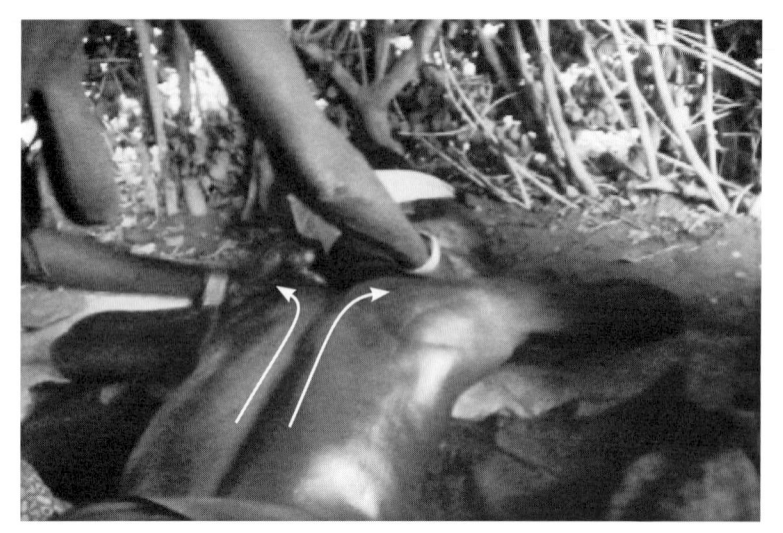

写真 6-4 両手は背中を上がっていき，盆のくぼ（首の後ろ）を揉む

写真 6-5 肩甲骨から肩，腕まで，揉んでいく

く。そして，病者を少し横むきにさせて（脇腹を少しもち上げさせて），脇腹に両手の親指を深く突き入れ，数回しごく（写真6-7）。病者はゴウゴウと息を荒くして苦痛の声をあげはじめる。

3）臀部・腰から脇腹へ

指はそのまま右臀部にまで伸びる（写真6-8）。腰・臀部から脇腹へと，親指に力を入れ，しごき揉んでいく（図6-1）。

私がマッサージ師の指をさして「ここに何かあるのか」とたずねると，横から病者の妻が「ここにも，ここにもある！」と，臀部のマッサージ師の指のあたっている部分を指さし，腰の上をさし，背骨の両側を指でなぞり，さらに右肋骨の数ヵ所を指でつついた（写真6-9，6-10）。「アグレと糞肛門がある，固いものがある」と説明する。そして，私も触るようにと目でうながす。触ってみると，臀部や腰は筋肉が張っている（写真6-11）。臀部，腰，背中の"張り"は脇腹の痛い部分と連続しているという。

6-1-2 あおむけ

1）右脇腹からはじまる

あおむけの姿勢になる。右肋骨下，右脇腹からはじまる。そして，下腹部へ，再び右脇腹へ，指をそろえて押し揉みをする（写真6-12，図6-2）。

そのあと左手のひらは，鳩尾から左肋骨の下縁をたどって押し揉みをし，右手が後に続く。左手はちょうど，肋骨に親指をかけて支点にして，他の4指で腹部をしごく感じだ。指はそのままへそ下へむかう。腰骨を触って下腹部へ。それから鳩尾にもどってそのままへそ下まで，押し揉んでいく（図6-2）。

少し位置をずらして，肋骨の内側（腹部）を鳩尾からへその方向へ押し揉む。すると，手を広げて，親指が右肋骨の内側を，4指が左肋骨の内側を同時に押し揉む動きになる（写真6-13）。

そして，右の下腹から左脇腹の往復運動をする。肋骨に置いた左手を支点にして右手を，むかって左から右へ押し揉みをしていく。右手で，右脇腹からへそ下を通って，左脇腹へ押し揉む（写真6-14）。

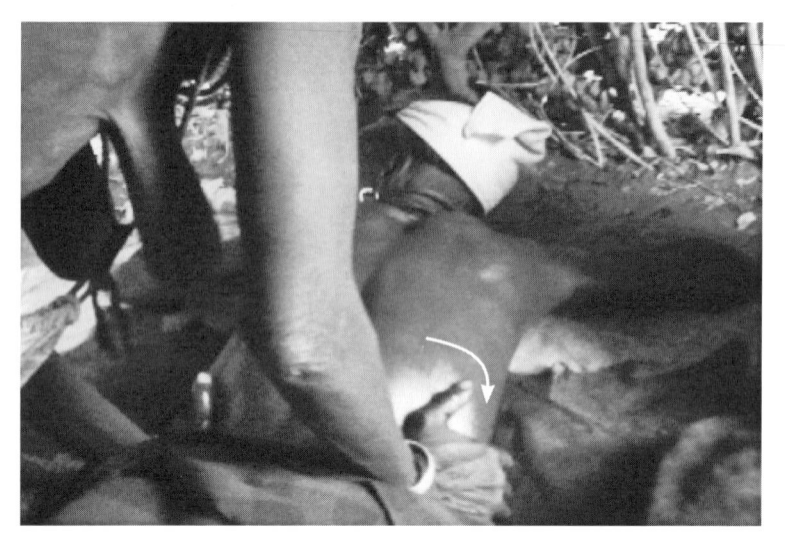

写真 6-6　腰に沿って押し揉み，脇腹に指が入っていく

写真 6-7　右脇腹に指を入れ，しごく

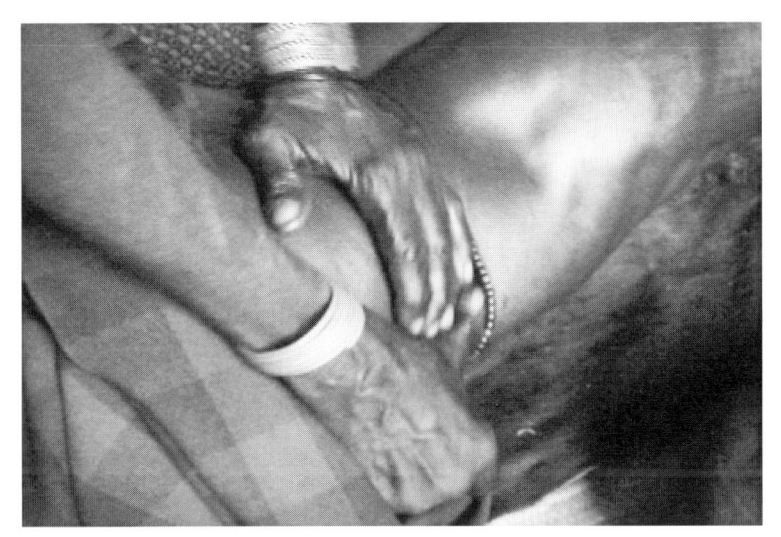

写真6-8　右脇腹から，腰，大腿骨，臀部へ押し揉んでいく

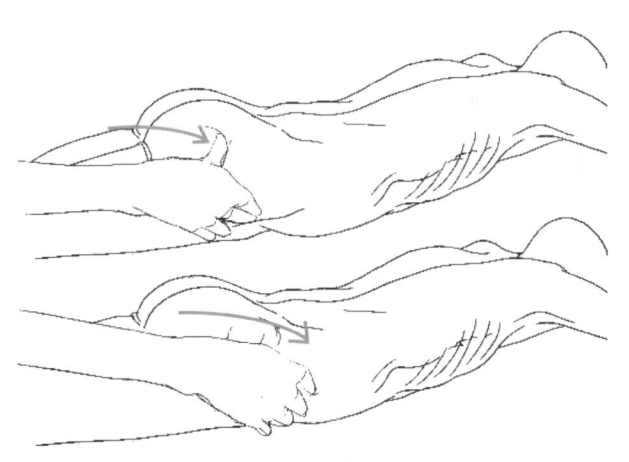

図6-1　臀部での右手の動き
　　　　脇腹へむけて，しごき揉む。

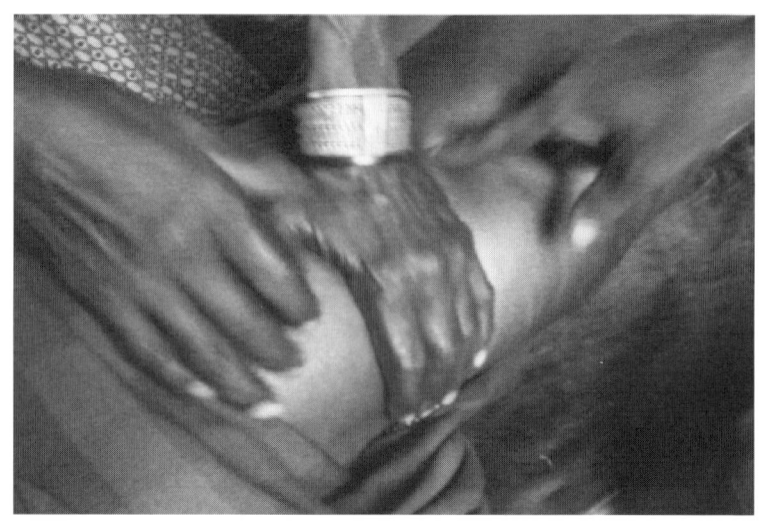

写真 6-9　患者の妻が指で患部を触って「ここが痛い」と教えてくれる背骨の右側で肋骨との境。

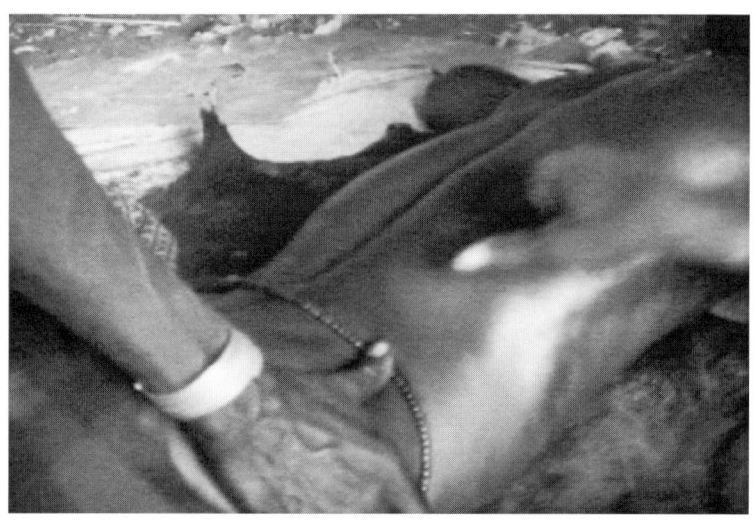

写真 6-10　患者の妻が患部を指さす背中の右側の筋肉。

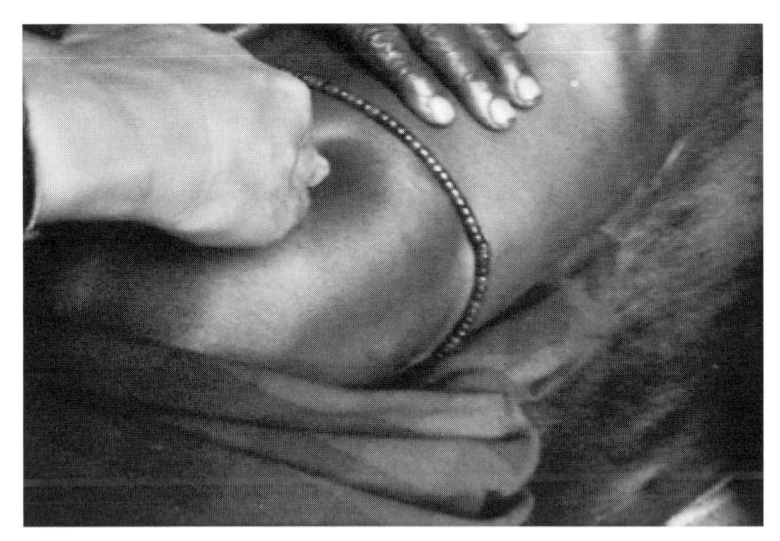

写真6-11　臀部を触る

2）左肋骨下縁「ここが痛い」

　マッサージ師は左肋骨と腹腔との境目の一点を指さして「ここが痛い」と説明した（写真6-15：写真では私の指と彼の指の右に肋骨下縁部が浮き出している。皮膚表面に細かく傷跡があるのは瀉血治療の跡である）。そして，病者も肋骨をさして，「ここに腸が触っている（だから痛い）」と言う。マッサージ師が「糞肛門だ」と言って，左脇腹を，指をそろえた手で押してみせた（写真6-16）。指をそろえて手で押さえた部分（腸）が上の肋骨内まで上がっている。「腸が腫れて上に上がって肋骨と接触している」と言う。ここでも，肋骨と患部，それに腹腔内を結ぶところに，腸を触知している。身体は深さのある立体として把握されている。

　さらに，右下腹から鳩尾，そして左脇腹まで，手で押し揉みながら，「ここから（左下腹から）出す」と説明した（写真6-17）。いずれも親指や4指を食い込ませて，振動を加えるしごきが入る動作だ。そのたびに，病者はうめき声をあげ，施術者の手を押さえようとして自制した。

134 ● 第6章　心臓のすき間

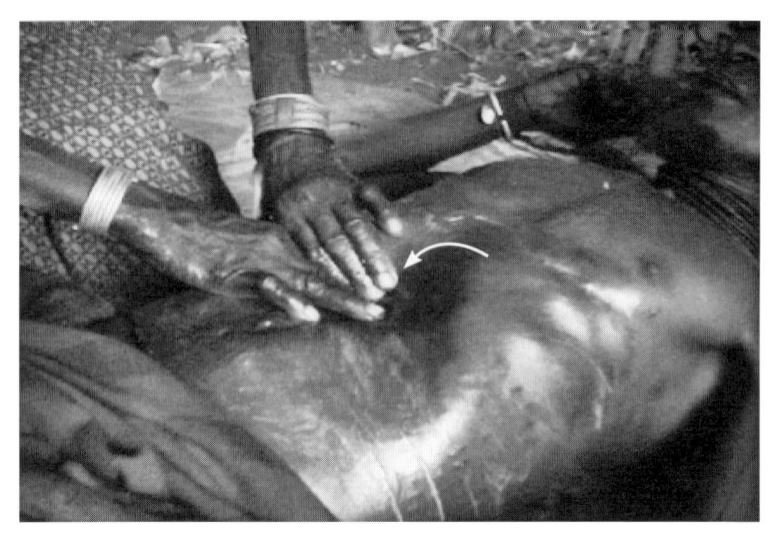

写真 6-12　鳩尾から右肋骨へ，しごいていく

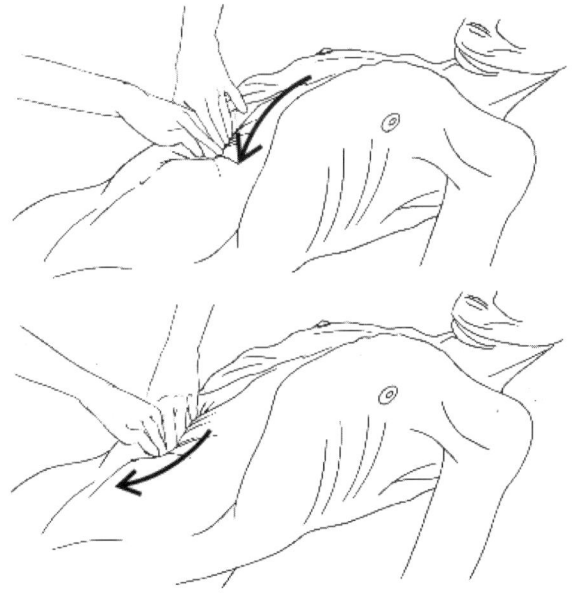

図 6-2　右肋骨から，へそ，下腹部へのしごきマッサージ

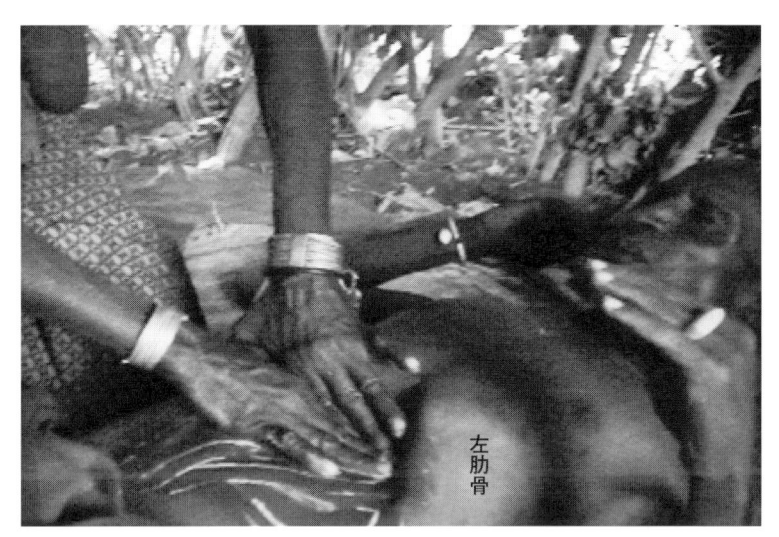

写真 6-13 両手の親指が右肋骨（手のひらの陰になっている）に沿って押し揉み，4 指が左肋骨，左腹腔を押し揉んでいく

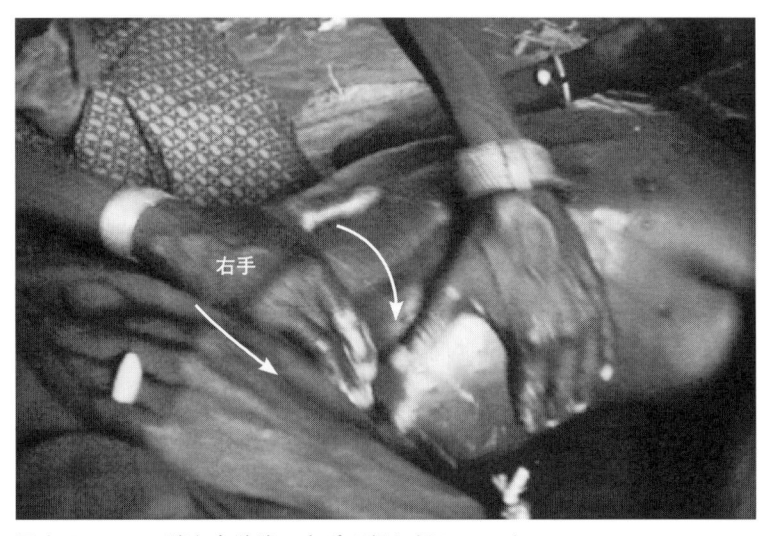

写真 6-14 下腹と左脇腹へ右手が押し揉んでいく
左手は肋骨をつかんで，支点になっている。右手の親指は下腹部に突き立てられている。

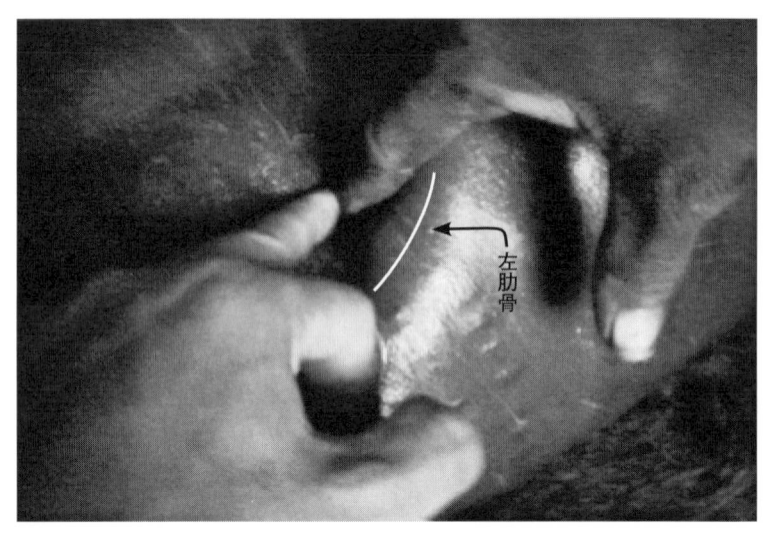

写真6-15 「ここが痛い」
　　　　　左肋骨と腹腔との境に固い丸いものがある。そのほか，左肋骨内に数ヵ所，痛い部分がある。

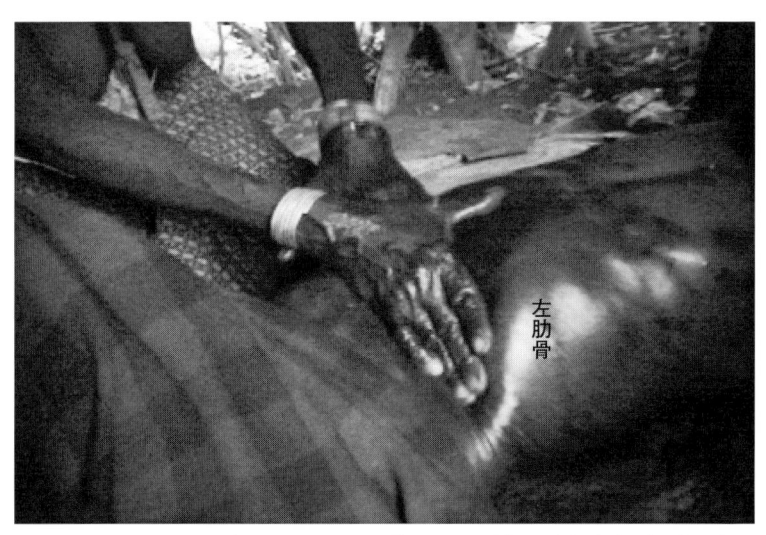

写真6-16 ここに触っている……糞肛門だ（左下腹部を左手が触る）

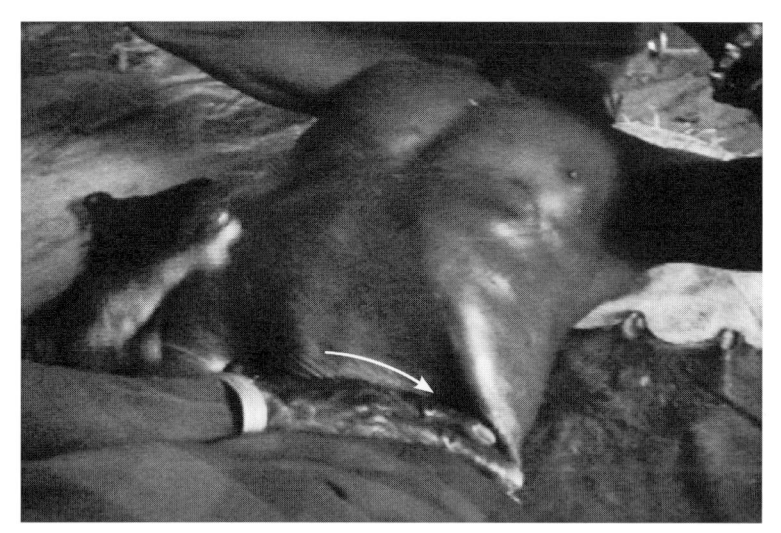

写真6-17 左下腹部から「外に出す」

　そのまま両手は肋骨の上をさすって鎖骨まで行き着く（写真6-18）。そこで、私が「何をしているのか」とたずねると、両手をそれぞれ鎖骨、腋の下から、先ほど示した患部（肋骨の下縁と腹腔の境）まで、さすりもどしながら、「このように病気をもどして……」と言い（写真6-19）、手をすばやく鳩尾下にもどして、何かを受け取るように構えて見せて、「このように受け取る」と説明する（写真6-20）。

　その後、上半身をおきあがらせて、手を手首から肩へさすっていく。前に手をついて四つん這いにさせ、頭と首を揉む。最後は脚で、足先からはじめて、膝、太ももと上へむかって揉んでいく。マッサージ師はマッサージの終わりを告げると、両手をパンパンといわせた。

138 ● 第6章 心臓のすき間

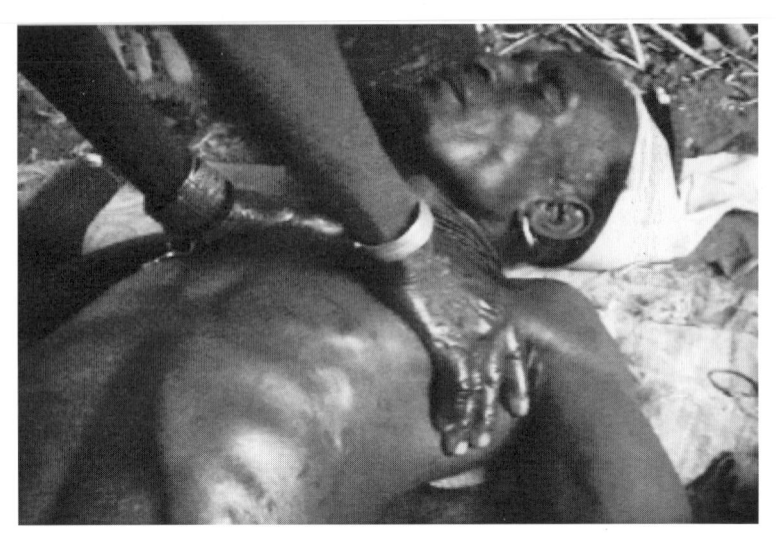

写真 6-18 肋骨から肩, 鎖骨へ

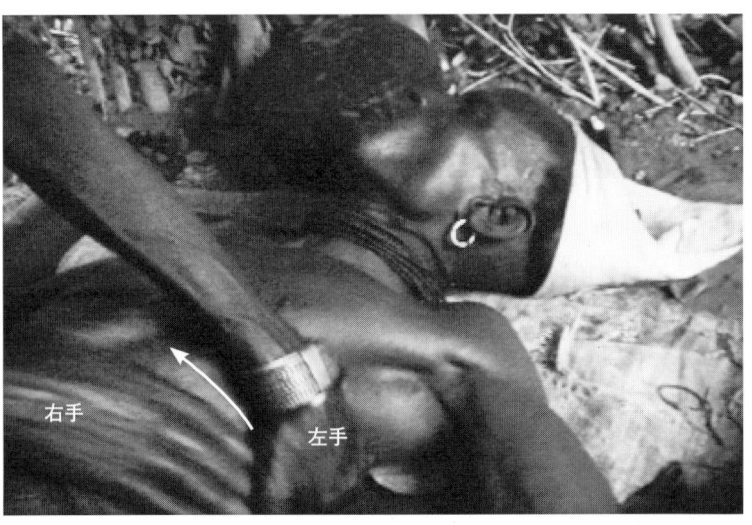

右手
左手

写真 6-19 このように病気をもどして……

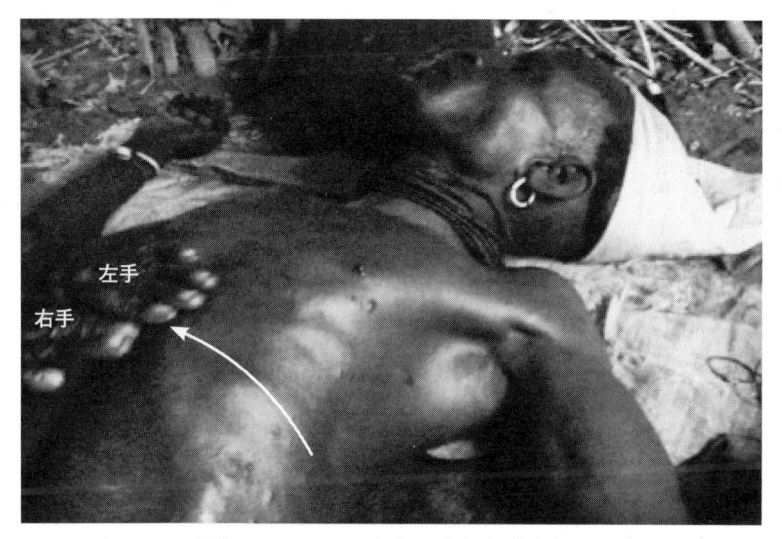

写真 6-20 このように病気を受け取る

3) 動線図

　動線図（図 6-3）をみながら，マッサージをふりかえる。うつぶせの姿勢での，背中のマッサージは，3つに分けることができる。1) 背骨をたどって首，鎖骨，肩甲骨，腕を揉む動き（図 6-3 ①），2) 背骨・肋骨から腰－脇腹をしごく動き（図 6-3 ②），3) 腰や臀部，脚から脇腹へのしごき（図 6-3 ③④），である。①では，背骨を揉む手の動線上に「固いもの」がそこかしこに感じられ，それが，痛みがある患部である。それは，触った感触では，"張り"である。③，④は，病気を脇腹へ返すマッサージである。

　あおむけでのマッサージは，腹部のマッサージ（図 6-4 ⑤～⑧）と，肋骨・鎖骨，肩，腕，手，首，腋の下などの上半身のマッサージ（図 6-4 ⑨）に分かれる。マッサージは，右の脇腹からはじまる。下腹－（左右）脇腹－鳩尾－へそ－下腹の動線（⑥，⑦，⑧）が繰り返し現れる。その動線上に固い丸いものがあり，しごかれる。固い患部はほかにも肋骨の下にあると考えられている。したがって，腸は肋骨下に入り込んでいることになる。

　マッサージ師は，左の下腹部へのマッサージ⑧のとき，腹を揉みしだきなが

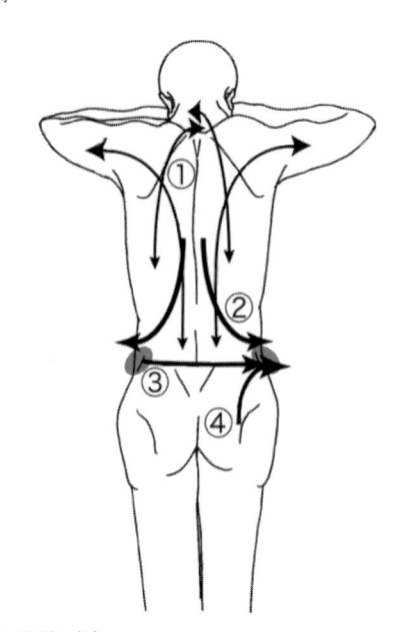

図6-3 マッサージの動線（1）
うつぶせ。太いのは繰り返された主要な動き。番号はおおむね施術の順番に対応する。実際には④のあと③がなされ②にもどったり，②から④にとぶこともある。●はしごきが加えられた位置。

ら，左下腹から「外に出す」と説明した。これは最後には，便として排泄するという意味である。後になって，そのマッサージの効果は，ロバのスープを飲んだあとのマッサージで，左肋骨脇の固いものがなくなっていることで直接的に確かめられた。間接的には，便が普通の便と下痢便が混ざっている様子から，固い便がやわらかくなって排出され，快方にむかっていることが確認された。

　上半身のマッサージ⑨は，首や顔，腕や肩，肋骨を揉む動線をとる。そこで，鳩尾から左脇腹，そして下腹へ，押し揉みながら，「このように病気を腹部にもどす」と説明した。

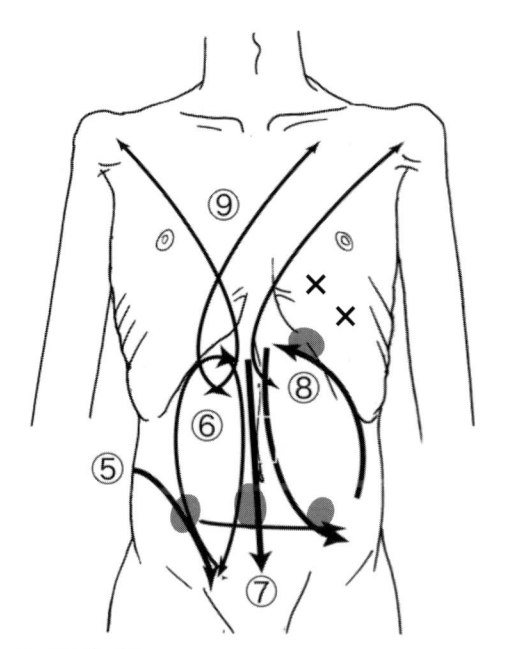

図 6-4　マッサージの動線（2）
　　　　両脇下腹部とへそ下，左肋骨でしごき（●の位置）がなされた。×は患部の指摘があったところ。

6-2　インタビュー

　マッサージが終わると，ロコリケライが座り直して私に話しはじめた。「ポショ〔トウモロコシの粉〕はだめ，粒のトウモロコシもだめ，どちらも調子が悪くなる。ポショでも精製した白いポショがいい，スープやコメもいい（だから，私に買って欲しい）」と言う。

6-2-1　血管に沿って跳ぶ

　—どこが痛いのですか。
　ロコリケライは，左の肋骨下をさし，マッサージ師も左肋骨部分をさす。「病気はここにある，肋骨に触っている」という。左手のひらを差し出して，

その下に右手のひらを合わせて，とんとんとたたいた。左の手のひらが肋骨で，右手のひらが腫れた腸を表現している。

——あちこち痛いのはなぜですか。

マッサージ師は肩に手をやって，「血管を伝って痛みが跳ぶ」と言った。両肩を手で触ったり右腕を左手でさすったりして，さらに上半身全体をくねらせて，「ホイトコイ！ ホイトコイ！〔痛い，痛い〕」を繰り返した。そして，両手の人差し指を立てながら，下腹部からさらに脚を指さして，痛みが身体に運ばれる様を再現する。さらに，自分の身体だけではなく，ロコリケライの足首の血管を指さして再び「血管を伝って痛みが跳ぶ」と言った（写真6-21）。

ロコリケライは，目を指さし，口を指さし，こめかみを片手で押さえてみせ，そして，ついに両手を広げてみせて，それを身体の前で組み，丸まってみせ，「身体全体が痛い」と言った（写真6-22）。

こめかみをさして痛みを訴えたので，私はロコウ〔頭痛病〕と糞肛門との頭痛に違いがあるかどうかをたずねてみた。マッサージ師は，ロコウの頭痛については，指で自分の頭を縦に割って見せて，「割れるように痛い」と言った。糞肛門の頭痛については，「ばっばっ」と口で言うのに合わせて手のひらをすぼめては勢いよく開いて見せながら「痛む」と言った。「血が踊るのに合わせて痛む」と説明した。同時に脚をさすりながら，「ここも痛むのだ」とつけ加えた。彼女にとってはロコウと糞肛門とは別々のようだ。

マッサージ師は言葉をつないで「糞肛門が長く治らないでいると，アグレになる。脚を引きずるようになる。臀部のあたりに病気があるが，それは心臓のあたりまで行く。難民キャンプの食物やトウモロコシの粒が固糞（コリアン）になる」と困った口調で訴えた。マッサージの効果については，「病気を1ヵ所に集めて，外に排出する」と説明した。それには薬草を脂分の多いスープといっしょに飲むとよい。そうすると，固糞が湿って，やわらかくなるのだという。

——糞肛門はどこからはじまるのか。

「背骨下部（アチョリ），そして腰まわり（エカロコット）からはじまって」と言いながら，腰（腸骨のでっぱり）を押さえ，脇の下までを手でさすりあげ

6-2 インタビュー 143

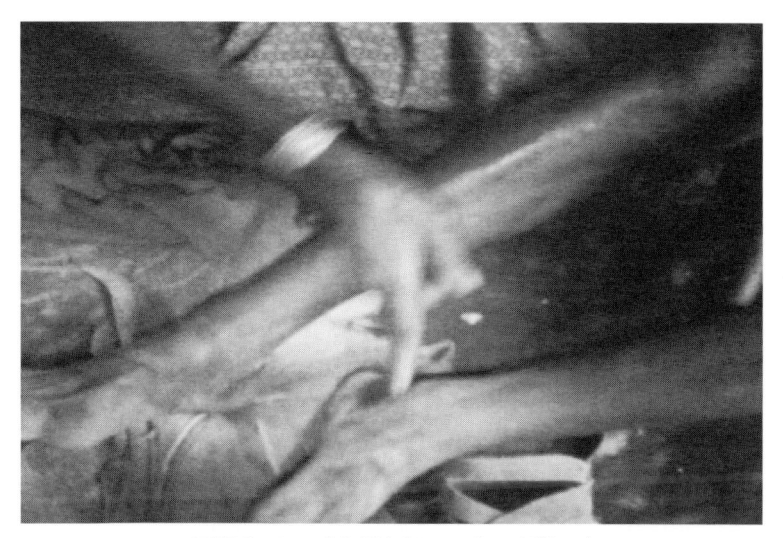

写真 6-21 「血管を伝って痛みが跳ぶ」

写真 6-22 「身体全体が痛い」
　　　　　両手をふるわせ身体をくねらせて痛みを表現した。

てみせる。そして「反対側の腰へ」と言う。次に，両手を身体の前でこねくり回したあと，その手で，腕を手首から肩へ揉み上がりながら，「揉むと血管に沿ってもどる」と説明した。腰からはじまって上半身へむかって，痛みが跳ぶ。マッサージはそれを反対の方向にもどすというのである。

最後に，病者から「近々，近くでロバを解体する。その大腸を買ってくれないか。治療のため，スープにして飲むから」と依頼される。ロバのスープは脂分が多くて，固糞をやわらかくして下痢で外に出すことができるからだと言った。

インタビューからは①腸が腫れて肋骨に接触，②痛みは血管によって全身に広がる，③痛みと「血が踊る」が同期*1，④痛みは腰が起点，⑤マッサージは腰から広がった痛みをもどす，⑥原因は難民キャンプで手に入る食物，粒トウモロコシ，⑦脂の多いスープで固糞をやわらかくする，ということがわかる。

彼らの身体を使った説明は，インタビュー場面が病気を対象化し，身体で再演する場になっていることを示す。痛みが全身にあってどうしようもない様子は，ロコリケライが自らの身体をかかえて丸まった受苦の姿勢以外，表現することができないだろう。

6-2-2　ロバ飲み

8月31日朝，町の近くでロバの解体があるというニュースが入った。ロバの肉は市場には出まわらない。個人が屠殺して売る情報がクチコミで伝わる。独特の臭いがするが，脂分が多いので人気がある。さっそく，ロコリケライとクリエは私からお金をもらって，大腸を買い求めた。実際に買ってきたものを見ると，大腸だけではなく，胃や脂肪も含まれている。スープをつくっている間に話を聞いたところでは，これを飲むと，病気とスープが混じり合って出てくる。だから，マッサージをすると，半分が下痢便で半分は普通の便のような

---

*1 たとえば，アウカキン〔心臓喪失〕の儀礼ではヤギからとり出したばかりの動く心臓を用いるから，心臓の伸縮はよく知っている。しかし，教育を受けた者を除いて，心臓の拍動と血液の循環は理解されていない。

ものが出てくる。スープは飲むと，「チュー」〔擬態語〕と腸に入っていく感じがするという。

その3日後，2回目のマッサージが行われた。簡単に気がついたところを紹介する。場所は同じく妻のエコリである。相変わらず外の子どもを大声で叱りつけながらマッサージがなされた。戸口には近所の男たちが座っている。

施術者と病者は「1回目よりも痛みがなくなっている。それでも，少し別の痛みが残っている」と言う。施術者は「ここは（左肋骨下）」と指さしながら，「前回は固いものがあったが，今はやわらかくなっている。これで，スープを飲めば，ピューピューと下痢をする（そして，治る），腰骨にあった丸いものは冷たくなる（腫れがひく）」と言う。

鳩尾から下腹部へ指に力を入れて揉む手の動きは，腸を引きはがす（アキリキリクウンする）ためだと言う。私はなかなか発音ができず，何度も直されて笑い者になる。小屋の入り口付近で見ていた男が「腸をアキリキリクウンすれば，心臓が元の位置にもどってくる」といい，それに続けてクリエは，人差し指と親指で輪をつくって，ロコリケライの鳩尾に置き，覗き込むように「腸と心臓の間にすき間ができる」と説明した。

ロバのスープの効果がマッサージで確かめられた。アキリキリクウンでは，マッサージの効果について，鳩尾側に上がった腸が心臓を圧迫している，だから腸を押し下げて，心臓と腸の間にすき間をあけるという説明をうけた。クリエは，身体を立体として把握している。

6-3 マッサージの効用

マッサージ場面とインタビューから，糞肛門を患った身体の状態を推測すると次のようになる。まず，糞肛門の病因は，病者が言うように，トウモロコシの食事である。それが固い便となって腸に溜まったことによる。固い便は，両脇腹，下腹部，左肋骨付近にあった。

6-3-1 糞肛門とアグレ

　脇腹の固い便と，腰，臀部，脚にある腫れが連続して考えられている。糞肛門をひきおこした腸の固い便が，近接する腰・臀部・脚に影響して，アグレをひきおこす。マッサージは，患部から，病気を脇腹へもどす。

6-3-2 腸と肋骨，心臓と腸

　マッサージ師は，あおむけの姿勢のマッサージで，左肋骨の鳩尾近くに，固い丸いものに触った。それは腸についた固い便だったのである。それは肋骨内に腸が入り込んでいることを意味する。いくつもある固い便が肋骨と当たって痛みを感じるというのである。腸が上がっている状態である。マッサージは，腸を引き下げて，心臓とのすき間をあけるためなのである。

6-3-3 血管に沿って跳ぶ

　糞肛門の身体各部の痛みについては，血管によって説明されている。
　腰・脇腹から，上半身へ，また，下半身へと痛みが運ばれる様は，インタビューでマッサージ師が伝えた通りである。「ロコリケライは，目を指さし，口を指さし，こめかみを片手で押さえてみせ，そして，遂に両手を広げてみせて，それを身体の前で組み，丸まってみせた」。血管によって痛みが運ばれ，全身の痛みになったのである。

6-3-4 1ヵ所に集めて外に出す

　マッサージの目的は，身体各部から，痛み（病気）を「1ヵ所に集めて外に出す」ことである。あおむけのマッサージのときに，肩から肋骨へ揉んで見せながら，「このように病気をもどして……」と言い，へそ下まで手をもどすと，「このように受け取る」と説明した場面（写真 6-20：139頁），また，同じあおむけの場面で，右下腹から鳩尾，そして左脇腹まで，手で押し揉みながら，「ここから出す」と説明した（写真 6-17：137頁）場面が思い出されよう。

6-4 深さの遠近法

　マッサージの目的は「1ヵ所に集めて外に出す」である。これには，2つの施術が対応する。まず，腸内の固い便を集めてやわらかくして外に排泄する。マッサージ師はしごきという身体深部への効果を加える。もうひとつは，血管を通じて広がった病気（痛み）を腹部にもどす動きである。

　マッサージ全体は，比較的表層の「身体各部から腸へ」と，深層の「腸内の固い便を外へ」というマッサージの組み合わせである。また，マッサージは，うつぶせとあおむけでつながっている。うつぶせの姿勢での背中から脇腹へのマッサージは，次に施術されるあおむけでの右腹部へのマッサージとひと続きになっている。繰り返しになるが，マッサージ師は人間の身体が立体で内部をもつことをよく理解している。

　ロコリケライ（病者）は，アグレへと進行する糞肛門を患う。揉みだす経路からはマッサージの発達を再現することができる。腰・臀部にある脚の麻痺の症状（丸くて固い患部）はしごかれて，脇腹へ戻される。これは病気の進行を反対方向にたどる施術である。病気の進行は深層の糞肛門から表層のアグレへとむかうととらえられている。アグレのマッサージの最中に，腸の固糞に気がついたマッサージ師が点々と見つかる固い患部をつなぎあわせて－いわば，深さの遠近法のなかで－糞肛門とアグレの関係を発見したのではないだろうか。

　この触覚による深さの知覚がマッサージを支える。他の場面から例をあげておこう。

　上がった腸が肋骨に触れているというとき，マッサージ師は片手の甲をもう片方の手のひらに数回軽く当てて表現した。また，「心臓にすき間をつくる」と言ったとき，マッサージ師はあおむけに横たわる病者の鳩尾を透かし見るように覗き込んだ。ドーム状に心臓を包む肋骨を覗き込んだのである。また，「腸をアキリキリクウン〔引き下げている〕している」と言うとき，マッサージ師は腹部の内部にある腸を指で下方へ引きずり下ろしたのである。病者は施術者が揉むように病気の身体を差し出し，施術者は差し出された身体に即して糞肛門を引き出した。気がつくのは，マッサージ師と病者の間で拵えられた身

体が，その場にいる人々によって，共通の身体として扱われていたことである。妻は，夫の痛い患部を指さしてみせた。訪ねてきた友人は腸を引き下げてみせた。私は固くなった患部を触って確かめた。私たちは，病者が無造作に差し出した身体を，糞肛門の身体として触っていた。そこでは身体の共通構造を舞台にした自他の身体の重ね合わせが行われていたのに違いない。マッサージを支えるのは解剖的知識とともに，施術者と病者，参加者の間で形成される間身体的な世界なのである。

第7章

喉にある腹

　「糞肛門」の症状には腹部を中心として下肢の麻痺につながるものと，胸部を中心としたものがある。すでに紹介したロコリケライは両方の症状がある例だった。ここで，胸部や上肢の症状を中心に訴えた事例を紹介する。腸の病気である糞肛門がどのようにして咳や肋骨痛をひきおこすのかを理解する。

　インタビューはやや長いので，あらかじめあらすじをお知らせしよう。

　まず，インタビューは3回行われた。最初の場面は，糞肛門に悩む女性アメクイが紐を片手に現れるところからはじまる。彼女はこの紐で胸の痛みを防ごうというのだ。痛み，咳と身体の異変，治療過程が話される。マッサージ師に教えてもらいつつ，病者が自らの身体で理解した知識が披露される。2回目には，アメクイはマッサージ師ナカプアンといっしょに現れた。二人は親族関係にある。場面は二人の掛け合いで進んでいく。痛みが広がる様子，その内部では何がおこっているのか。アメクイは自分の身体を使って説明し，ナカプアンも協調し，二人は互いの身体，ついには私の身体までも使って説明する。最後には，糞肛門の仕組みは，二人の掛け合いで同調する身体姿勢で瞬間的に表現される。3回目は，マッサージの直前に，マッサージ師と病者，それにその場にいる人たちで行われた。腫れる腹がどのような状態なのか。その場にいる人たちの掛け合いでイキイキと表現される。

7-1　インタビュー

　2004年8月25日。50歳代の女性アメクイが「咳，肋骨の痛み，全身の痛み」を訴えてやってきた。糞肛門がこれらの症状をひきおこしていると言う。

彼女の訴えは次の通り。難民キャンプの病院で薬をもらった，町で売薬も求めた，ソコミチ（私）のくれた薬を飲んでみた，でも効果がなかった。それで，マッサージ師にお願いしてマッサージを受けている。もう6回になる。ついては，マッサージの油やスープのためのヤギなどを援助してくれまいか。

私は援助を約束したものの，日々の来客の対応に忙しく，彼女のもとを訪れることができないまま，時間が経った。しびれをきらした彼女は2回，督促にやってきた。彼女には申し訳ないことだったが，そのときに，病状や治療についてインタビューをすることができた。そして，マッサージ師の家での施術前に，もう1回，インタビューを実施した。3回のインタビューはそれぞれ①病者，②病者とマッサージ師，③病者，マッサージ師とその家人との間でなされた。

7-1-1 インタビュー（1）
1）痛みと咳

アメクイは手に紐をもって現れた。その使用法をたずねてみた。彼女は，痛みがあるから結ぶのだと言う。まず，結ぶと痛みがどうなるのかをたずねた。

――痛みに対して，紐はどのように役に立つか。

アメクイ：助けにはならない。ただ結んで，痛みが来ないように（している）。ただ結んで，身体の血をとどこおらせる。助けにはならない。ただ結んで，痛みが来ないように。ただ結んで，血が来るのを妨げる（中略）そこが痛む，痛い，火のようにふるえが来て痛む。血が立ち止まって，ティック・ティック・ティック・プ〔ドクドク〕という音がするのだよ。

――咳をするときも，血管がドクドクするのか。

アメクイ：咳のときも，血が跳ねて，こんなにふるえる（両手を前に出してふるしぐさをしながら）。悪くなって，ポ，ポ，ポといって，咳が出てポ，ポ，ポって咳が出て，ここ（肋骨を触りながら）が痛む，すごくここが痛む。

――痛みは内側にあるのか。

アメクイ：内側，肺が痛んで，それが背中へ跳ぶ。

症状の説明である。痛みは血管に沿ってやってきて，血が拍動するところにある。紐はその場所へ痛みがいかないように足止めをするためである。彼女の場合，腰に巻こうとしている。ただし，それが気休めにすぎないことは彼女にもわかっている。咳のときの肋骨の痛みは，胸のなかの肺の痛みで，背中の痛みはそれが跳んだからだと考えている。これらの痛みも糞肛門から来たものとされているのである。

2) 咳と糞肛門

―どのように糞肛門が咳をひきおこすか。

アメクイ：最初に咳がくるときは，（鳩尾付近をさしながら）ここが腫れる。

―咳をさせるのは糞肛門か。

アメクイ：私が言えるのは，それは昔からここにある。（病気になってから）ここに（胸を指さして）住んでいる。ここのなかに，ここのなかに。身体を切り刻むように，痛い。

―咳は糞肛門がひきおこすのか。

アメクイ：そうだ。マッサージ師は，固い糞が腸のなかにあって，手に触れると言った。

―自分で触って，そこに固い便があるのがわかるか。

アメクイ：固い痛みの部分があって，金属のように固い痛みの部分がある。薬草のスープが腹の痛みを追い出し，（腸の中で）「プルク」と音を立てる。続いて，水の便が出て，その便が続く。それは粘りのある便が出るまで続く。そのとき，糞肛門の腸はねじれて，腫れて弾力のある感じになっていた。

―それ以外の症状はないのか。

アメクイ：ない。脚が痛いという症状はある。

咳をするときは，何かが胸の内で腫れていると述べている。胸で腫れていたのは，固い便がある腸である。それは，「金属のように固く痛い部分」で，触ってもわかる。

そのあと，アメクイはどのように治すかを述べている。下痢をして，固い便を排出させると治る。最初に，腸が音を立てて（おなかが鳴って），水様便が

出て，そのあと，粘り気のある便が出る。治る過程が便という印で明確に示されている。そのときの腸の様子も表現されている。糞肛門，つまり固糞のある腸はねじれて（アモジリ），弾力がある感じ（アキイアル）である。アモジリとは彼らに説明してもらうと，両手のひらを広げて交差させる動作で説明する言葉である。そして，近くの灌木の枝を2本もってきて，分かれた枝を絡ませてみせてくれる。腸が絡まった状態にある。

脚痛はアグレの前兆である。

彼女は，「木が倒れるように（自分は）昏倒することがあるが，これも糞肛門のためだろう。病院の薬でも，商店の売薬でも，ソコミチにもらった薬も効かない。糞肛門だからだ。マッサージを受けることができるように，助けて欲しい」と言った。

10日後，アメクイはマッサージ師を連れてやってきた。

7-1-2　インタビュー（2）
1）喉で寝ている腹

アメクイは鳩尾に両手をやり，「ここが痛い」と言い，そのあと，乳房の下の左右を両手でかかえて「ここが痛い」と言った。さらに身体を覆っていた布をまくしあげて，直に両手を乳房の下に入れてみせ，両手を前にもってきて，絡ませるようにこねくりまわした。「腹が腫れる」と言って，両手を腹の前に丸くかかえるように出し，両手を喉のあたりにもっていき「腹がここで寝ている」と言った（写真7-1〜4）。

2）痛みが通る

腰と首筋を触って，「（痛みが）ここを通る」と言った（写真7-5）。次からは，この動作の説明である。前屈みになって腰の後ろに触って，そこから背骨に沿って上へ手を上らせようとしたが，逆手になって，途中までしか手が伸びない。隣にいたナカプアンがその手の後を引きついで，自分の手で背骨を首筋にむかって擦り上げていき，最後は頭のてっぺんをつかんで，マッサージをする素振りをみせた。その素振りに続いて，アメクイは目を指で押さえてみせ，「痛みを触る」と言った。ナカプアンは左手で後頭部をつかみ，右手で顔をつ

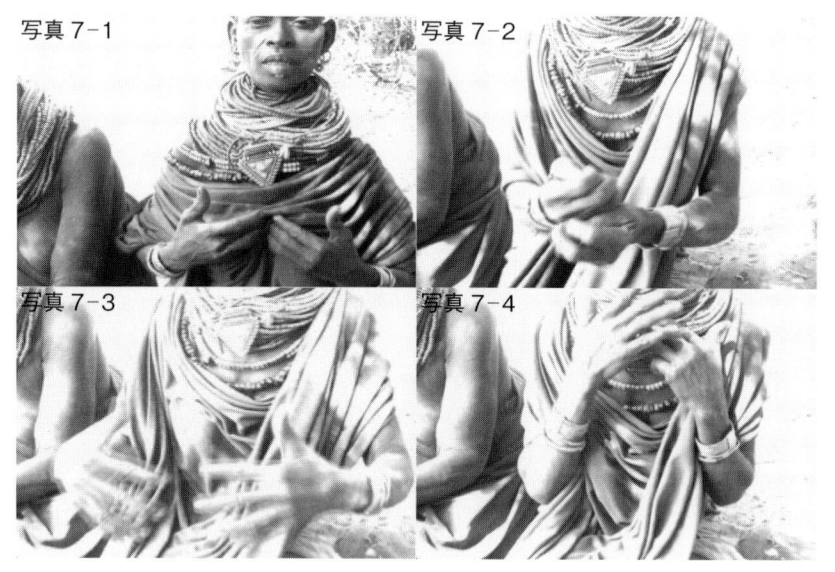

写真 7-1　ここが痛い！
写真 7-2　手を絡ませて，「ここが痛い」
写真 7-3　腹が腫れる
写真 7-4　腹がここで寝ている

かんで,「マッサージをする」と続けた（写真 7-6〜9）。二人の動作は連動して，痛みが腰から通っていく様子を示す。

「どうしてそのようになるのか」とたずねると,「血管が隠れるように指で揉む（血管に沿って揉む），（腕や身体をさする動作をしながら）糞肛門がここ（血管）に集まって，（大腿部を指さして）脚にいって，脚を引きずるようになる」。そして,「座っていると腹のあたりがこのようになってきて（両手の指を胃のあたりでわさわさ蠢かしながら：写真 7-10）倒れてしまう」と言った。

3）心臓が逃げる

病気の最初は腸，鎖骨からはじまり，症状はマラリアに似ている。「心臓はどうなっているのか」とたずねた。ナカプアンが右手の拳を上げ，左手の拳をややその下に上げながら（腕全体をくの字に曲げながら），「腸が曲がっている

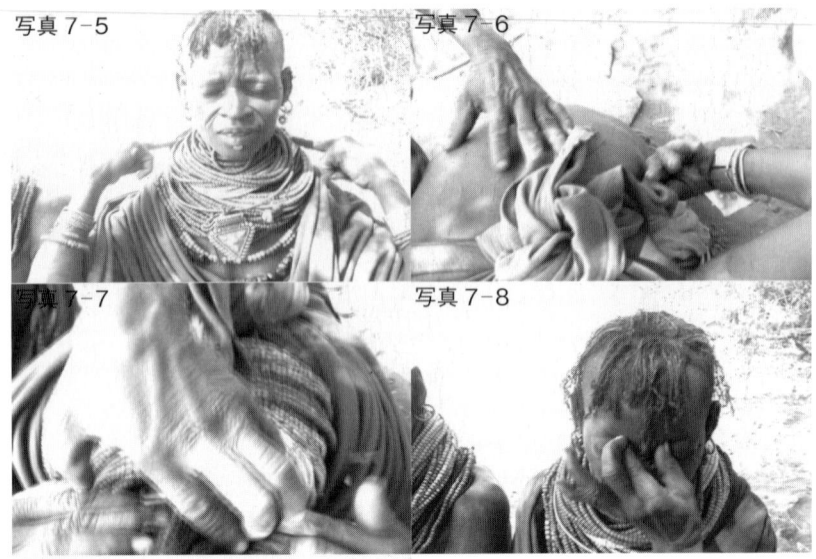

写真 7-5　痛みが，腰から来て，ここを通る
写真 7-6　痛みが腰から背中へまわってくる
　　　　　届かない患者にかわって，手を出すマッサージ師（むかって左）。
写真 7-7　マッサージ師は，首筋をつかんだ
写真 7-8　目が痛い
写真 7-9　「マッサージする」

（クルルンキン）」と言えば，それにあわせて，アメクイは両手を同様にして鳩尾に引き上げた（写真 7-11）。そして，ナカプアンは「心臓が別のところに避難している」と言った。彼女の左の拳は腹で，右は腸から逃げ出した心臓ということになる。アメクイは，あごを上げ，胸をそらせて弓なりの姿勢になっ

写真 7−10 腹のあたりがこのようになると指を蠢かす

ている。下から腹がせり上がって心臓が喉元に逃げている様を表しているのである。

4）ポポポポ……

「血管を見つけて，人が触ると，ポポポポと音がして……」と拳を握ってみせ，「患者はゴーゴーゴーと息を吐き，マッサージをすると，血管のポポポが鎮まる」と言いながら，拳をひらいてみせ，姿勢をやわらかくする。

私は立ち上がって自分の首筋を触って「ポポポ，かい？」などと確認した。ナカプアンは手で，私の腰，首を触り（写真 7−12），そして眼鏡をした目を触ろうとした。思わず，私は自分で眼鏡をとって目頭を押さえた。ナカプアンはそれを見て，「血管が痛みを伝える。痛みで身体がいっぱいになる，頭がいっぱいになる，痛みは目をとらえる」と教えた。

糞肛門と咳，胸痛の関係がわかってきた。アメクイが訴えた咳と胸痛は，固い便によって腸が腫れ，「腹がふくれて喉のところまで上がってきている」ためおこるのである。「心臓が別のところに避難している」ほどに，腸が心臓（鳩尾）近くまで上がってきている。同時にそれは，胃がわさわさする感じを

写真 7-11　身体による連続した説明
①むかって左のナカプアンが左手の拳で腸を表し，右手の表す心臓を下から追いかける動作をする。②わずかに遅れて，右のアメクイが，右拳が左拳に下から追い詰められた動作をした。右拳が心臓，左拳が腸を表している。①と②はパラパラ漫画のように連続して，ひとつの身体現象を表している。心臓が腸に迫られてにっちもさっちもいかなくなる様子を一瞬の動作で表した。

もたらす。それで，アメクイは昏倒してしまうのである。「腸は重なって，弾力がある感じ」という表現は，腸が上がって，溜まっている状態を表していたのである。

痛みは血管を伝って腰から上半身へ上がっていき，首の後ろ，頭，そして目をとらえる。さらに臀部・大腿部へも伝わり，歩行困難をもたらす。マッサージはその痛みを伝える血管をたどって行われる。

7-1-3　インタビュー（3）：腹が煮立つ

その日の夕方，日没後，私はマッサージ師ナカプアンをたずねた。彼女の夫も帰宅していた。かまどでは，若い女がトウモロコシの粉を炊きだしている。

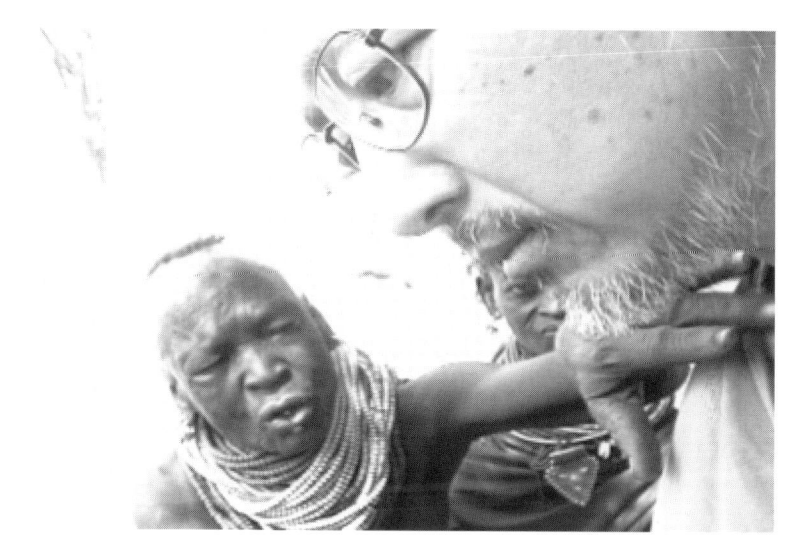

写真 7-12　ナカプアンが首を触って教える

粉が少ないから，水を多く入れ，お粥にしている。棒で鍋をかき混ぜながら，私を見やり，跳ねた小魚でわき水がすばやく動くように目を輝かせて，「ソコミチ」とつぶやいた。

インタビューは，ナカプアンと，その娘や夫，近所の男といっしょに行われた。それは集団で糞肛門の仕組みを伝える劇のような雰囲気をもっていた。

私は「マッサージをすると，どのようなことが起こるのか」とたずねた。ナカプアンは「腹が音を立てる」と言うと，その発言にかぶせて，夫が「(腹が)「チュー」と言い，その言葉にかぶせて先ほどの男が「冷たくなる」と言う。しばらくして，もう一度，同じ質問をしてみた。すると，ナカプアンは「糞肛門がよくなるにきまっとろうが」と言いながら，両手を広げて下から上げていき，「こういって，そのあとチュ～となる」と言いながら，ゆっくり両手を下げていく。この2つの言葉の間に，夫が遠間から短く掛け声のように「ゆっくりよくなる」と言った。ナカプアンはこの言葉をとってすばやく言い直した。下げた両手をゆっくり上げながら，「ゆっくりよくなる，根本から掘り出す」。

私が「何がゆっくりよくなるのか」とたずねると，夫が「腫れが止まる」と

小声で言うと，その言葉を拾いあげてナカプアンはきっぱりと「腫れが止まる」と言い，そばの娘が「腹が（煮立った鍋の）泡が立つように腫れるのが……」と言うと，その言葉を拾いあげてナカプアンも「腹が泡立って腫れるのがおさまる」と言った。

　ここには，トゥルカナが聴衆を意識したときに行う会話の特徴がよく出ている。演者と聴衆との間で，ある種の掛け合いがみられる。演者はキーワードをわざと言わないで，あるいは言いよどむことで相手に言わせようとしながら，会話を進める。聞き手は，話し手が差し出す空欄に適当なキーワードを記入しなければならない。これは演者が周囲の人に自分が話している文脈を理解してもらい，問題への関与を引き出すためと思われる。演者が相手にうながし，相手が話者にささやき，話者が拾い出したキーワードは，周囲の人と共有された文脈をつくり出す。

　印象深かったのは，両手を広げて下から上へせり上がっていく動作である。私には，その動作が彼女の身体をつつみ小屋全体に広がるように感じられた。その場にいる私はすでに彼女の身体とそれをとりまく空間とむきあっていて，ときおり聞こえる子どもの声は外の世界があることを教えるものの，私は小屋の中でナカプアンが表現する身体とだけいる。

　会話のあと，夫は，メモをとる私に糞肛門の説明をはじめた。すると，先ほど，口を出した男が，「ソコミチは仕事をしているのだから」と言って夫を遮った。夫は苦笑いしながら黙った。ナカプアンは「マッサージをすると，小さくなる」と言う。私が「何が小さくなるのか」とたずねると，夫は「固糞が悪い，固糞が小さくなるのだ」と言う。私が「ものすごく固いやつか」とたずねると，「ものすごく固い」と手にもった木の杖の，ぽこぽこに突き出たこぶのひとつを親指で押さえてみせた。

　夫は腹の中の固糞を身近な杖で，表現した。しかも，ごつごつした杖の柄となった固糞をマッサージでしごく親指が押してみせた。これは腸にある，いくつもの固糞を，親指を突き立てることで潰していくマッサージを表現している。マッサージをすると，腹が鳴って，（ゆっくりと大きく広げられた手振りそのもののように）ゆっくりとよくなる。（お湯が煮立って泡立つように）腫

れている腸が，チュ〜とゆっくり冷たくなる。それは（木の枝のこぶのように）ものすごく固い糞が（指で押されて）なくなることである。

インタビューは，彼らが身体を内部の解剖的知識によって理解していることを確認したものである。それと同時に，ここであらためて気がつくのは，河合（1998）がチャムスで見出した病気理解の仕方，身体内部でおこったことを外界の物理的事象のように理解する仕方である。ポポポポと煮立つように熱くなった腫れが，チュ〜と冷たくなる，腸が曲がった腕のように，あるいは木の枝が絡まるように，ねじれ曲がっている。マッサージ師や病者は自らの身体によって病気の仕組みを視覚化（外在化）する。それはたんなる言葉による説明ではない。身体による直接的な翻訳である。それは同じ身体をもつ私に実感をもって伝わってくる。

もう一点，留意したいのは，このような集合的やりとりの場は，糞肛門の身体が分かちもたれる，社会化の場でもあるということである。

7-2　マッサージ

ロコリケライとは異なり，マッサージはあおむけからはじまる。しかし，最初に揉むのは同じく右脇腹である。肋骨に沿って上がり鳩尾からへそ，下腹部へとしごきを使ったマッサージが続く。その後，横臥の姿勢になって，患者の手を上げさせて，右脇腹から肋骨へのマッサージ。次いで，座った姿勢で，頭，背中を押し揉んだ。後ろから右脇腹へ強く揉んでいった。最後に，あおむけになって，腹部のマッサージが行われ，へそ下の患部が明らかになる。

7-2-1　固いものを細かくする

アメクイはマッサージ師の左に頭をむけて，あおむけに寝ている。腹部は妊娠でもしたように膨満している。

まず，マッサージ師は右脇腹を丹念に押し揉む。次に，左手は鳩尾から右肋骨の下縁をたどってへそ，下腹部へむかう。4指は肋骨にかかって移動し，それにつれて親指が肋骨下縁の内側を移動する。つまり，左手の4指を肋骨に置

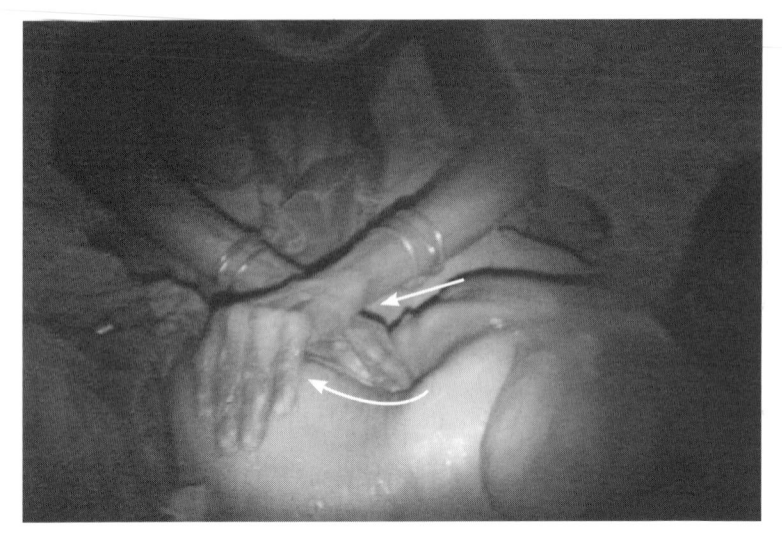

写真7-13　巴になって揉みしごく2本の手
写真右が鳩尾側。マッサージ師は奥にいる。左手前に左手がある。ちょうどへそ下にある。奥には右手があって鳩尾から下腹部へ。両手とも親指が突き入れられている。

いて支点にして，親指を突き立てている。同時に，右手は鳩尾からまっすぐ下腹部へ，しごき揉んでいく。左右の指は互いを追うように，腹部をまさぐっている（写真7-13）。手はだんだん左肋骨脇，左脇腹へと移行してはもとにもどっていく繰り返しである。写真7-13では，4指だけが見えているが，その陰で親指が深く腹腔に入り込んでいる。

　両手はへそ下の下腹部を右から左へしごく。右から左下腹へ揉んでは，そのまま連続的に鳩尾へもどり，まっすぐへそを経由して下腹までしごいていく。あるいは，鳩尾から左肋骨に沿って下腹まで，しごいていく（写真7-14）。

　鳩尾-左脇腹-下腹を揉んでいると（写真7-15），マッサージ師は左手の拳を示して「痛いところがあるよ，固いところがある」と教えてくれる。腸が，音を立てる。助手が「固いものを細かくしている（アキニルンニルン）のです」と説明すると，マッサージ師が「ほれ，音がするだろう」と言う。なぜ

左肋骨

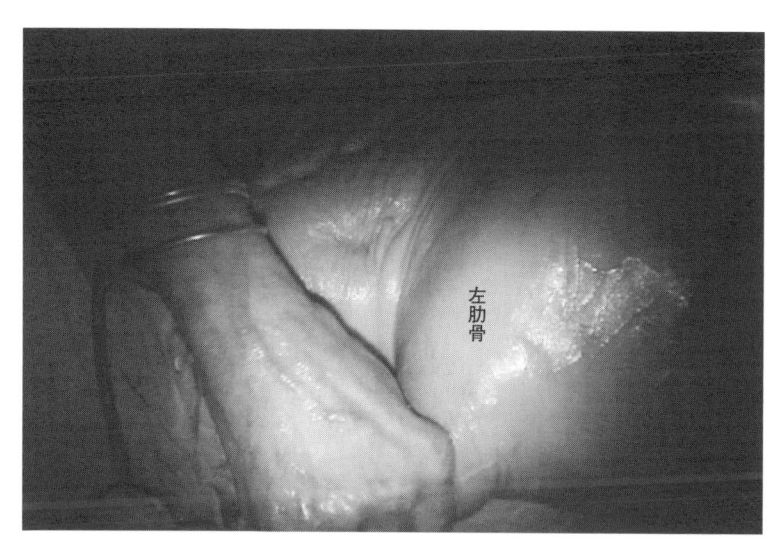

写真 7-14 左肋骨下に親指を突き立てながら，しごく

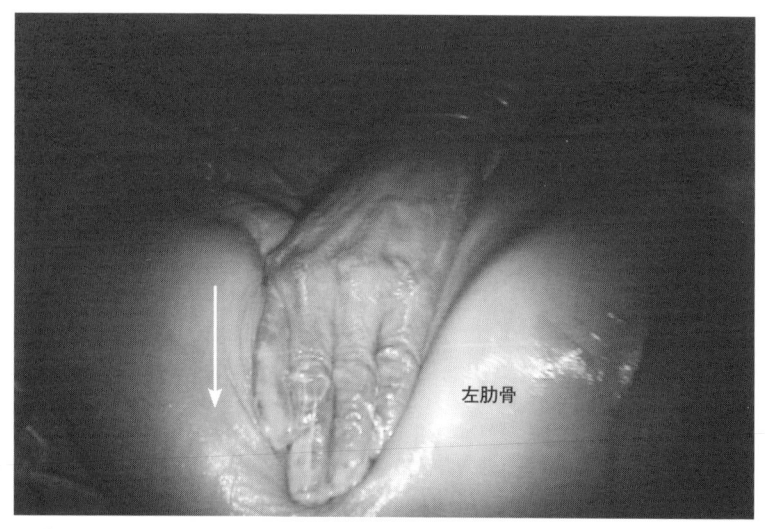

左肋骨

写真 7-15 へそをしごき，脇腹を圧迫する
右側が患者の頭側。左手親指を左へそ下に突き入れ，左脇腹へ（写真手前側へ）しごき揉んでいく。4指は脇腹へ達している。手で圧迫された部分の右側の"土手"は左肋骨下縁部。

音がするのかとたずねると、「腸を触っているから動くのだ」とマッサージ師は答えた。

7-2-2　粉を挽くように細かくする

病者は、身体の右側を上にして、横臥状態になった。手は頭上に伸ばしてある。マッサージ師は右肋骨を両手で交互にたどり、右脇腹から左脇腹までをしごき揉むのを繰り返す。右脇腹からへそとその下腹をめがけてしごいていく（写真7-16，図7-1，7-2）。さらに、背中側に手を回して、背中から脇腹へとマッサージの動線が長くなる。そして、下腹部へと、この動きが深くなる（図7-3～5）。親指が入っている。腸がさかんに音を立てる。

うつぶせになる。背骨末端から親指を背骨に沿って上向させる。そのまま、首飾りの下の首筋へ指をむかわせる（写真7-17，図7-6）。そして、肩甲骨から、脇の下へ、手のひらで押し揉む（図7-7）。また、背骨下にもどって、腰を左から右へ押し揉む。マッサージ師は「血管を追っている」と言う。また、「粉を挽くように病気を細かくしている（アキニャスク）」とも言う。病者が息を荒く呼吸をすることについて、「揉むと、痛い、そこに病気があるからだ」と説明する。

7-2-3　チライがバッバ、チューとおさまる

病者は、背中をマッサージ師にむけたまま、座る。マッサージ師は背骨の末端から、背骨の両側に両手の親指を当てて、押し揉みながら、上向する。その後、下降して左右の肋骨の下縁を脇腹まで、それぞれの手が押し揉んでいく（図7-8，7-9，写真7-18）。背骨の中央に左右の親指を当てそこから、それぞれ左右に押し揉んでいく。そのまま両手が背骨を下っていき腰骨まで到達すると、首筋、首の後ろにもどって、さらには背後から顔を手でつかんで指に力を入れる。こめかみが親指と他の指で押されることになる（写真7-19）。そして、もどって、肩から腕をさすっていく。

マッサージ師は「血を腹にもどしている」と説明した。チライがバッバと音を立てて拍動しているとつけ加えた。左手の手のひらを「バッバ」に合わせて

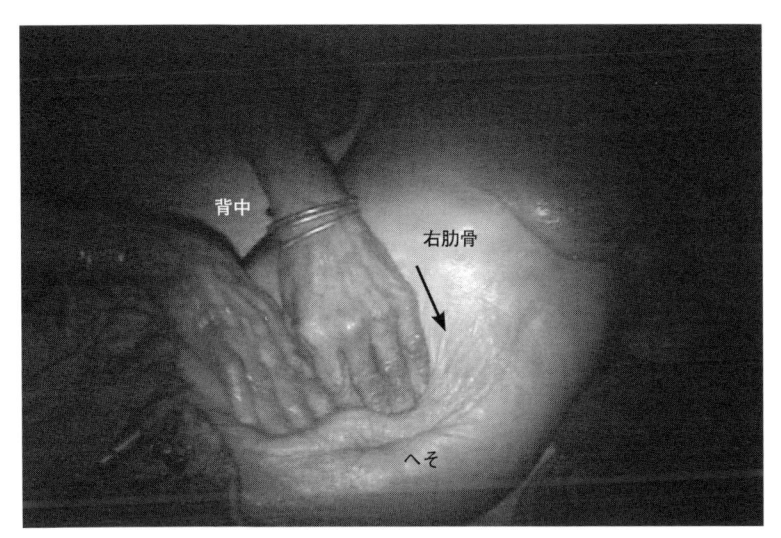

写真 7-16 病者の頭は右上。肋骨と鳩尾が見え，押された腹腔にシワがよっている。へそが両手の先にある。右脇腹からへそへしごき揉む。指が腹部に食い込んでいる

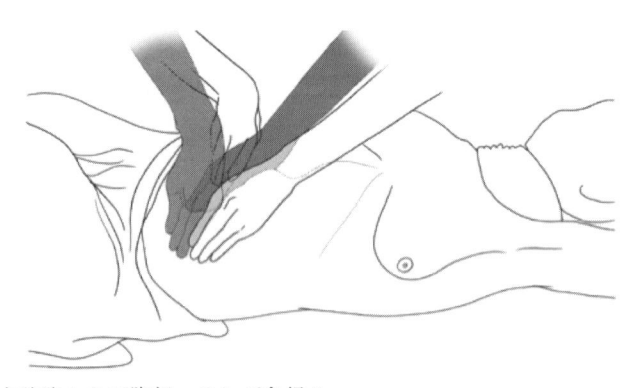

図 7-1 右脇腹から下腹部へのしごき揉み
写真 7-16 の続き。影のついた手は動きを表す。影から白い手へ移動したところ。集中的に下腹部をしごく。

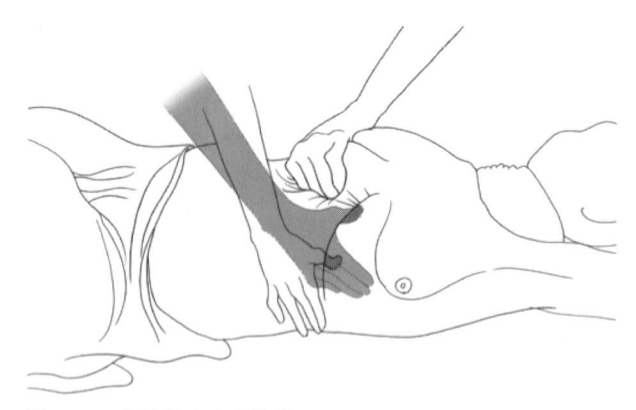

図7-2 右脇腹から左脇腹へ
　　　右手が（反対側の）左肋骨下に，親指を入れ，脇
　　　腹へしごき揉む。左手は右肋骨を鷲づかみ，支点
　　　になっている。

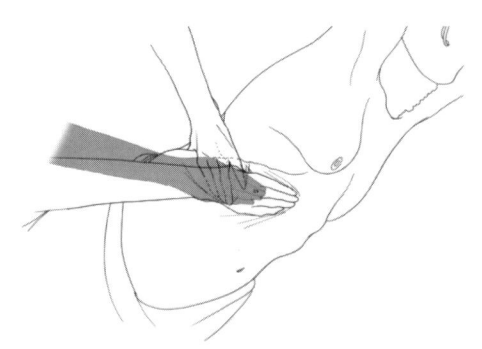

図7-3 横臥した姿勢
　　　肋骨下縁部を伝って鳩尾方面へ。

勢いよく広げたりつぼめたりしてみせた。病者は「腹がチライを止めてしまった」と左手のひらに右手手のひらを重ねてみせる。左手がチライで，右手が腫れ上がった腸だ（写真7-20）。腰を押さえて，「チライがケンケン音を立て，ここが痛い」と言う。背中や肩，腕をさすりながら，二人はくちぐちに，「ケンケンと音を立てていたのが，揉むと，チューとおさまる」と言う。

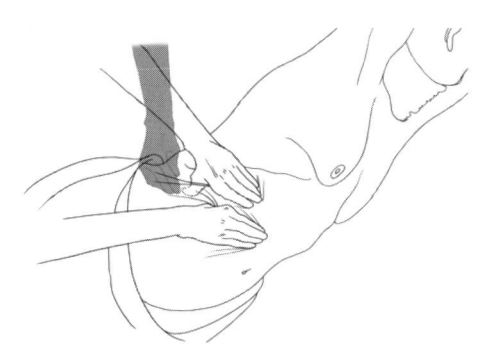

図7-4　脇腹から腹部へ
　　　　指に力を入れてしごき揉む。

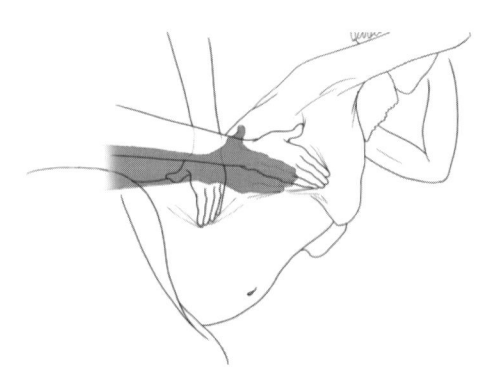

図7-5　脇腹を繰り返し揉む

7-2-4　腹にもどして出す

　病者はあおむけになる。頭をマッサージ師にむけているので，マッサージは病者の頭越しになされる。右脇腹から親指を立ててへそを回るように左脇腹，そして下腹まで，左右の手は巴を描きながら揉んでいく。この動きを何度も繰り返す。途中，病者が左下腹を指さして，「ここが痛い」（写真7-21，図7-10）と訴える。施術師は「内側にぶつぶつがある（アキナルン・トーマ）」と言う。肋骨を押し揉みする。そこで，私は病者に「心臓はどこか」とたずねると，鳩尾を指し示した。糞肛門は折れ曲がって心臓に影響するのだと，説明

166 ● 第7章　喉にある腹

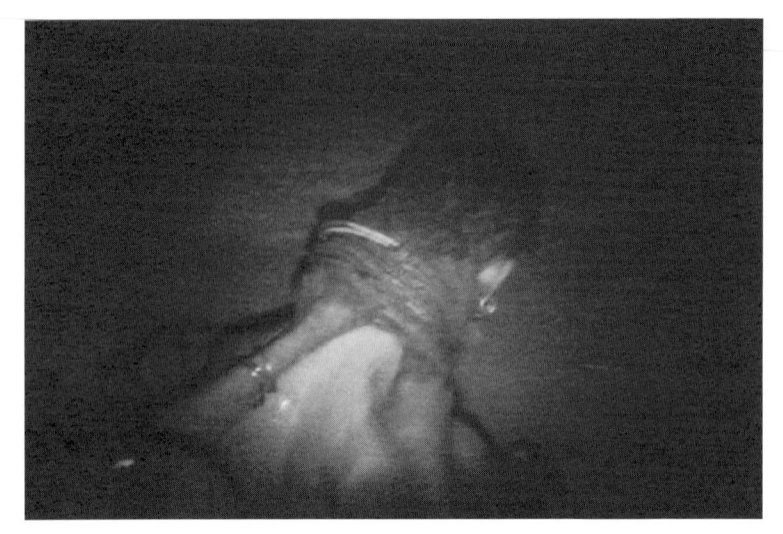

写真 7-17　背骨下から上へ，首筋，首飾りの下まで揉む

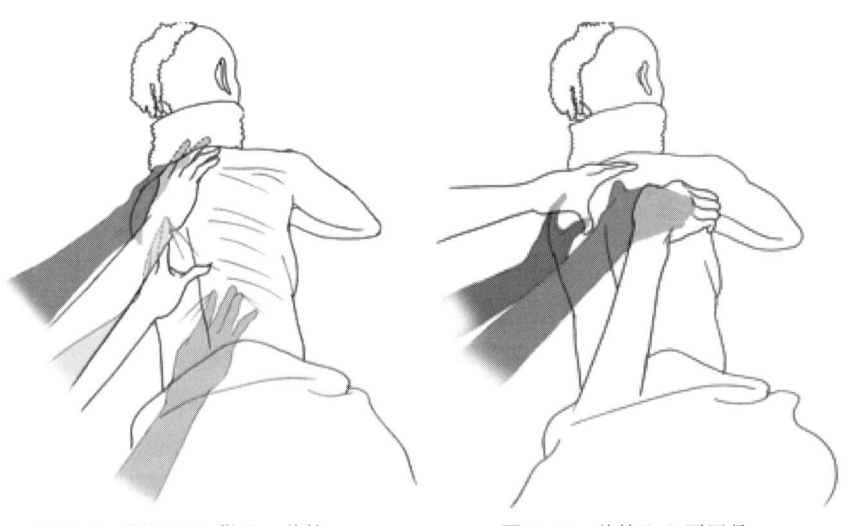

図 7-6　腰下から背中，首筋へ

図 7-7　首筋から肩甲骨へ

7-2 マッサージ 167

図7-8 背中を揉む

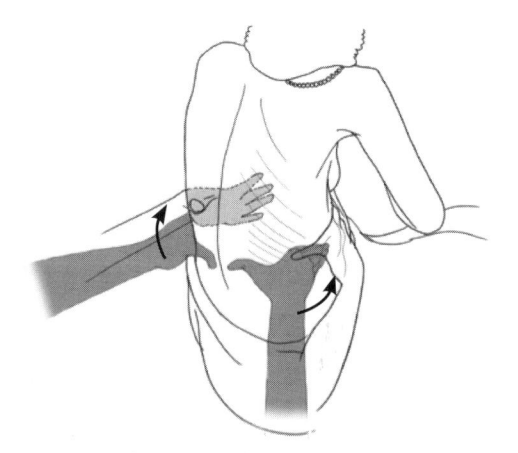

図7-9 背中から脇腹へのマッサージ
写真7-18を上方の視点から描く。

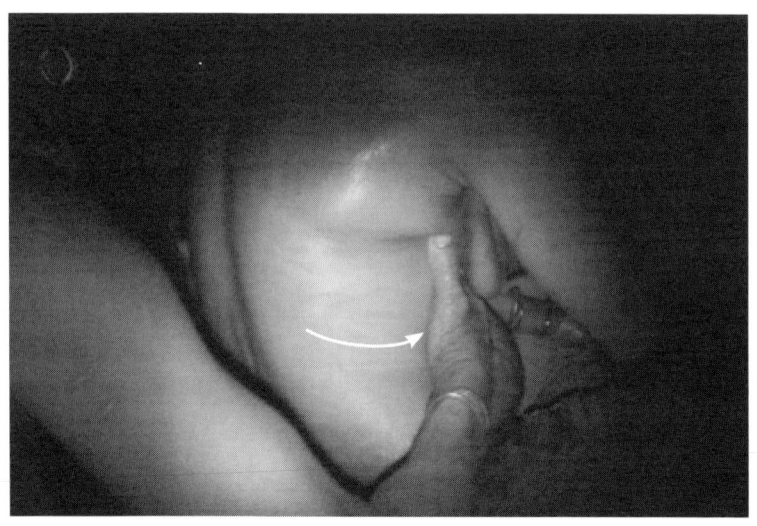

写真7-18 背中から脇腹へのマッサージ
図7-9を参照。

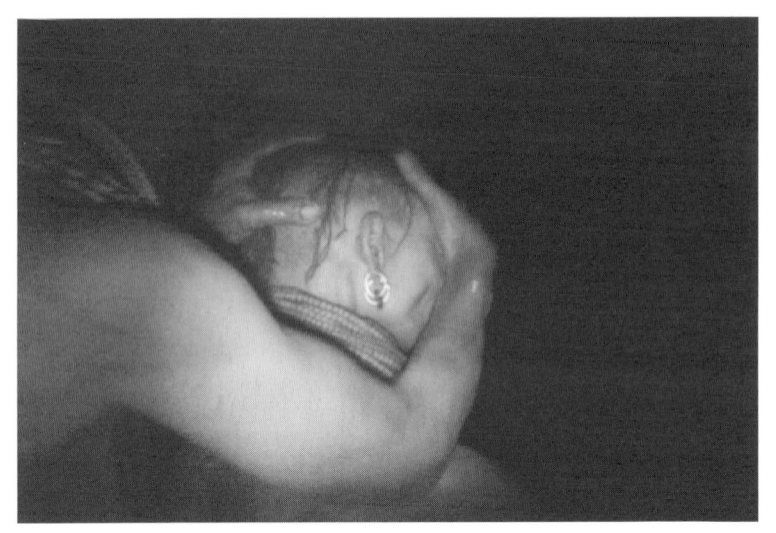

写真 7-19　背後から目やこめかみ，顔全体を押さえる

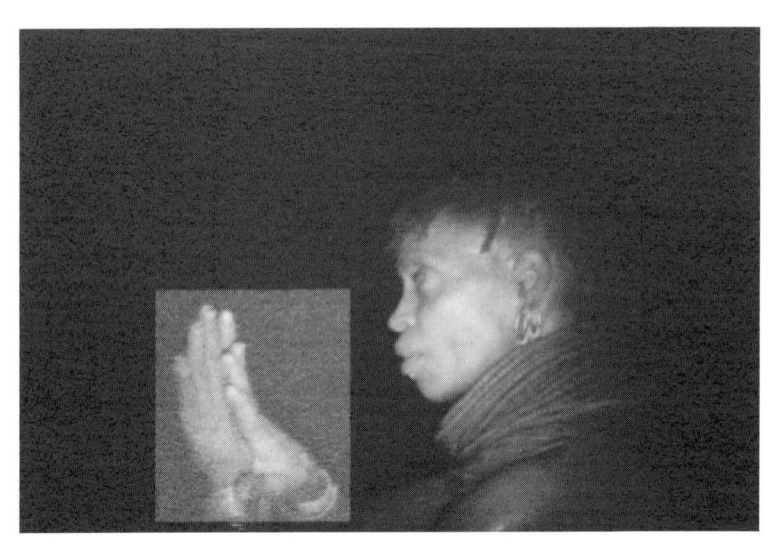

写真 7-20　腫れ上がった腹（腸）がチライ〔大動脈〕を圧迫する
　　　　　左手がチライで，それを右手が押さえている。写真では手の
　　　　　部分だけハイライトを当てた。

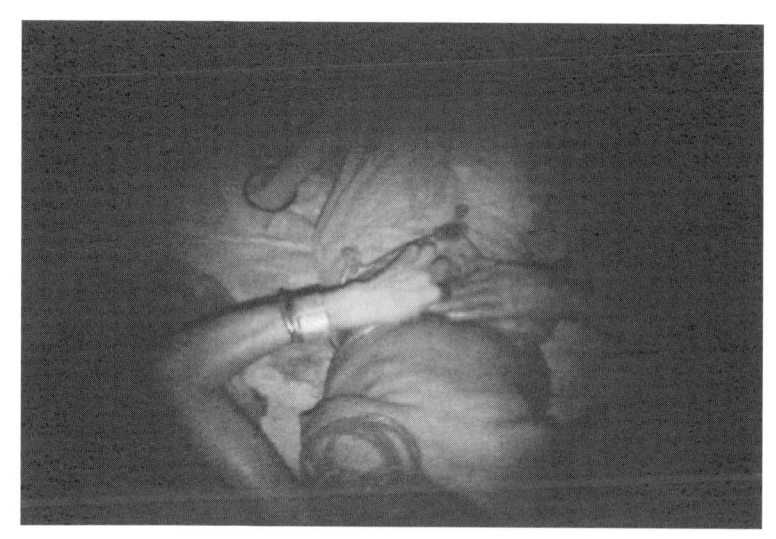

写真 7-21 「ここが痛い」と病者が指さす

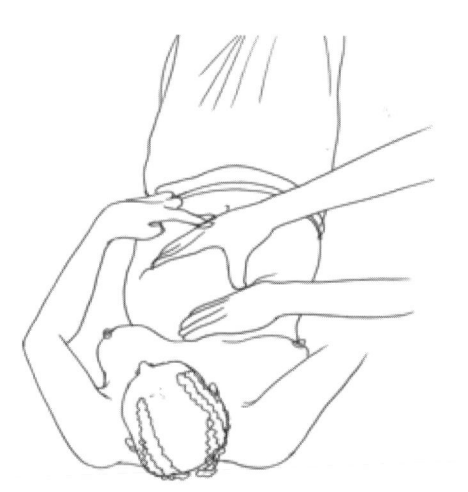

図 7-10 「ここが痛い」と指さす

した．病者はさらに，「ソコミチ，糞肛門は集めて腹にもどして，薬草を飲んで出すのだ」と言った．

7-3 喉にある腹

　本章では，糞肛門が咳や胸痛をひきおこす仕組みが明らかになった．それは，糞肛門の腸が腫れて，鳩尾方向に上がってしまっているからである．腸は折り重なっている．インタビューでの，マッサージ師とアメクイの息のあった身体表現は，下から上がる腸に追い詰められた心臓を一瞬で表していた．「喉に腸がある」と表現される．

　腫れた腸はチライ〔大動脈〕に触れて悪影響を及ぼす．第4章でみたように家畜の解体から，チライが内臓の後ろ（腰のあたり）を通っていて心臓・肺，食道の後ろへとつながっていることはよく知られている．痛みを訴える箇所をみると，へそ下，腋の下，肋骨，鎖骨のくぼみ，盆のくぼ，首筋，こめかみ，目であり，いずれも血管が体表近くに出てきて，拍動を触知できる場所である．したがって，拍動に随伴する痛みを追うと，彼らが言うように，血管に沿って「跳ぶ」という表現になる．他の治療者や病者も言う「糞肛門とチライは親友」「糞肛門が活発になるとチライも活発になる」も同様の理解によっている．

　マッサージの中心は，左右の肋骨のすぐ内側から始まる脇腹-鳩尾-下腹の軌跡にある．とくに痛みを感じる箇所はロコリケライの場合は，左肋骨下であったが，アメクイでは左下腹部である．解剖学的には，問題は，大腸を中心に，S字結腸から直腸部のように思われる．そこにある「ぶつぶつ」は固糞と認識されている．ナカプアンは，塞ぐ固糞を指でしごいて取り除いているのである．同時に，鳩尾からへそ下までの動線は上がっている腸を押し下げる働きをしている．背中から腹へのマッサージは血管に沿って跳んだ病気をもどすためである．

　私たちは息のあったアメクイとナカプアンの，身体を使った掛け合いをみた．症状やマッサージを説明するのにアメクイは自分の身体を使い，ナカプア

ンもまた自分の身体とアメクイの身体を重ね合わせて説明していた。マッサージで，ナカプアンは，肋骨や腰のでっぱり，背骨と肩甲骨を頼りに手を走らせ，腸の様子（音を立てて動いたりぶつぶつがあったり固いところがあったり曲がったり）や血管の拍動（ケンケン，ドゥクドゥク），心臓の位置を確かめつつ，患者の苦痛の声や痛みの指示を見逃さないように，身体の状態を把握し，固い便を細かく粉々にしたり，背中から腹に病気をもどしたりして，身体を矯正していく。これは糞肛門の身体は，マッサージ師がかくあるようにと揉む身体と患者が差し出す痛みや不調をもつ，揉まれる身体とが調整し合って，形成されている。ただし，それは両者の"身体図式"を合わせるという固定的な実践ではない。常に様子見をしながら，病者の身体の音を聞きながら，指の感触を確かめながら，マッサージは進行する。

第8章

肉の記憶

　2004年9月9日，夜7時過ぎ。マッサージ師ナトゥコイが自宅でアジェンに行った約40分間のマッサージである。私が訪問目的を告げると，施術者は病者に横たわるように言った。施術者の兄が「マッサージを見にきただけなのだ」とまわりの家族に説明してくれた。

　アジェンは40歳代の女性で，腹痛と便秘，脚と腰の痛みを訴え，2週間，マッサージを受けている。糞肛門によってアグレになっているという。私は患者をへだてて，ナトゥコイの正面に座った。病者は，マッサージ師に対して頭を右側にしてうつぶせに寝ている。まわりには家族が休んでいる。ナトゥコイは植物油を背中から右脇腹に塗りはじめる。子どもたちが後ろに座って覗いているので，兄が「何が食べたい？　何も食べるものはないぞ！」と追い払うが，子どもたちはもどってきてしまった。

8-1　マッサージ場面

8-1-1　うつぶせ―背中から脇腹をしごき揉む

　まず，病者の背中に油が塗られる。背中，肩甲骨，肋骨，腰が油で光る。マッサージの最初は，右手で首の後ろ（盆のくぼ）を押さえながら，左手は背骨から肋骨を触り，親指を脇腹に入れる。左右の手が交差した構えから，マッサージははじまった（写真8-1）。

　マッサージは，3つに分けることができる（図8-1）。①背中から肋骨に沿って右脇腹へ揉んでいき，脇腹を繰り返ししごき，②①のしごきのマッサージから発展して，腰のウエストラインを強く押し揉みながら，反対側の脇腹（左

写真8-1 背中からはじめる。腕が巴のように交差する
むかって左側に患者の頭がある。背後では、少女が手技を見て
いた。

脇腹）へ達して、しごく（その繰り返し），③上腕，首筋，鎖骨，肋骨から脇腹への浅い押し揉み，である。それぞれ動線図に示した。マッサージの中心は，②脇腹へのしごきである。

8-1-2 右脇腹のしごき

　写真8-1からの動きを図8-2，8-3に描く。影をつけた手は移動中の位置を表している。首の後ろを揉んでいた左手は伸びきったところで、弧を描いて、背中を揉む右手の背後にもどってくる（図8-2）。左手がしごき上がるにつれて、右手は場所を譲り、右肋骨へむかう（図8-3）。このように左右の手は入れかわりながら、脇腹を揉む。

　マッサージ師は両手を使って、首側から背骨の両側に沿って力を込めて揉み下ろしてくる。両手が腰に達すると、自分の手前にある、病者の右脇腹にむかって、親指を深く入れたしごきをする（写真8-2）。片方の手が脇腹に親指を立てて、背中側から脇腹を揉むと、今度はそれと入れかわりに、もう一方の

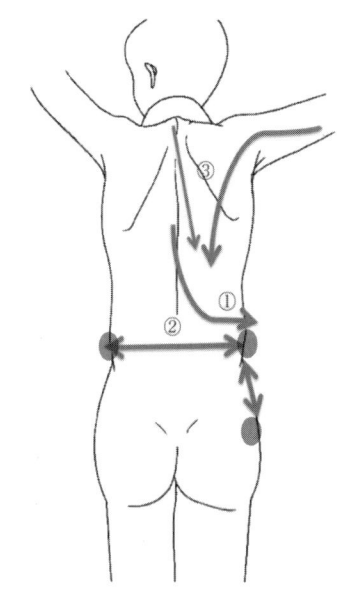

図 8-1　うつぶせのときの主要な動線
●はしごきの位置。

手が腹側から背中側へと揉み上がっていく。脇腹は上からも，下からも往復で，しごかれることになる。図 8-4 には，親指を立てて，腹側から背中側へ，"しごき上がる"様子が描かれている。

　病者は「ホイトコイ！」と苦痛の感嘆詞をあげた。「どうした？」とたずねると，病者は「アグレが痛い，そこ（脇腹）が痛い」と言う。マッサージ師は，右手の 3 本の指を立てて揉み進み，脇腹と腰の骨（腸骨）との境に親指を入れ，しごくように動かす（写真 8-3）。そこに，左手が合流し，両手で脇腹をしごく（図 8-5）。施術者は「固いものがある」と言い，病者は「ホイトコイ！」を連発した。

8-1-3　両脇腹のしごき

　図 8-1 ①では，マッサージ師は右脇腹に集中して，しごきを繰り返していた。マッサージ師は手を伸ばして，ウエストラインを揉み，反対側の左脇腹を

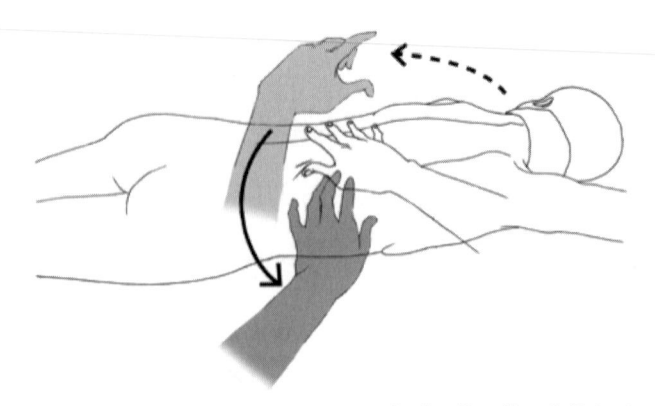

図8-2 写真8-1では，右手が背中に置かれ，左手が首の後ろを揉んでいた それから，右手と交差していた左手が右手の後ろについて，脇腹に指を突き立てる（斜線の手の動き）。

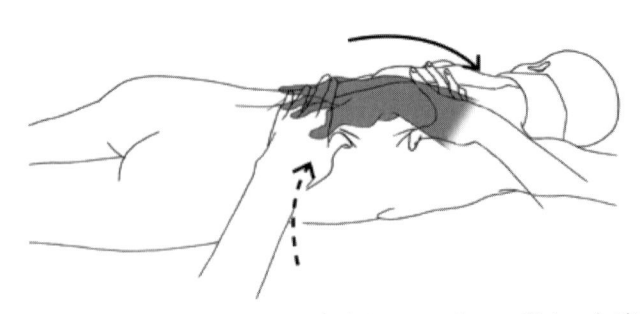

図8-3 脇腹に入った左手が上へ，しごき上がるにつれて，背中の右手は頭側に移動する

揉んだ。動線図（図8-1）の②に示したマッサージである。

　マッサージ師は，右手の指に力を入れて，腰に沿って反対方向（むこう側）へ，押し揉んでいく。そのあとを左手が同じように指を立てて，押し揉んでいく。右手のあとを左手が追っていく。手はそのまま，反対側（むこう側）の脇腹まで達する（写真8-4～6，図8-6）。

　私がマッサージ師に「何をしているのか」とたずねると，そばにいる娘が「腰から痛みを集めているのよ」と言う。私はそれを「腰が小さくなる」と聞きまちがえて，笑われてしまう。マッサージ師は再び，「ここ，ここ，ここ」

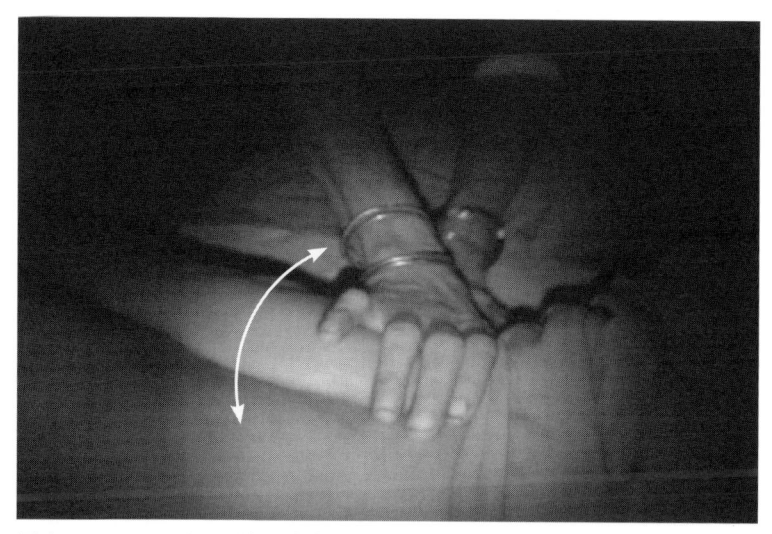

写真 8-2 マッサージ師は親指で腰のラインを押しながら，前後にしごく
写真の左に患者の頭がある。

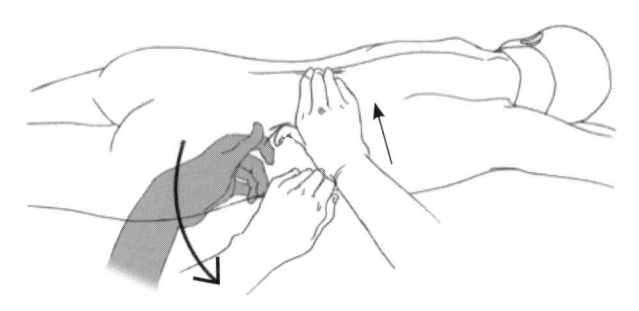

図 8-4 マッサージ師側から見たところ
右手が左手（斜線が入っている）を追い出して脇腹に親指を突き立て，しごき上がっている場面。左手は，右手の後ろについて，次のしごき上がりの出番を待っている様子を示す。右手は矢印のように上がっては下がるを繰り返し，左手も同様である。右手と左手が入れかわりながら，しごきを入れている。

と言いながら，臀部と腰に指を立てて，手前・右脇腹からむこう側・左脇腹へと押し揉んでいく。

178 ● 第8章 肉の記憶

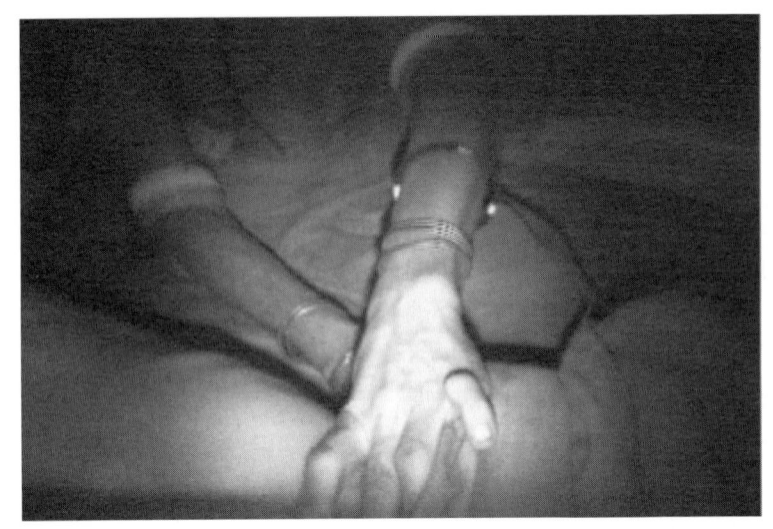

写真 8-3 脇腹に突き刺さる右手の親指

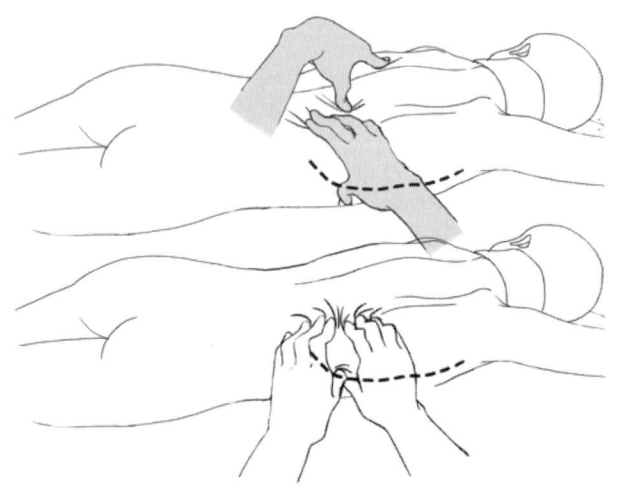

図 8-5　写真 8-3 を反対側から見たところ
　　　　破線は肋骨の場所。肋骨に4指をついて支点として，親指を突き入れる。上は右手で脇腹をしごき，下はそこへ左手がもどってきて，右手といっしょに親指で肋骨下をしごいている。ここに，固いものがある。

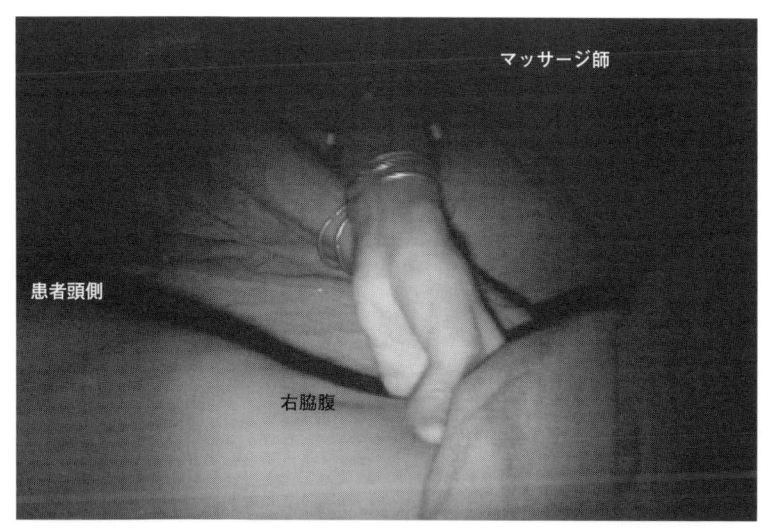

写真 8-4　左手で右脇腹に指を入れてのしごき（患者の頭は左側）

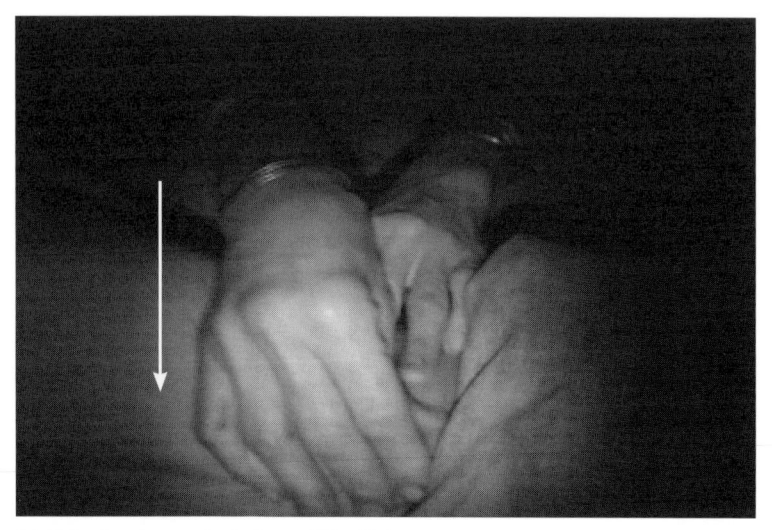

写真 8-5　ウエストラインの押し揉み
　　　　　右手を左手の先に入れて，反対側の脇腹（左脇腹）へむけて，親指を立てて押し揉む。

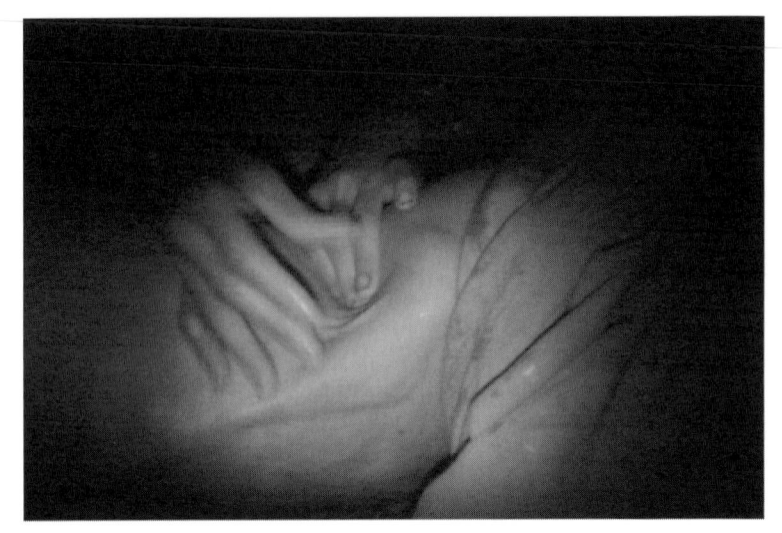

写真 8-6　左脇腹のしごき
　　　　　反対側に達して，左脇腹を揉みしだく。

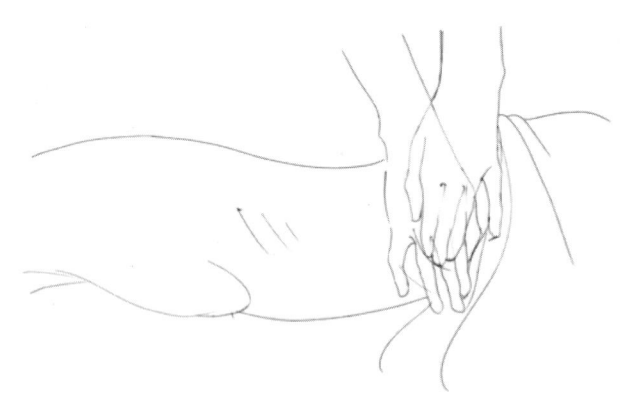

図 8-6　左右の手が反対側の脇腹に達して揉みしだく

　先ほどと同様に左右の手が前後して互いに競争するように，反対側の脇腹方向へ，押し揉んでいく。揉む範囲は臀部を含み，広がっている。反対側の脇腹に行き着くと，そのまま，手前にもどってきて，脇腹に親指を突き立てて，押し揉む。マッサージ師は，臀部や腰のまわりを揉み，反対側にむけて押し揉

み，次いで，押し揉みながら手前の脇腹にもどって，ピンポイントで脇腹をしごくというマッサージを3分30秒にわたって繰り返した。

　この間，次のようなやりとりがあった。（臀部と脇腹をしごかれて）病者が苦痛のあまり，うなると，そばにいたマッサージ師の兄が「痛い！」とかわりに叫ぶ。病者は「痛い！　誰が悪いのか？」と訴え，指が深く突き刺さると，「ホイトコイ！　ホイトコイ！〔痛い，痛い〕」を連発する。兄が「糞肛門が，血管で全身に伝わっている（だから痛い）」と説明する。
　私についてきた男が「家畜のダニの薬を買ってくれ」と言いだす。私は舌打ちをする。傍の女性が「仕事中よ……」と言うにもかかわらず，ねだりの男は「おれは，お前の友人の姻族だ」「もう3回も頼みにきている」「承知したと言え」と言い続ける。私は「今，仕事がある」と言うと，傍の女性が「ソコミチは，今仕事があると言っている，少し待ちなさい」と言うと，男はわかったと黙りこんだ。
　脇腹を押し揉むマッサージ師に，私は質問した。「何を揉んでいるのか？」。病者が「痛いところを揉んでいる」と応える。それを聞いて，マッサージ師は，病者の腰の上部，肩甲骨，首の後ろ，太ももをつかんでみせた。兄が「揉むことで，痛みを集めている」と説明してくれる。マッサージ師は右脇腹に右手を入れ，親指で押し揉んでみせて，「ここが固くなっている」と言い，肋骨下から脇腹へ親指を突き立てて，押し揉んでみせて，「泥のようなものが（こうすると）音を立てるのが，わかるだろう，プルクチュ〔擬態語〕というのが」。マッサージ師は右手を背中から脇腹へ，指を入れて押し揉みながら「ほ〜れ」と言うと，病者は苦痛のうめきをあげる。それを見た，先ほどのねだりの男が「マッサージして，病気を腹にもどしているのだ」と説明してくれる。

8-1-4　上半身から脇腹への浅い押し揉み
　病者は右側を下にして寝かされた。マッサージ師は後ろから患者を揉む。両手の親指をかわるがわる，右脇腹に下から差し入れて，腰骨の上をたどりながら下腹部までしごく。病者は「ホイトコイ！」を連発する。

写真 8-7　脇腹と腰へのしごき
さらに，マッサージ師は脇腹と腰の骨の境に，親指を立てて力を入れ，「ほれ，ほれ，ほれ」と振動を加える。患者は「ホイトコイ，ホイトコイ，ホイトコ～イ～」と叫び続け，脚をばたつかせる。痛みで話すことができない。

　再び，うつぶせの姿勢にもどる。背骨に沿って両側に親指を立ててしごいていく。手前の右脇腹に入っていき，脇腹と腰の境目に親指を突き立ててゆすって「固いもの，丸いものがある」という。「ほら聞こえるか？　プルクチュと腸がいうのを」とマッサージ師は私の耳をそばだてさせる。病者は「ホイトコイ，ホイトコイ，痛い～」と叫ぶ（写真 8-7）。

　次に，マッサージ師は病者の右手首をつかみ，親指の腹でこするように腋の下まで手を滑らせる。腋の下に親指を突き立てる（写真 8-8）。そして，手のひらで肋骨の上から脇腹までさすっていく。そのとき，施術者は，「集めている，固い物を一方に集めて，腹に集めている」と説明する。左の背中から左脇腹まで（背中の左半分にも）手のひらを滑らせながら，同じ説明をする。「そして，薬草を飲んで出す」と言う。

　私が「これで終わりか」とたずねると，急に病者がおきあがって，「ヒツジ

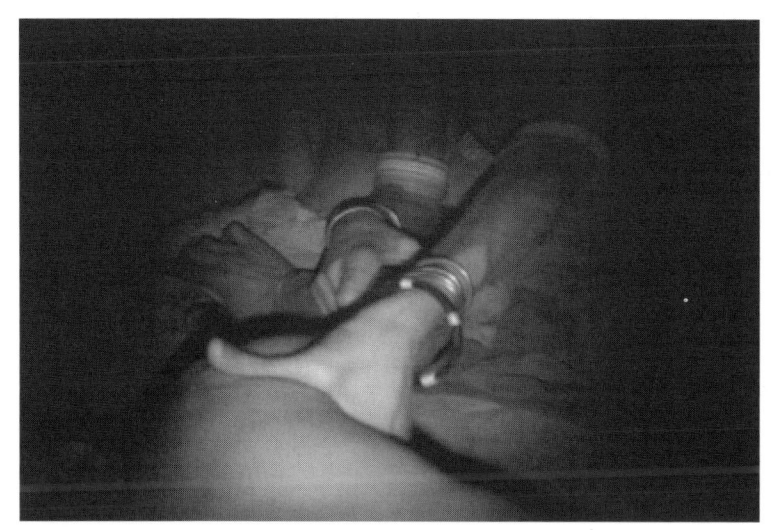

写真 8-8　腋の下に指を入れる
　　　　　右手，腕と揉んでいき，腋の下へ。そこに指を立てて押す。そして，肋骨，右脇腹へ揉んでいく。

をもってきてくれ」と相談をはじめる。マッサージ師は「ヒツジを飲んで，下痢をして，腹のなかに何もなくなる」と説明する。「だが，誰もヒツジをもっていない，誰も買ってくれる人もいないのだ」とつけ加える。

8-1-5　あおむけ－鳩尾・へそ・脇腹

　あおむけでのマッサージの動線は，肋骨を触りながら，鳩尾を出発点にへそ，下腹部，両脇腹を揉んでいく。図8-7にあるように，右脇腹よりを通ったり，下腹部深くを通ったりして，ところどころで，しごきを行う。そこが患部である。
　マッサージ師はまず，油を塗って，マッサージの範囲を確かめる。左手で，反対側の右肋骨の下部の位置を触って確かめる。左手は親指を開いて，他の4指をすぼめてすき間なく引っつけて，槍状にしている（写真8-9）。そのまま，手のひらで，マッサージ師の手前にある左肋骨の下部をやわらかく触りながら，左脇腹から左の腰の骨まで触った。右手がその後ろで本格的なマッサー

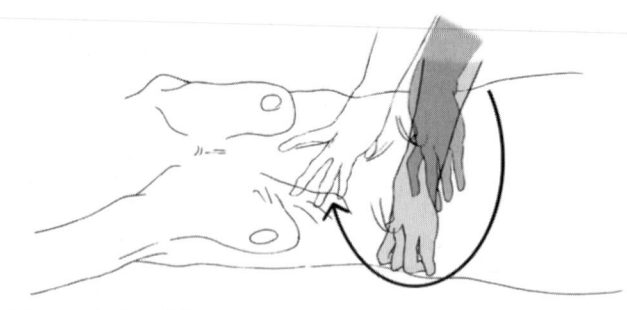

図 8-7　腹部での左手の動き
　　　　左脇腹から右脇腹へ，そしてへそ周辺から鳩尾へマッサージ。そのあとを
　　　　右手が追って，交代しながら揉んでいく。

ジに備えている。
　左手に入れかわって，右手が右肋骨の外縁部を触って，へそ上を通って，右脇腹・腰へ圧迫を加えながら，押し揉む。そして，左手が右手と入れかわる。左手と右手は競い合って，右肋骨下から右脇腹，へそ周辺を通って左脇腹までの押し揉みを 2 回行う（写真 8-10）。指を突き入れるしごきは見られない。手のひらと指に力を入れて，圧力をかけている。マッサージ師は「マッサージの支払いは，ソコミチがしてくれるのかねえ，私は食べ物が欲しい」と言っている。
　左右の手で，肋骨下・へそ・脇腹と押し揉みしているなかで，左手が，胸間から，鳩尾，へそ周辺まで，そして，最後は左脇腹を押し揉む（写真 8-11）。今度は，その動線を反対方向にたどって揉みはじめる。左手で左脇腹からへそを通って，反対側の右脇腹への押し揉みをはじめる。そのとき，マッサージ師は異変を指摘した。「ここにある」。マッサージ師はへその上あたりに親指を突き立ててゆすってみせた（写真 8-12）。そして，次にへその下に親指を入れて「ここにもある」と言って，右腰あたりまで，しごいていき，「ほら，腰まで」と言う（写真 8-13）。マッサージ師は「丸くふくれたものがある，こんなだ」と言って，拳骨をつくってみせた。「固い糞か」とたずねると，施術者は「固糞だ，固糞だ」と言い，傍の女は「それがアグレをおこすのだ」と言った。固糞はどうやってできるのかと私はたずねた。マッサージ師は「ト

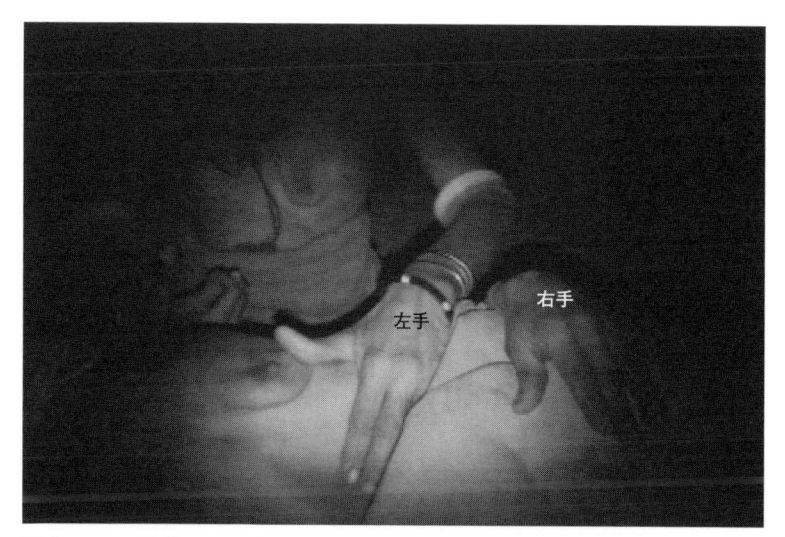

写真 8-9　槍状にした左手で，右肋骨と腹部の段差をたどる
　　　　　右手は下腹部に置かれている。マッサージを施す範囲の確認をしている。

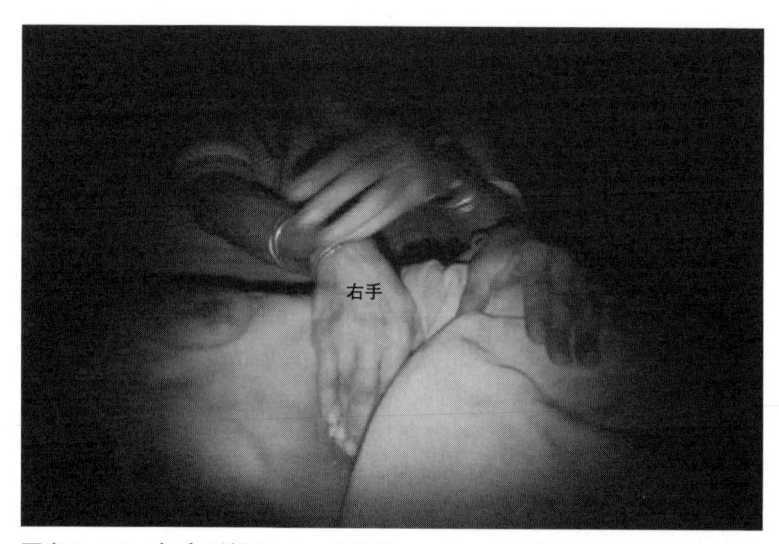

写真 8-10　右手で鳩尾から，右脇腹，へそ，左脇腹へ押し揉みしていく
　　　　　左手が右手にかわって押し揉む準備をしている。両手は入れかわりながら，マッサージを進めていく。

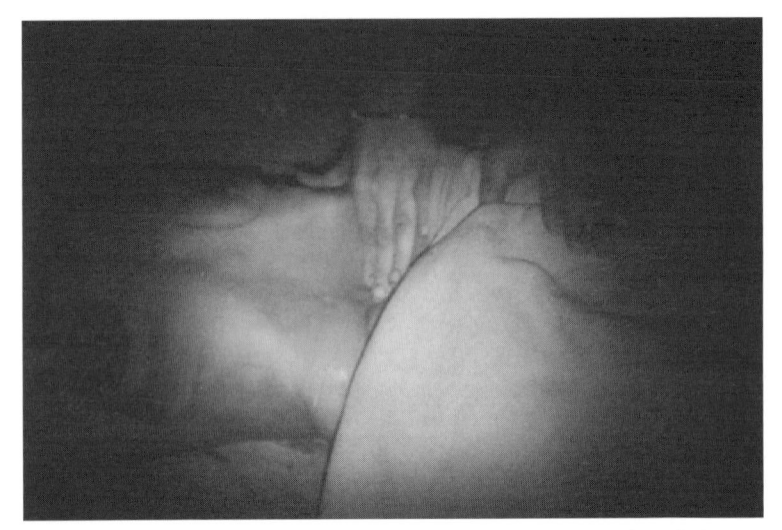

写真8-11　鳩尾からへそへ，そして，左脇腹まで，押し揉みをする
そのとき，マッサージ師は異変を指摘した。

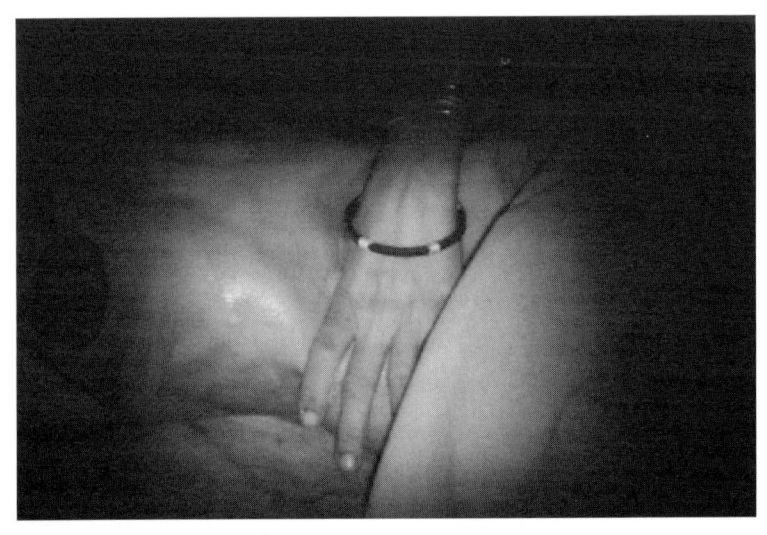

写真8-12　へそのしごき
マッサージ師はへそ上に親指を突き立て「ここにある」とゆすった。写真むかって左が頭側で，右肋骨が見える。

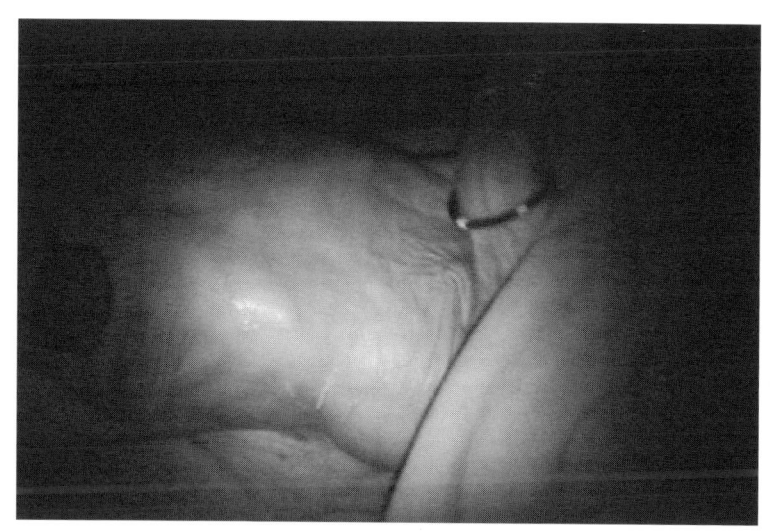

写真 8-13　へそ下のしごき
写真 8-12 の左手がさらにへそ下に達している。「ここにもある！」とマッサージ師は言った。手は腰布で隠れているが、右の腰骨付近を触っている。

ウモロコシの粒がここ（脇腹）に集まる」と答えた。傍にいた男が冗談で家畜になぞらえて「青草を食べると……」と続けると、マッサージ師は笑いながら言葉を引きとって「青草を食べると、脂分なしに食べると、味がないので、どこかへ出かけても倒れてしまう」といった。私は聞きとりそこなって「何なしに食べると？」とたずねると、別の女性が「脂分なしに食べるとそうなる」と応えた。

マッサージは右脇腹（マッサージ師の反対側）にむかう（写真 8-14）。病者はマッサージ師に背中をむけて、左体側を上に、横臥している。マッサージ師は病者の背中越しに、左脇腹をマッサージしている。左脇腹から、左手親指を肋骨の外縁部に当て、肋骨と腹部の境目に沿って押し揉む（写真 8-15）。

突然、病者が鋭く「ホイトコイ！［痛い！］」と声をあげた。マッサージ師は「腰のここだ」と言って、患部を押し示す（写真 8-16）。左脇腹と肋骨とへそを結んだ左下腹付近である。

写真 8-14　右脇腹を揉むマッサージ師の右手
　　　　　左手が待っている。

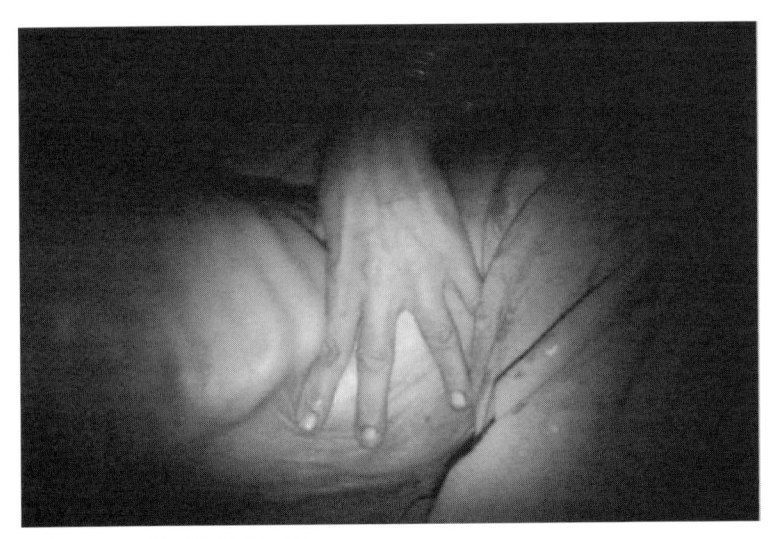

写真 8-15　肋骨と腹部の境
　　　　　むかって左に，左肋骨が浮き出ている。肋骨と腹部の境界を
　　　　　親指と他の4指で押し揉んでいる。

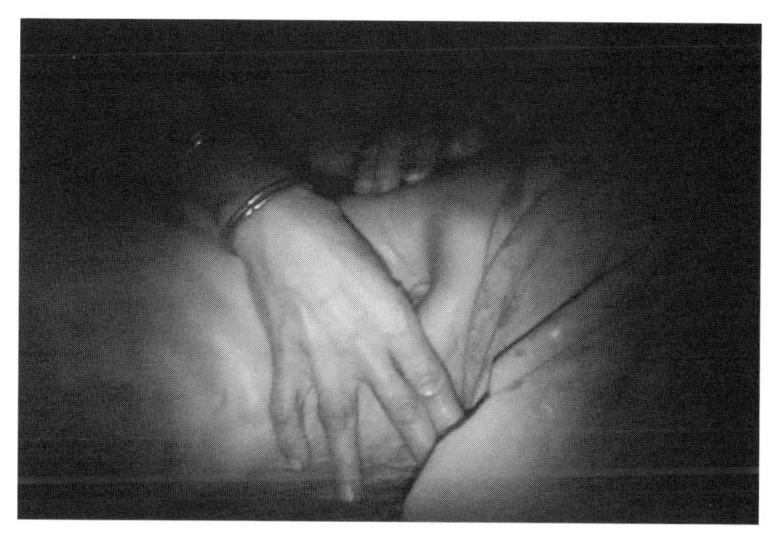

写真8-16　左下腹部が患部
　　　　　右手の親指が，左下腹部を押している。ここが患部である。

　病気の場所をたずねると，マッサージ師は両手で左脇腹をつまみ（写真8-17），ゆすぶりながら，「ここだ（左の脇腹だ），別の方だ（右の脇腹だ），それに脚の先にもある，全身の血にある」と答えた。さらに，「ここに跳ぶ」と言って，すぐ横の大腿部のへこみを指さす（写真8-18）。そして，「痛いのは，足先，もも」と指さして教えてくれる。そして，「首も」というかわりに，首筋に指を立てて，しごく。病者は「ホイトコイ，ホイトコイ，ホイトコイ」を連発する。
　マッサージ師は，病者の身体を使って説明してくれる。病者の首筋（盆のくぼ）や肩甲骨，鎖骨を押して，「ここにも跳ぶ」と説明する。今度は自分の身体を使って，「痛みは血管を伝って全身にいく。手，脚，こめかみ，目，頭，にいく（写真8-19）。だからマッサージで血を下ろしてやるのだ」と説明した（写真8-20）。
　病者の脇腹をさすりながら，マッサージ師は「腹にもどしてやる」と言い，「糞のなかには最悪のものがあって，においがひどい」と言う。左手の親指を

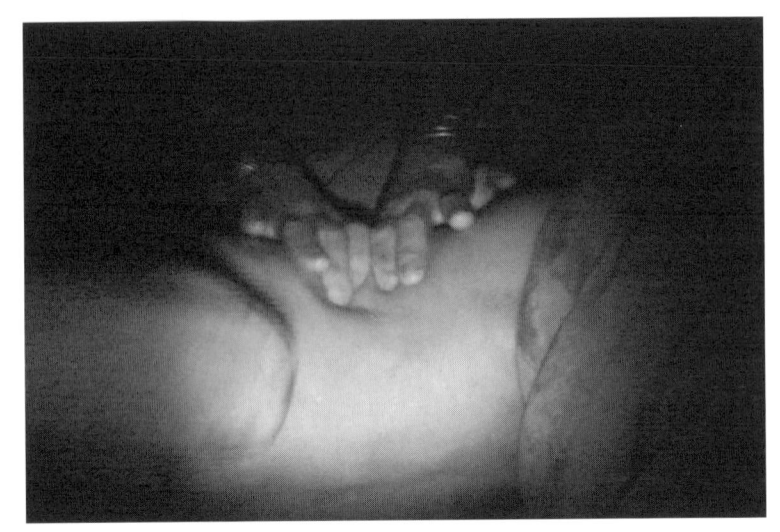

写真 8-17　左右の脇腹，脚，全身に，病気がある

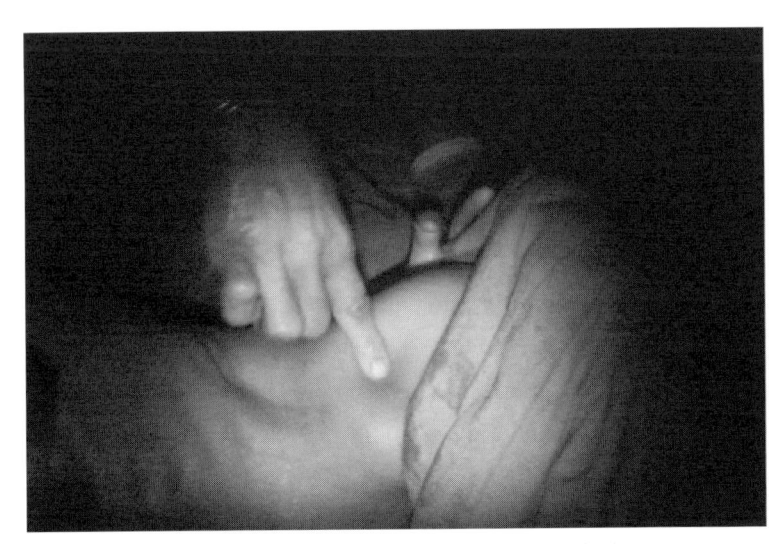

写真 8-18　「(病気が) ここに跳ぶ」と言って指さした部分
　　　　　大腿部のへこみ，やや上部をさしている。大腸にある固い糞から，病気が跳んで，アグレになると考えられている。

8-1 マッサージ場面

写真 8-19 血が跳び，手の先まで痛む

写真 8-20 マッサージ師は「マッサージで頭から血を下ろしてやる」と言った

突き立て，脇腹からへそへしごいていく。4指に力を入れると，病者はたまらず「ホイトコイ」を連発する。右手を背中にずらして，脇腹を背中側から強くつまむと（写真8-21），病者は「ホイトコイ」を連発する。

続いて，右臀部を揉みしだいた。そして，左腕をとって，指先から肩へ，肩甲骨へと，揉んでいく。「痛みを集めて，腹にもどしているのだ」と説明する。

糞肛門の原因は，「悪い食べ物，つまり，油もない，スープもない，ミルクもない」ことだと。さらに「家畜がなくなってしまい，誰もここに泊まりに来ることができない。トウモロコシだけしか食べることができない」と言った。背後から，患者の兄である家長が「家畜がいない，ミルクもない，なんてこった，ソコミチ50シルをくれ」と声をかける。最後に再び，ナトゥコイは病者のためにヒツジを買ってくれないかとねだりをはじめた。スープをつくって，「この（木の根を示して）薬草で下痢をさせる」と言った（写真8-22）。

8-1-6 嘆きのマッサージ

マッサージをふりかえってみよう。

これまでのマッサージと同様に，マッサージは右の脇腹からはじまった。背中から，あるいは肋骨から，脇腹の方向へ揉み入りながら，脇腹では親指を突き入れて揉む，しごきをさかんに行った。そのとき，「触ると痛い」ところに，丸く固いもの（固糞）がある。アジェンの場合，マッサージ師の指は，右の脇腹と右下腹，へそ上とへそ下を触って，固い便を発見した。マッサージの効果は，指を突き入れると，腸が蠕動し，泥水が流れるような音がして，固い便が流れるところにある。痛みは血管を通じて全身に跳ぶことがいわれ，アグレは糞肛門の痛みが腰や大腿部に跳ぶことで生じる。上肢や背中の痛みも同様である。

マッサージの目的は他のマッサージ場面でも示されたように，身体各部に跳んだ痛み（そこは病因がある患部である）を腹部に集めて，もともとの病因である固糞とともに排出するところにある。固糞の成因は，脂分のないトウモロコシの食事，とくに粒のトウモロコシである。

ここで強調したいのは，マッサージ師が説明に込める嘆きのニュアンスであ

8-1 マッサージ場面 ● 193

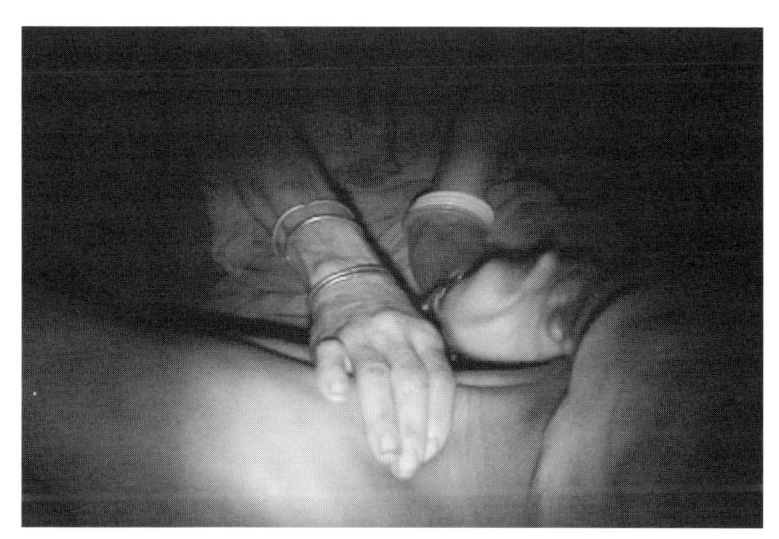

写真 8-21 マッサージ師が左脇腹をつまむと，患者はたまらず苦痛の声をあげた

写真 8-22 薬木を示して買うように言うマッサージ師

る。マッサージ師ナトゥコイは「家畜がなくなってしまい，誰もここに泊まりに来ることができない。トウモロコシだけしか食べることができない」と嘆いた。これはたんに食料不足や食生活の変化を言っているのではない。すでに述べたように，トゥルカナの人々は厳しい自然条件のなか，協働のための「家畜仲間」の互助的ネットワークを形成している。これは一種のセーフティネットとして機能する。援助への依存，町での定住生活はこのセーフティネットからの脱落を意味する。もてなしてもくれない家を誰がたずねるだろうか。ナトゥコイの嘆きは食生活にとどまらず，牧畜民の生活の全体的な変化を表現しているのである。

　ナトゥコイの嘆きは彼女ひとりの気持ちではない。アトゥカンとロチョド夫妻（第3章）の"掃き出された"経験はマッサージ師たちにとっても例外ではない。これまで紹介した3人のマッサージ師はどのようにしてカクマにやってきたか。生活史を示そう。

　まず，クリエ（第6章）はカクマ近くの山地部で放牧生活を送っていた。息子が難民キャンプの商店に職をみつけたのをきっかけに，一家でカクマに移住した。クリエは，子どもの頃（1966年頃），ある施術師からアグレの治療を受けた経験があった。1992年，知人女性に頼まれてマッサージを施した。すぐ，これは自分がかつてかかったアグレと同じだと気がついた。ただし，マッサージをすると，腹に丸いものが多数あり，それが消失していくところが違った。カクマ移住後の1997年，夫が腹部膨満，血便などの症状を訴えた。知人がこれが糞肛門だと教えてくれた。また，息子の働き先の商店主が同様の病気にかかった。マッサージをして，200シルの現金と60kgのポショをもらった。それ以後，依頼に応じてマッサージをするようになった。

　ナカプアン（第7章）は夫とともにウガンダ国境近くの家畜キャンプに住んでいた。1980年，大干ばつのはじまりの年，ナカプアンは病気にかかった。症状は，腹部腫脹と動悸・息切れである。手で押さえると，へそのまわりがひどく痛く，硬化していた。カクマの北方の町からやってきた女性のマッサージを受けた。マッサージによって患部は軟化，薬草スープの飲用で回復した。当時，家人は誰もこの病気のことを知らなかった。回復後，夫とともにカクマの

兄の家にひきあげてきた。山にいても家畜は死に，政府の配ったわずかな食べ物だけしかなかった。そこに，食料配給がカクマではじまるという知らせが入ったからである。

ナトゥコイはもともと山地部で夫とともに牧畜生活を送っていた。1970年代初め，ナトゥコイは脚の痛みで歩けなくなった。足先から痛みが上がってきて腰から頭までが痛んだ。そのとき，カクマの東北にあるロプリに，異民族ドドスの女性施術者が来ていたので，ロバに乗せられ治療を受けた。施術者は「アグレで，糞肛門だ」と言った。夫も同じ症状を示したので，今度は自分がマッサージを施した。その後，夫が死亡し家畜もいなくなった。どうしようかと思案していたところに，カクマに難民キャンプができるとの報に接した。マッサージの患者が多いだろうと思い，息子とともに1992年に移住してきた。やがて，兄家族も同居するようになって，現在にいたっている。

彼女たちの生活史からは，共通して次のことがわかる。1970年代から90年代にかけて，糞肛門に出会ったこと，その後，家族の事情や干ばつなどのためにカクマに流入，顧客をとってきたこと，である。当初，名づけられなかった身体の不調が他者の指摘で名づけられていった経緯がわかる。あわせてマッサージが他民族から伝播した可能性も示唆している。表8-1は，ロキチョギオ，カクマ，ロドワのマッサージ師の流入時期と理由をまとめたものである。流入時期は異なるが，全13人中10人までが流入者であることを示している。

マッサージ師たちは，干ばつや家長の死などをきっかけに，食料配給，顧客

表8-1 マッサージの流入時期と事由

年	ロキチョギオ	カクマ	ロドワ	合計
1960〜1969		襲撃	襲撃	
1970〜1979			飢え	
			家長の死	
1980〜1989		飢え（2例）	飢え	
1990〜2000	襲撃（2例）	夫死亡		
流入者数	2人	4人	4人	10人
調査対象者計（N）	2人	5人	6人	13人*

　＊ロキチャーについては詳しい背景については把握していないため省略した。

の見込み，雇用などの条件に誘引され，牧畜生活から町での生活を選ぶにいたっている。マッサージ師が患者の身体に固糞を見つけ，「悪い食物が固糞になって糞肛門をひきおこす」と言うとき，そこには自身が家畜のいない生活を余儀なくされた社会変動への嘆きが込められている。

8-2　モルアリオン

　40歳代の女性アカイに糞肛門との出会いをたずねた。彼女はマッサージをしてもらったが，油が買えなくなって中断してしまい，糞肛門がまだ残っている。

　　ずっと病んでエレケス〔マラリアのような症状〕で，エレケスで，足が痛くなり，寝込んで，身体が痛くなり，そしたら，体中が痛くなった。私は骨が痛くなり，そのあと，完全に伏せった。ある人がこれは糞肛門病だといってくれた。彼女は，私が伏せっているのを見つけ，目と手だけでその病気を見つけ，それが糞肛門だといった。

　施術者は隣家の知人の妹で，カクマから20キロほど北方から来て滞在中だった。糞肛門の治療はマッサージなので，言葉ではなく「目と手だけで」発見され伝播していく。
　ここでは，「糞肛門」の地域差について触れたい。マッサージに限らず，病気治療は，治療方法やそれを支える身体イメージの伝達の場でもある。すでに述べたように，2006年から2007年にかけて，北部国境の町ロキチョギオ，中部の行政の中心地ロドワ，南部のロキチャーで，予備的な調査を行い，13名のマッサージ師から聞き取り調査を行った。そのなかから，ロキチョギオのエクエが話す「糞肛門」を聞いてみよう。

8-2-1　マッサージ

　エクエ（男性）の家はロキチョギオの町並みがとぎれるところにある土壁で

コンクリの床の家である。一家は2000年に北部国境の山地部ロクワナモルで襲撃にあい，ここに流入してきた。エクエ自身はマッサージをしないが，妻と母がマッサージをする。エクエは小学校中退でスワヒリ語を話せる。近所の工場で夜警の仕事に就いている。まず，マッサージの現場をみよう。

　マッサージするのは，エクエの若い妻。少女時代の1997年に治療を母から受けた経験がある。患者の少女は遠方の町から歩けなくてロバに乗せられて来て，今6日目。エレケスのような症状が昨日あって，背骨，腰，脚，そして頭に入って，肋骨が痛くなった。少女は頭を施術者の左にしてあおむけになっている。マッサージは脚からはじまり，左脇腹から肩，腕へ，左脇腹から下腹部へと押し揉んでいく。腹部のマッサージは，左脇腹肋骨下に両手をそえてはじまった。両手で交互に揉む。どこか1ヵ所に指を突き立てるしごきはない。指に力を入れへそ下まで押し揉みを繰り返す。彼女はマッサージの途中で，「エオシン・ア・ガチン〔糞肛門〕はここにある」と指さし，鳩尾の前で右手首を曲げて腸の様子を示した（写真8-23）。家畜が膝を折って地面に座るときのように曲がっているという。

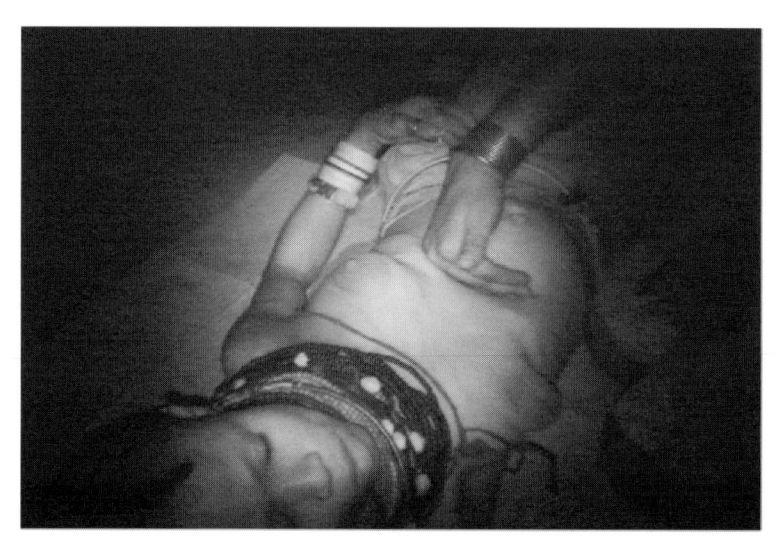

写真8-23　腸が折り重なっている

エクエは身体に毛布をまいただけのくつろいだ格好でいる。まだ，夜警の仕事には時間がある。彼の説明を聞こう。

「腹が痛い，それはモルアリオン〔エオシン・ア・ガチンの別名，同義語〕のためだ」と鳩尾を指さす。腸に丸く硬くなっているところがある，と左手の指を右手の指でつまんでみせた（写真8-24）。

糞で塞がって，そして，かつてはここ（右の脇腹，腰），そして今は左腰へ跳んでいる（写真8-25）。もし，揉まなければ，病気，つまり，腫れがある。（揉むことで）病気を集めて，導いて，外に出す。握った手をゆっくりまっすぐ突き出して（写真8-26），最後にこぶしをひらいて放り出すように手首を返した（写真8-27）。そして，そのまま，「下痢で，下痢で，下痢で」と言いながら，両手のひらをぶらぶらさせて，ピタリと動きを止めた（写真8-28）。そして，1，2秒間ためて，一気に重ねた手のひらを解いてみせ，「よくなる」と言って，脱力をしてみせた（写真8-29）。自分で感じた触覚の記憶を手で伝えようとしている。

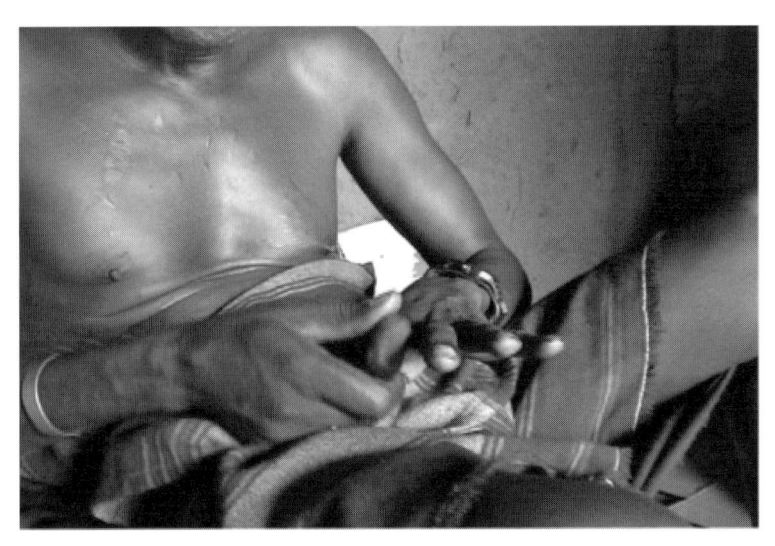

写真8-24　腸にある丸く固い物

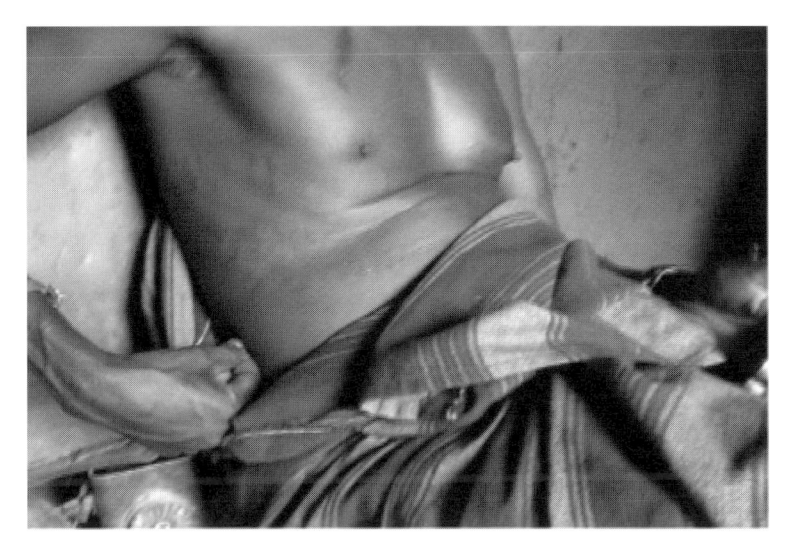

写真 8-25　右の腰から始まって

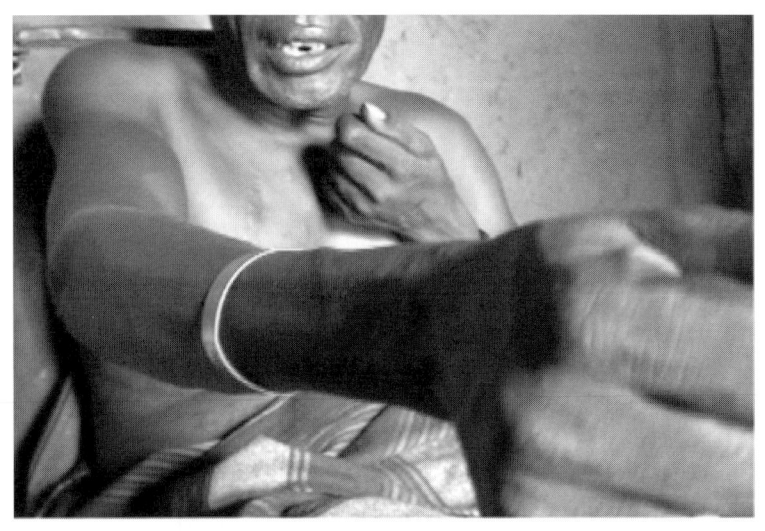

写真 8-26　病気を集めて導いて
　　　　　ゆっくりのびていく手は腸を表し，さきほど糞を表現した指
　　　　　が腸を下降する糞を表しているようである。

写真 8-27　排出された糞
　　　　排出を表した手のひらはそのままぶらぶらさせて，下痢（排出）が続くことを表現する。

写真 8-28　静止した手
　　　　下痢が止まった状態を示す。

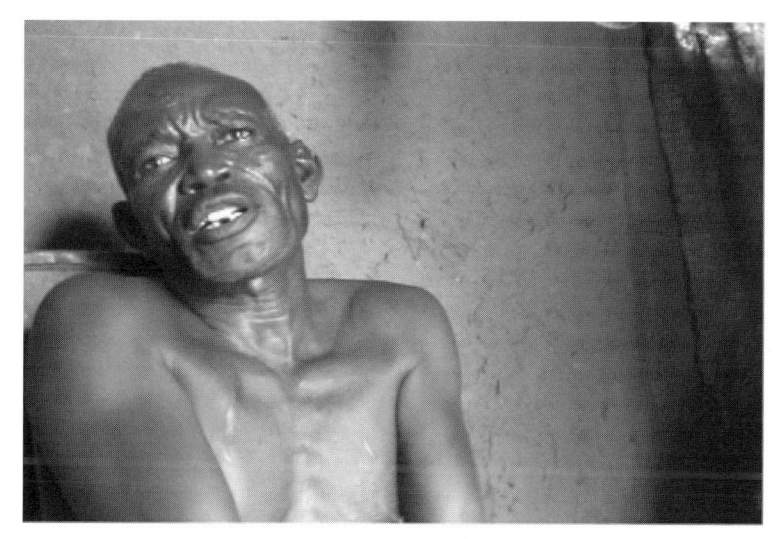

写真 8-29　よくなった状態。全身を脱力させている。

そして，次のように説明した。

　原因は，飢え（アコロ）だ。町の人は食物も買わずに，酒を飲む。酒が腹にぽたぽたと落ちる。腹の食物が見つけて（固まって），それで腹が曲がる（笑い）。食べているなら，また，薬草を飲んだら，問題はおこらない。病者は1日，2, 3回トイレに行っても出ない。痛みが腰に入る。病院に行っても飢えの病気だから，注射を2, 3本打っても，よくならない。注射を打つと別の問題があって，（お金がかかるので）ますます食物をとれなくなる。腹から血管で背中へ行く。モルアリオンは，腰に入ってアグレになる。大動脈（チライ）によってふたつはつながっている。

　ここで彼がモルアリオンという言葉を使ったことに留意しよう。さらに，「糞肛門」の仕組みを復習しながら，話をたどってみる。

8-2-2 エクエの説明
1）アグレは昔，モルアリオンは最近の病気
　アグレは昔からあり，モルアリオンは，私が大人になってからだ。さて，病気について言うと，私がまさにトゥルカナの医者であって，私はここ以外の場所でも，どの薬を飲めばいいか，どの薬草を飲めばいいのか，そんなことがらを知っている。だから，たとえ，遠く離れたロクワナモルやロカンガイ〔地名〕であっても，そこから人々が集まるわけさ。

2）身体中の痛みとマッサージ
　……病気がある，ここの筋に（両腕を前に出し，左手で右腕のあちらこちらをつねっては右手で左腕のあちらこちらをつねりながら）。いかに痛いことか。手の中に……筋のなかがよくなる，人は，よくなる，マッサージされて，もとにもどされて……モルアリオンだ。……腹，ここの（腹部全体を触りながら），中にチライがあって，筋，腎臓，肝臓，その下にあるもの（腸）が痛い。それが私がマッサージで探しているものだ。エレケスのような症状をひきおこす。膀胱に入り，脚をとらえ，人をだるくさせる。

3）原因は食べ物
　（原因は）食べ物だ，あなたが食べる。ポショ〔穀粉〕やマヒンディ〔粒のトウモロコシ〕のような。腹のなかにまったくの飢餓しかなく寝る。（私：アグレとモルアリオンは違うのか）違っている。モルアリオンが先行し，もし古くなれば，アグレになる。モルアリオンになれば，腹がふくれる。身体，脚，頭などみんなにモルアリオンが通り，気分が悪くなる。みれば，モルアリオンが腹でふくれる，ふくれる。時間が経つと，食べ物が乾く。押し出されても拒む，力を入れて押しても，少しずつ押しても（出るのを拒む）。水分がなくなったときに，とり，なげすて，切っても，古くなれば，残る。問題はみんな食べ物にある。食べ物がラクダの糞のように小さくなって存在する。

4）固くなったカスが傷をつける
　腹は今どこだ（どうなっている）？　小さな食べ物カスが閉ざすので，全身の血が歩けなくなって……腹はいるべきところにいない（？）。……小さな食べ物カスは固くなり，食べ物を通すところを閉ざすので，通ろうとすると，そこ

に傷ができる。食べ物カスには，薬草は入っていかないので，マッサージしかきかない。

5) 呼吸ができない

人の腹が食欲がないと，この人は問題である。ずっと，座っていて，腹が痛く，腹を痛めつけ，腹をつねる。腹のものが，上へ（お酒の醸造のときの泡のように）上がっていく。そのとき，息は，その人の腹で，何もできない。息ができなくてハアハアする。これが，腹の傷がひきおこす問題だ。

6) アグレ

アグレは必ず，脚だ。アグレは，出来物のようにコイル状に（グリグリに）なって，腹や腰のなかに入る。人の脚を動かなくする。脚のマッサージは，ここかしこを伸ばしたり引っぱったりする。押すと，ドゥイ〔擬態語。"コリコリ"〕という音がする。脚を揉むとき，脚も腹も揉む。

ここで述べられているのはすでにおなじみの理屈である。1) では，糞肛門がアグレより新しい病気（糞肛門をモルアリオンと呼ぶことに注意），2) は，病気が腹部の筋やその下にある腸，膀胱，下腹部を通って下半身にいって，脚に入ると，広がる様を表している。3)〜5) では，病因と症状についての説明がなされた。病因は食べ物。わずかな食べ物が腹に乾いてこびりついて，固糞になって腹を傷つける。排便困難である。症状は腹部膨満。「全身の血が歩けなくなって，腹は，いるべきところ（?）にいない」とは，血のめぐりが滞った感覚，悪心や胸焼けで腹が落ち着かないという意味だろうか。腹の傷が喘ぎや悪心（「腹のものが，上へ（お酒の醸造のときの泡のように）上がっていく」）を起こす。腹部全体の不調を訴えている。6) では，腹部や腰に触知された弾力あるものが脚に移ってアグレになることを含意。脚を揉むときには「腹を揉む」というのは腰に病気を返すことをさしている。

エクエの糞肛門の仕組みはこれまでマッサージ場面で述べられてきた通りである。これらの説明は他地域のマッサージ師にも共通している。説明の要を列挙すると，「腹の内側の病気を追って，脚をやわらかくする」（ロキチョギオの他のマッサージ師），「ねじれた腸をもとにもどす。腸，胃，心臓がひとまとめ

になった状態をほぐす」,「触るとでこぼこしていて丸いものがある。マッサージで丸いものをなくす」「固糞をやわらかくして，外に出す」「曲がった腸をもとにもどす」(ロドワ),「曲がって片側によった腸をもとにもどし，塞がれた腸を開く」,「腹を下に下げ，もとにもどす。固いものを下腹部へ下げる」(ロキチャー) である。

　違いは病気の呼び方にある。「モルアリオン」は，字義通りにはモル〔山〕とアリオン〔遮断する〕が組み合わさった言葉である。腹に山のようなもの（食物残滓，固糞）があって，それが食物の摂取を妨げる病気という意味である。強調される症状は，腹部膨満感，悪心，胸焼け，食欲不振，である。モルアリオンは10日ほどのマッサージで治る病気とされている。予備調査からの印象だが，エクエにみたように，カクマ以外のマッサージ師は「モルアリオン」という言葉をよく用いる。彼らはカクマの施術師ほど，指を突き入れる「しごき」を使わない。腸を下げるマッサージをする。地域によって，病気の重症さの認識と治療の焦点に違いがあるように思われる。マッサージは病気のあり方をなぞるように身体を手づくりしていく。

　もう一点，異民族の影響を考える必要がある。ペドという年配女性を覚えているだろうか。第1章で外来治療について述べたときに，登場した女性である。ペドは異民族カリモジョンの男性と結婚して，ウガンダ－ケニア国境のモロト付近（トゥルカナ南部と接する地域）で牧畜に従事していた。1970年代に，トゥルカナの襲撃で夫を失い，当時カクマにいた兄のもとに身を寄せた。彼女の話によれば，「モルアリオン」はカリモジョンでの糞肛門の呼び名だという。

　カクマのマッサージ師2人も北部地域の異民族ドドスの治療を受けた経験をもつ。嘆きのマッサージ師ナトゥコイが「1972，3年のこと，カクマの北方のロプリまで，ロバで運ばれて，ドドスの女性マッサージ師に治療を受けた」ことはすでに述べた通りである。別のマッサージ師は次のような経験をもっている。

　　1970年代，私が少女だった当時，北部山地部にいた。そのとき，食物

を食べないのに腹がふくれ，身体が硬直して歩けなくなった。父の友人が2頭のロバに私を乗せて，カーボーン〔ドドスの中心地。図0-2：5頁〕の先にいるドドスの友人のもとに連れていってくれた。そのドドスの男性治療者は「テレゲゲ〔首が硬直する病気，流行性脳脊髄膜炎のこととしもいう〕，アグレで，糞肛門だ」と言った。私を連れていった父の友人も「糞肛門」のことは知らなかった。10日間のマッサージと，ヒツジの家畜儀礼をして回復した。治療費として一頭の雌ウシを渡すと，その友人は別の雄ウシを返して，「もう自由に治療ができる」と私に言った。帰りは自分で歩いて帰れた。同年，私は治療をはじめた。

第2章冒頭で，私は，レイディングの応酬で緊張状態にあるトゥルカナ－ドドス境界線で，トゥルカナ女性が敵方ドドスの治療者にかかりたいと相談に来たことを伝えた。外来治療者についてのエピソードから，ドドスからの北ルートとカリモジョンからの南ルートがあるかもしれない。ウガンダ側から位置関係をみよう（図0-2：5頁）。あらためて異民族との近接がわかる。これらのエピソードは，国境付近の異民族を含めた，拡大されたヘルスケア・システムを考える必要を示している。私たちはこれら諸民族の間に，同質な身体性を想定することができるかもしれない。今後の調査に託することにしよう。

第 9 章

世界マッサージ

　本書では「糞肛門」の社会－文化的構成過程を，マッサージ場面の観察から再構成を試みた。糞肛門の身体とはどのような身体か。従来の身体とはどのように異なるのか。その意義とは何か。最終章ではこれらの問いに応えることにしよう。

9-1　マッサージの意図

　マッサージがどの順番でどこを揉むか，マッサージの経路に着目して施術場面をみてきた。それらを重ね合わせて，マッサージにはどのような意図が含まれているのかをまとめる。

9-1-1　背中のマッサージ

　背骨の両側を押し揉みしながら，手は背骨の根元から上向し，手は手のひらを広げて，肩甲骨や鎖骨を揉む。そのあと，下がってきて，背中から肋骨の下縁を触りながら，脇腹へ深く入っていく。そのとき，筋肉にある痛い部分（丸く固いもの）を揉む。脇腹では親指や他の4本の指を立てて，腹に突き立て，振動をあたえるしごきを行う。しごきは「固い糞を細かく粉砕する」ために行う。マッサージ師の指は，脇腹，腸に，親指大の「固い丸いもの」になった固糞を探し当てて，指を突き立てて激しく振動をあたえる。すると，腸が音を立てて動き出す。それは詰まった糞が流れ出した証拠である。背中のマッサージは，上腕や腋，こめかみ，首の後ろ，鎖骨，肩甲骨，肋骨を軽くさすり，あるいは指に力を入れ押し揉みながら，最終的には脇腹に落とし込むようにむかう。これらは血管に沿って身体各部に跳んだ痛み（＝病気）を「腹にもどす」

役割を果たしている。同様のマッサージは，腰（腸骨上部）や臀部，太ももから脇腹へかけて施される。このとき，脚の麻痺にいたるアグレが脇腹にある固糞から広がったと考えられていた。脇腹の固糞と腰や臀部のしこり・腫れが深部から浅部へと連続的につながって知覚された。腰・臀部・太ももから脇腹へのマッサージもまた，「腹にもどす」役割を果たしている。マッサージは「病気を1ヵ所に集める」のである。

9-1-2　腹部のマッサージ

あおむけの姿勢でのマッサージも右脇腹からはじまる。それは右脇腹で終わったうつぶせのマッサージの続きだからである。マッサージは，そのまま右の脇腹，そして下腹部を揉み，反転して上へむかい肋骨の下縁を伝って鳩尾まで揉んでいく。そして，へそを通って下腹部へ，あるいは左肋骨を伝って，左下腹部，へその周囲へとマッサージはむかう。肋骨の下縁，鳩尾，へそ，腰の骨を手がかりにして，腹部に親指や他の4指を深々と入れ，しごき揉んでいく。何度も同じルートを押し揉みしながら，マッサージ師は指を突き立てる。腸は大きく動き，音を立てる。このとき，固糞が動くかどうかが糞肛門か他の病気かを分ける決め手である。固糞は左の下腹部，同じく肋骨下，右の下腹，へそまわりに見つかる。このマッサージは固い便を細かくするために行われる。便は脂分の多いスープの飲用によって排泄される。

マッサージでは身体が立体であることが強く意識されている。腫脹した腸が肋骨内部に入り込んで，肋骨と接触して胸痛がする。さらには，腸は胃を押し上げ心臓を圧迫する。それは病者に「喉の奥に腸が寝ている」感覚，嚥下困難，悪心，吐き気，「少し食べても，水を一口飲んでも腹がいっぱいになる」腹部膨満感や食欲不振をひきおこす。腸は上に上がって，絡みあって余っている。鳩尾からへそを通る経路のマッサージは重積した腸を下ろす，「腸をもとの位置にもどす」ためである。そして，心臓と腸の間に「すき間をつくる」。そのほか，頭，顔，上腕，肩，鎖骨，肋骨を押し揉みながら，マッサージ師は，「血管を伝った病気を腹にもどす」ために，指で「血管を隠す」ように身体を揉む。

9-1-3 糞肛門の仕組み

　基盤的原因は，干ばつ以降の食生活の変化，ミルクからトウモロコシへの移行である。とくに例として粒のままのトウモロコシがあげられる。それは市場で購入される町の食物でもあり，援助物資でもあり，外部からやってきた"悪い食物"の象徴でもある。さらに，家畜がいないため，これらの食事を「脂肪やミルクなしで」摂取しなければならない。しかも，量が少ない。その結果，腸のあちらこちらに固糞がこびりつくことになる。「肛門に蓋をした」状態になって，いきんでも指先ほどの便が出るだけである。

　固糞は剥がれるとき腸壁に傷をつけるので，出血して血便が出る。このとき，病者は激しい腹痛にみまわれる。腸は腫脹，重積し，鳩尾付近まで上がり肋骨内にも進出する。そのため，胃は圧迫され，悪心・吐き気，嚥下困難，膨満感をひきおこし，心臓も圧迫され，咳や動悸をひきおこす。肋骨内の腸は腫脹のため，肋骨や背骨と当たり，胸痛，肋骨痛，背中痛をひきおこす。腫脹した腸は腰に接触し腰痛をひきおこし，脚の麻痺アグレへ悪化する。

　痛みは，腫脹した腸が背後にある大動脈チライに接触することで身体各部に跳んでいく。その範囲は血管に沿って上半身，頭部まで広範にわたっている。チライは腸に圧迫されることで活発に拍動し，その様子は「踊らされる」と表現される。

　経過や病勢によって，糞肛門は多様な顔を見せる。それは病気の多重説にたつトゥルカナの人々にとって，複数の病気があると体験された。糞肛門がそれらを統合した。血管を通じて頭痛がするロコウ，腸の腫脹が身体の腫れに広がるとされるロメゼキン，子宮や膀胱に腫脹した腸が接してひきおこされる不妊や排尿困難などである。「病気の父」と言われる所以である。

　糞肛門治療は，病因＝患部への直接的介入（マッサージ）と下痢による排出（スープの飲用）というトゥルカナの治療の習性に沿っている[1]。

---

[1] 池田（2001）では，ホンジュラスにおける，広範な消化管症状をともなう「民俗疾患」エンパチョが分析されている。マッサージと下剤の服用で，原因である身体各部のよごれを体外に出すという治療を行う。近代医学では治らないとされ，マッサージによってしこりを身体の中心に押し返す，などの特徴は糞肛門と類似する。

9-2　糞肛門シンドローム

　ここで，糞肛門の出現の意義を考えてみよう。

　トゥルカナの治療は，症状に即して，解剖的身体に患部を定位するところにある。その際，症状をひきおこす基盤的病因や仕組みにはあまり注意が払われず，もっぱら症状に着目して演繹的な病気カテゴリがつくられる。この種のカテゴリは新しい病気に対応できる反面，同じ症状に複数のカテゴリが設定されることもおこりえる。病気の未決定性への対応として生み出されたのが，「ひとつの病気の背後には複数の病気がある」という多重説であった。これによって治療しても効果がない場合でも別の病気があると考え対処できるし，複雑な経緯や多発症状をたどる病気は複数の病気の組み合わせと考え，ひとつずつ対処することができる。その際，払底的な治療儀礼という方法を使うこともできる。反面，難治性の疾病や慢性疾患が背後にある場合には対処を重ねなければならない。

　糞肛門では基盤的原因，症状，治療がなめらかに結びつく。食生活の変化が腸の固糞をつくりだす。腸壁にこびりついた固糞は腸を腫脹させ，腹部上部に上がって物理的に胃や心臓を圧迫する。腫脹した腸は血管を通じて全身へ痛みを運び，さまざまな病気をひきおこす。そして，腰骨や大腿骨に触ることでアグレをひきおこす。治療はこのつながりにしたがって行われる（図9-1）。糞肛門は，食生活の変化による腸内の固糞を基盤的原因として，多様な症状と複数の病気を説明する，民俗的なシンドローム概念によって説明された。それは多重説とは異なった，不調への対処の仕方である。そのため，糞肛門は不調のベースラインとして機能しえたのである。同時に，トウモロコシの摂取によってひきおこされる糞肛門は，身体の不調と社会変動を結びつける病気となったのである。この事例は常に身体に向き合う手技が文化的な更新をもたらした例とみることができる。

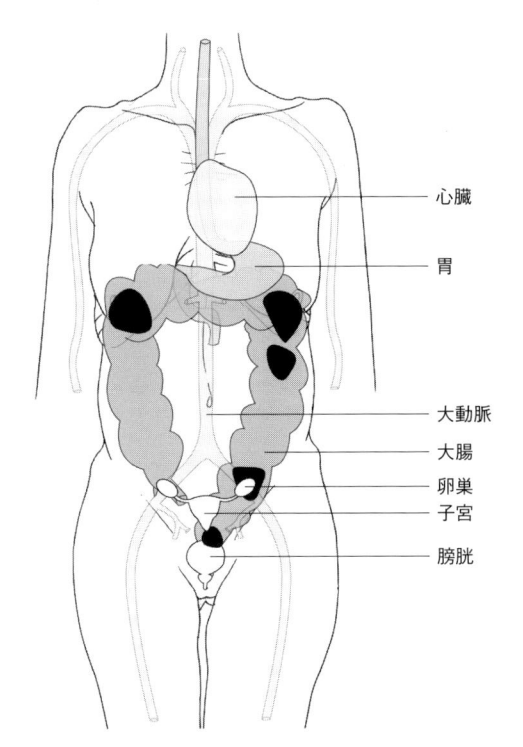

図 9-1　解剖図的な理解
　　　　解剖図を手本にして描いたイラスト。大動脈，心臓，胃，大腸，子宮・卵巣，膀胱を選択的に描写した。大腸にある黒い物が固糞で，腸が胃を圧迫している。これはマッサージ師ではなく私たちのイメージである。

9-3　砂に書かれた絵

　9-1，2で記述した説明は調査協力者の説明を編集したものである。字面だけ読むと，その記述が人体解剖図（図9-1）にもとづいているような錯覚に陥る。補正の必要がある。マッサージ師アモニが説明に使った図を示してみよう。
　インタビューは次の通りである。

彼女は、ごく幼いときと少女時代（1960年代から1970年代か）に、母からマッサージを受けた経験がある。そのときの病気は、ロレワ〔コレラ〕とか「腸の病気」と言われていた。「（今思い出すと）私はアグレと糞肛門にかかっていた」。1980年頃、「腹が痛くて痛くて、マッサージをすると、下痢をする」という病気にかかった。この病気は7ヵ月続いた。自分でマッサージをしていて、「これが糞肛門か」と気がついた。それ以来、客をとるようになった。

症状は「腹痛で寝込む、全身のだるさ、食べ物を拒む、悪い食べ物で腸がでこぼこに腫れる」。原因は黄色い政府の食べ物（援助物資のトウモロコシ）。治療については、「おまえは感じるだろう、血管に病気があることを。マッサージは、こぼれたカップの水をもとの器にもどすように、血を（腰に）もどす」ことであり、「（腸内に）古い食べ物が置かれていて、それを指でつまんで、マッサージをすると、やわらかくなる」。

そのあと、砂の地面に指で絵を描いて、説明した。それが図9-2である。アモニは、自分にむかって、はじまりが上になる左巻きの渦を砂の上に書いた。そして、渦巻きのはじまりを指でさして、砂を勢いよくはじきながら「（絵の描きはじめの部分をさして）ここから、糞が出る」と叫んだ。そして、渦に沿って内側の各所を次々と指でさして叫んだ。「ここに固いものが……（マッサージで）やわらかくする、ここにも固いものが……やわらかくする、ここにも固いものが……やわらかくする」。そして、指が渦の中心近くなると、「……（マッサージをしていないので）あ、ここは、まだだ、ここもまだ」と言った。アモニは、渦巻きの入り口を肛門にみたてた絵で、説明してくれたのである。

この絵の渦巻きは家畜儀礼で行われた腸占いを思い出させる。胃から切り離されて、裏返した鍋にのせられた腸と似ている（写真9-1）。イメージされているのは常日頃、解体で持ち上げたりしごいたりしている、重さを感じさせる腸である。

後日（2011年10月）、第8章のマッサージ師ナトゥコイは「何を揉んでいるのか」という私の質問に－マッサージの手を休めさせてひとつひとつの動作ごとに確かめる私に－「腹のなかをみないっしょに揉んでいる」と説明した。

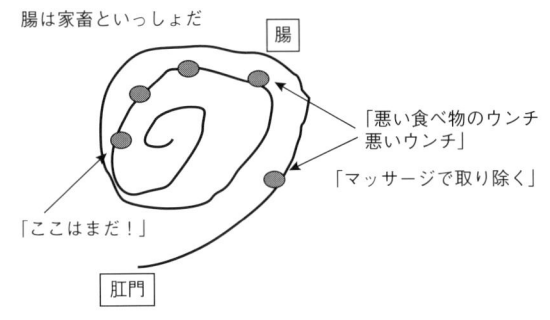

図9-2 アモニが砂の上に書いた説明図　　写真9-1 占いに使われる腸

　第6章のナカプアンは「揉むと砂（アシネン）がなかにあって腸がでこぼこしている（エガラップ）のがわかる」と言いながら，傍にあった粒トウモロコシの入った袋を両手でまさぐるように揉んでみせた。揉んでいるのは大腸や小腸といった臓器を別々に揉んでいるのではなく，全体を揉んでいて，異物があればそれに気がついてしごくのだというのである。だから，言葉で説明するときにも，「腹（アコウキ）を揉む」「腹を下げる」と表現する。彼女たちは内臓がひとつながりに腹腔に収められていることをよく知っている。何度も繰り返し見慣れた光景だが，ヤギの腹を割くと，青い光沢を放つ白い大きな胃が，風船がふくらむようにこぼれ出し，その陰からやや遅れて腸が小さな氾濫をおこしたようにすばやく脱出する。逃走がおさまるのを待って，解体者の手は大きな胃をまさぐって，食道との接合部位を切り離す。彼女たちが皮膜を通して触っているのは張力をもったこれら腹腔にある臓器一式なのである。

　マッサージ師は口で説明するより私の手をとって「固い丸いもの」を触らせようとすることがある。しかし，異物の感触は彼女が教えてくれるポイントを押さえるだけではわからない。その軟弱な周辺をまさぐることで異物が触知できるのである。糞肛門は未分化の身体をまさぐる運動のなかで現れる。解剖図（図9-1）は医療化された私たちにわかりやすいように図示したものであって，実際のイメージは家畜の内臓をモデルに多様な感覚モダリティを通じてつくられている。アモニが指で書き触って示した砂絵のほうが実際をよく伝えている。したがって，「マッサージの意図」「糞肛門の仕組み」がもつ説得力が，解

剖図の世界ではなく，砂絵の世界に由来することには注意が必要である。このように考えると，彼らが私にする説明に，言葉でではなく，自分や病者（そして私）の身体を使った実物教育をしてくれた意味がわかる。マッサージという手術に埋め込まれた知識を私に伝えようとしているのである。本書もマッサージを表現できていない。

9-4 肉の共同体

松葉（2008）は，メルロ＝ポンティに依拠しながら，身体の可逆性を根拠に「肉の共同体」の可能性を論じている。

何かを触りつつある自分の左手を右手で触る経験を考えてみよう。そのとき，私は，触れられた左手で，私の右手を触り返すことができる。先ほどまで，触れるという感覚を求めて能動的だった（触れるものだった）右手が触れられるものになる。この例では，触れるもの（右手）と触れられるもの（左手）は可逆的である。同様に，この可逆性は知覚（見ること）でも可能である。見るもの（私）は，他者から見られるものである。「触れるものが触れられるものであり，見るものが見えるものであるといったこの折り重なりの出来事」（鷲田，2003）をメルロ＝ポンティは「肉」と呼んだ。つまり，「肉」とは可逆性のことである。しかし，他者との関係では別である。たとえば，握手では私は自身の右手で触れることもできるし，相手の手で触れられたという経験ももつことができる。だが，相手が私を握るという経験には到達できない。「メルロ＝ポンティは，私の身体と他者の身体が，共通の世界に共に現出していることを問題にしているのであり，そこには同一化に回収することなく，自己性と他者性を可能にしようとする努力を見ることができる」。松葉は可逆性の不可能性に，国家によらない共同体の可能性をみている。

では，他者の身体に触り，そこに「糞肛門」を現出させるマッサージはどのように考えられるか。マッサージ師は患者の身体を触ることで，能動的に患者の身体構造を対象化するだけである。ただし，その身体構造はマッサージ師自身もかつて揉まれたのと同じ身体構造である。マッサージ師と患者は共通の身

体を前に糞肛門の検討をしているのである。そして，マッサージを受けた患者は，今度は別の患者にマッサージを施すことができるようになる。そのとき，かつて揉まれた自分と同じ，身体を発見する。マッサージ師もかつてそうだったように，患者も同じ糞肛門であり，干ばつで家畜を失い，町へと掃き出され，ひどい食事をし……という同じ経験をもつ者である。マッサージ師から言うと，「この手のむこうには私と同じ身体がある，その身体は今揉む私のかつての身体」である。本書で私はマッサージの場面やインタビューで，マッサージ師はもちろん，他の参加者も病者の身体をあたかも自分の身体のように扱っていた場面を報告してきた。マッサージは，身体の共通性を伝え，トゥルカナの人々に，あるまとまりの感覚をもたらしたのではないだろうか。

共通の感覚はトゥルカナの人々の間だけにとどまらないかもしれない。すでに，ときおり姿を現す隣接異民族による治療のエピソードから，国境を越えた治療の存在を指摘した。また，私自身も，緊張関係のさなかに，ドドスの治療者にかかろうとする女性のエピソードを紹介した。このような経験は敵対する異民族との間にも，共通の身体にもとづく感覚をもたらしている可能性を示唆する。異民族間の病気治療の協働が次のテーマとして浮かび上がってきたのである。

9-5 世界マッサージ

これまでの点描をつなげて，新しい病気・糞肛門の出現の経緯を推測する。糞肛門は多様な徴候をその症状とすると同時に，社会変動を示す事象や出来事を読み込む病いに発達した。そのプロセスを仮説的に考察し，エンボディメントという視点でまとめてみようと思う。

9-5-1 糞肛門の出現

糞肛門の背景は次の通りである。①身体の解剖的構造にもとづいて発達した病気理解と治療，②断続的な干ばつと難民キャンプの設置による社会変動，③ミルクからトウモロコシへの主食の変化，である。家畜の喪失が人々の町への

流入や定住化，市場への依存を高め，牧畜民のセーフティネットからの離脱を促進した。その変化は彼らの"掃き出された"生活史に刻まれている。主食は援助や市場で調達される粗悪なトウモロコシに変化し，量的にも十分ではなかった。健康状態は悪化し，医療援助や民間治療者の流入は，病気への人々の関心を高めた。新しい病気の好発条件のただなかにあった。

　人々はこれまでにない広範な不調に悩まされるようになった。特徴的なのは，排便困難など，いわゆる"便秘"の症状であった。不調に気づいたのはマッサージ師やその患者だったようである。当初，不調の正体は何かわからなかったが，病者は自分自身で身体を触って，あるいは治療者や身近な人に教えられてその身体の変調に気がついたのである。異民族の治療者に教えてもらった者もいた。腹（腸）に固い丸いものを触知した。トゥルカナにはもともと脚の麻痺につながるアグレ治療のマッサージがよく知られていた。アグレの場合，腰や脚をマッサージし，弾力のある固い丸いもの（私たちがいう"こり"）をやわらかくし，腰にもどし，排出するというやり方をとっていた。アグレを知る指が身体の深部にある固い便と浅部にある下肢の固い丸いものを（奥行きの触覚の遠近法にしたがって）近接の原理で結びつけた。腹部に指を突き立てると，強い拍動を感じる。それはチライ〔大動脈〕が踊ると表現される。チライは下肢から心臓，目までを通る大きな血管であることは家畜の解体時に示されたように，知られていた。痛みは血管で運ばれるとされていた。腸の患部に触れた血管によって，身体各部の痛みをつなげることができた。実際，痛みは拍動にあわせて感じられたのである。固糞のこびりついた腸は肋骨に接触し，胃や心臓を圧迫するほどに（チライに触れるほどに）腫れ，拡張し上行し余り折り重なっていた。悪心，胸焼けと私たちも身体用語で表現する症状や腹部の膨満，マッサージの感触がこれらの病態を物語っていた。さらに血管や接触によって，これまで別個とされていた病気や症状は糞肛門の仕組みに組み入れられることになった。糞肛門は，身体構造にもとづいた病態理解のもと，干ばつ後の不調のあれこれを包含する民俗的シンドロームに発展してきた。それは，多様な症状の断片をすくう不調のベースラインとなった。

　腸内の丸くて固いものが，援助や市場からのトウモロコシの粒や粗悪な穀粉

に求められたのは当然の成り行きだった。とくに，粒トウモロコシは何時間煮てもやわらかくならず，便にそのままのかたちで排泄される。排泄は屋敷の周囲でなされるので，人々は互いにその事実を確認する。粒がそのまま腸内にこびりつくイメージと合致する。実際に，痛む腹をさする指先には丸く固いものや砂のようなざらざらしたものが触るではないか。あるマッサージ師は感触を粒トウモロコシの袋にたとえていた。粒の摂取が体内の患部とつながり，それは粒がやってくる病者をとりまく状況と結びついた。もともと，ミルクからトウモロコシへの主食の変化は人々に身近に感じられる社会変動の指標であった。トウモロコシは干ばつの影響をとらえる意味の網の目（意味論的ネットワーク）のひとつだった。トウモロコシを通じて，糞肛門という病気もまた意味の網の目にとらえられることとなった。本書で散見されるその一部を対比的に示すと，干ばつ前・牧畜・家畜・ミルク・脂肪・アナカキネット，アグレ／干ばつ後・町，難民キャンプ・家畜の喪失・トウモロコシ・脂肪なし・糞肛門，となろう。

　それだけではない。病気は「時間，場所，歴史，そして社会的世界や生きられた経験のコンテクスト（文脈）」（Good, 1994 江口ほか訳 2001）を生成し自らを読み込む。そのなかでの自己の位置づけは，マッサージが，自己としての身体存在を体感させる，触覚と快－苦感覚という身体中心感覚（Harré, 1991）をもたらすだけに，何より自らかかった病気を自らの身体の構造に実在化するだけに，確かなものとなる。マッサージに集う人々は互いに"掃き出された"生活史をもった者として，変わってしまった生活への嘆きを込めて立ち現れた。これは互いに身の上話をすることなくても，そのような存在としてそこにあるようになる，間身体的関係がつくられたということである。それはトゥルカナの人々に共通の身体感覚をもたらした。

9-5-2　干ばつのエンボディメント

　言い直してみよう。糞肛門は，干ばつとその後の社会変動への対応である。その症状の背後には，正解はわからないものの，生物学的基盤の失調が予想される。マッサージ師と病者はその言葉にできない自他の不調に気がついた。そ

れは当初は，「身体的モードの気づき」（Csordas, 2002）や臨床のケアを支える「気がかり」（西村，2007）*2 であったであろう。マッサージ師と病者はその気がかりをトゥルカナの病気対処の習性にしたがって，解剖的身体構造に異変を実体化し，そこに症状を説明する仕組みを探り当てた。チャムスの人々は病いの語りによって実体化された身体に，現実の具体的な症状の知覚的・感覚的経験を流し込んだ（河合，2004b）。トゥルカナの人々は同様の経験をマッサージと身振りによって実体化した解剖的身体に揉み込ませたのである。

それは，病いについて共通のセンスをもった人々が互いに，病気の経験を重ね合わせ対処する自家治療のセクターでのことである。原因として触知されたトウモロコシ粒はこの病気を，人々の苦境を表現する，より広い意味的つながりのなかに置くことになった。不調の意味づけが変わっただけではない。他の病気や症状だけではなく生活上の変化まで，ときには過去にさかのぼって，糞肛門に関連してとらえる，いわば糞肛門性を帯びたものとして実感させるようになる。トゥルカナの人々の経験世界が身体を起点につくりなおされたのではないだろうか。

それはさらに俯瞰すれば，糞肛門の出現は環境の変化，生物学的基盤，症状と病気の意味とがマッサージの身体上で結びついた事例とみることができる*3。その結果，新しい病因論が生み出された。これは病気という苦境のなかに見出すことができた身体の可能性といえよう。

---

*2 西村（2007）はメルロ＝ポンティによりながら，経験の浅い看護師や看護学生の成長を，間身体性を基盤にした「気がかり」に注目して描いた。病いは患者の個人の問題ではなく，すでにその当初からケアと重なり合った「〈病い〉やその苦悩に促されて手を差しのべること」－病者の傍らにいること－を通じて形成される経験である。マッサージ師と病者も同型の経験を分かちあう。

*3 コッカー（Coker, 2004）は，スーダン南部からの難民（おそらく牧畜民）の語りをとりあげた。病気について語るとき，難民は，不純な食物，過剰労働，心配事やストレスに原因を帰属する。そのなかでは「心臓」「血液」「萎縮」「沈黙」などの身体的・内臓的表現が用いられる。それは難民のもともとの文化的表現の反映である。しかし，より重要なのはそれが彼らの現在の境遇の表現として使われていることである。故郷からの逃走や強制移動，自由の喪失，人権の無視というエピソードは，「旅をする痛み」（身体のあちらこちらの痛み），「深呼吸ができず縮こまった身体」，「自分たちの血が周囲にみえなくなった」（血の通った人間として接してもらえない）と表現された。疾病の症状と「内臓認識」と現在の境遇とが結びついて語られる。生物学的基盤と文化の対応，状況の読み込みが身体で結合されていることを示す。

私は，糞肛門の出現を，干ばつ以降の社会変動に対してなされた，身体の独特な文化化を通じて世界に住む努力（Weiss & Haber, 1999）という意味で，干ばつのエンボディメント（体現化）と位置づけたい*4。

9-5-3　世界マッサージ

　シェイパァー＝ヒューズとロック（Scheper-Hughes & Lock, 1987）によれば，エンボディメントはそこに参加する人々に互いに具体的な存在として，「いま，ここで」共在し，互いを伝えあう感覚をもたらす。治療儀礼では，治療者はそのような感覚をわけもつなかで，病者を感じ，触り，回復させる。彼女らは，身体の回復は社会的秩序の修復につながるという。糞肛門のマッサージは，干ばつの光景を潤す儀礼のように世界秩序を揉み治すのだろうか。あるいは，糞肛門は抑圧的状況への抵抗としてあるのだろうか*5。それとも，病い伝来の滑稽譚にみるように，笑い飛ばそうとしているのだろうか。トゥルカナの人々にとって，少なくとも，糞肛門のマッサージは，揉むこと，揉まれることで，共通の身体と境遇をもつ人々が共在するという感覚を確認する世界マッサージなのである。

---

*4 拙論（作道, 1994, 2009）では，1990年代前半の子どものアトピー性皮膚炎をめぐる母親，医師，マスメディアの対応を分析した。日本では，この病気は食物を原因とした「アトピー」として，現代社会の汚染や社会的矛盾を象徴する現代病と位置づけられた。食物が外界を象徴する媒体の働きをしたエンボディメントの事例とみることができる。

*5 ジェンキンスとヴァリアンテ（Jenkins & Valiente, 1994）は，エルサルバドルからアメリカ合衆国へ来た難民女性を対象にインタビューを実施した。女性たちの語りに見出される特定の身体経験，エル・カロール〔熱〕がとりあげられた。それは，突然，熱が身体にやってくるように経験される民俗的な病いである。彼女たちは，政治的暴力，DV（家庭内暴力），貧しさといった政治的，社会的状況（la situation）に置かれていた。その状況下で，エル・カロールは，言葉にすると暴力をふるわれてしまう怒りと恐怖を身体で表す文化的な慣用表現だった。彼らは，エル・カロールの身体を，女性たちの抵抗や拒否や反発を体現化する，「主体性や志向性の座としての身体」と評価した。

おわりに

このままでは終われない

　調査協力者のその後について報告したい。ロコリケライ（第6章）は依然として糞肛門があるが小康状態で治療はやめている。アメクイ（第7章）は同じ症状に悩まされているが，マッサージはスープを作る家畜が手に入らないので中断，キャンプの病院に通ったり（"トゥルカナの病気"と言われた），売薬を試したりしたが効果なし。今はリブという全身の筋肉と関節の痛みを患っている。アジェン（第8章）も治っていないが，今はエレケスで臥せっている。助手はキャンプのNGOに職を見つけ，個人保険に入ったため，売薬を利用することが多くなった。たびたび"マラリア"の発作で入院している。「糞肛門は病気の父」と言った男性はその2年後，エイズで死亡，さかのぼって生まれついての糞肛門だと言った青年は肺結核と診断され，私に治療を見せてくれた高齢のナクレはマラリアで死亡した。糞肛門は食生活が原因とされるうえ，治療に時間と費用がかかるため，完治にはいたらないことが多い。糞肛門は幅広い症状を含む不調のベースラインで，他の明確な標識症状をもつ病気が現れるまでの踊り場のようである。そのため，医療例からみると，背後に重篤な疾病を隠す文化的カムフラージュ（Helman, 2007）の役割を果たす危険性がある。デュボス（Dubos, 1980 木原訳 2000）は適応概念の適用に慎重だった。「適応している」という評価には，「人類にのぞましくない条件を受動的に容認する」姿勢があるからである。

　第4章の最後では，ひとりの女性の経過をたどり，彼らの懸命の努力を評価した。しかし，トゥルカナの人々が制度的な医療の枠内になく，治療を受けられるかどうかが，偶然性に委ねられている状況は再度述べておきたい。次の事例は舌がんと診断された，婦人の例である。

おわりに

　2002年9月9日。知り合いの婦人ナトットをたずねる。40歳代。舌を患っているから，一度見舞って欲しいと言われたからだ。小屋をたずねると，ナトットは戸口の前の地面に敷皮を敷いて，ぺたんと地面に座っている。痩せていて，顔色が悪い。

　口を開けてもらってみると，舌の右側裏と表のへりあたりが潰瘍になっている。白く泡立つ脂肪が内側から飛び出している感じだ。ひどく痛む。おぼつかない口調で「舌の病気」であるとだけ言った。固形物は食べられない。ポショもだめ。ミルクやお粥だけ。痩せるわけだ。経緯をたずねる。口を開くと痛いので，姉が説明してくれる。その間もナトットは苦しげにうなって，座っていられず，敷皮に横になってしまう。姉が首の後ろを揉んでやっている。

　1年前から，体調に異変があった。難民キャンプの病院では，婦人病（子宮の病気）ではないかと言われ，私設診療所では寄生虫が疑われ，いずれも薬をもらった。回復しないので，カクマミッション病院やロキチョギオのAMREFの病院へかかったが，治療費が捻出できず，帰されてきた。病院と並行して，伝統的な治療も行われた。娘の夫からヤギをもらい，同居する姉がアラマタウ儀礼をした。兄がヒツジを出してくれて，ロコウ儀礼を行った。別の異母姉が，体の左側に瀉血を施した。患部が左側にあるからだ。昨日は，兄がヤギを出して，アウカキン儀礼をした。見ると，ナトットはこめかみを抑えるように紐を巻いている。頭痛がするからだと言う。集まった家族が，「冷たくなれ，冷たくなれ」と唱和する。

　私は，ナトットをカクマのミッション病院へ連れていくことにした。彼女は小屋の前から杖をついて立ち上がると，一歩一歩よろめきながら，車まで歩きだした。姉ともうひとりの女性がナトットの両脇にぴったりつきそった。しかし，誰も手をさしのべない。ナトットはあくまでひとりで車までの20mを歩いた。一歩一歩が激痛だろう。彼女は私に書類を渡した。それは難民キャンプの病院からの紹介状で，そこには「がんの疑い」と書かれていた。病院まで20分ほどで着く。診察料100シル（160円），診察券代10シルを支払って待つと，イギリス人の女性医師が診察してくれた。彼女は私に説明した。「おそらく舌がんだと思う。検体を送らないと確定はできないが。いま，できること

は，苦痛を減らすために，患部を切り取ることだけだ。本来なら，放射線をあて抗がん剤を投与するのだが，ここでは無理だ。ナイロビならできるが……」。そういって，気まずそうに私を見つめた。舌がんは彼らが好む嚙みタバコのせいではないかとつけ加えた。ナトットはその日のうちに手術を受けて私の車で帰ってきた。苦痛はましになった。私が見舞いに行くと，木陰に座ってニコニコと笑って，私を見つめる。治療費などをエトットに託して，私はフィールドを去った。

翌年，8月，私が訪れたときには，ナトットは死亡していた。姉と家長が語る，その後の経過は次の通りである。

退院してしばらくしてから，ナトットはまた傷が痛いと言いだした。縫合した糸も取れだした。傷口がかゆくなり，糸の間から新しい白いものがはみ出てきた。これはシルではないかといった者がいたので，頭に瀉血を施した。痛みが一日中続くようになった。ロコウでもあるとして，兄が雄ヒツジを殺して治療儀礼をした。しかし，効果はなかった。みなが"TB"〔肺結核〕ではないかというので，ロキチョギオの病院へいって検査をしたが，違うと言われて，もどされた。兄が町の新興宗教に相談すると，家まで信者が来て踊っていった。彼らは言った。ナトットが若いときに，ある女の子どもを抱いた。そのとき，その女が呪ったからだと。それからは，何も手立てがなく，ただいただけ。舌が腫れて話せず，食べることもできず，今年の5月に死亡。ロキチョギオの病院に行った，1ヵ月後だった。

この例には，彼らが置かれている状況が書き込まれているのがわかるだろう。私は，家族が手立てをつくしたこと，ナトットも最後まで自力で歩こうとしていたことに深い印象をもつ。その一方で，私の調査研究の意義を考えざるをえない。ブラジルの貧困地帯で調査と支援を行ったシェイパァー＝ヒューズ（Scheper-Hughes, 1992）の言葉を引用したい。

　　見ること，聞くこと，触ること，記録すること。これらは気配りと感受
　　性をもって行えば，友愛と姉妹愛の行為，つまり誠実さのある行為となり
　　える。結局，そういう行いは正しく評価されるべき仕事である。見ない，

触らない，記録しないことは敵対的な行為であって，無関心や顔をそむける行為なのだ。

私は，瀉血治療やマッサージ，ギジエやナトットのエピソードを人間として尊敬すべき対処として描くことができただろうか。

あとがき

　変化は今も続いている。いや，より大きな変化が予想されている。
　2009年，地元教師と地元行政官であるチーフ，それにエトットたち住民が協力してコミュニティの学校を建設した。教師は，難民キャンプによる生活の変化を嘆き，学校によってコミュニティを再生し，子どもたちによりよい生活をさせたいという。教育こそが暮らしをよくする。青年たちは組合を作って協働で家畜の売買を行おうとしている。いずれの活動も難民キャンプを支える国際NGOや国連機関から経済的援助を受けている。彼らの自律的活動もキャンプの存在が前提である。
　2011年11月2日，朝日新聞は，ダダブ難民キャンプのソマリア難民10万人をトゥルカナ地域に輸送する計画を伝えた。戦乱のためソマリアから流入する難民が激増したからである。さらなる社会変動が予想される。1992年の難民キャンプ設置以来，難民と地元トゥルカナは衝突をしながらも，共存してきた。私はトゥルカナの人々が今回の変化にも対応できると確信している。しかし，彼らの適応力（これは危険な言葉だ）に期待するだけでいいのだろうか。これからの私の調査にも変化が必要だ。

　本書は糞肛門についてのエスノエッセイです。糞肛門がたんなるアイディアにとどまらないためには，基本的な調査研究を積み重ねる必要があります。今後の課題は山積みです。ひとつひとつ取り組むつもりです。本書の出版に際して，感謝を申し上げるべき方々はトゥルカナの友人を筆頭に，数えきれません。そのおひとりひとりのお名前を書き留めることはできませんが，お礼を申し上げます。初めての本を出すにあたって，とくに，四人の方の名前をあげさせてください。本書は「物事がおきるまさにその現場に身をおきそこで体験することを核に」（佐藤，2002），「社会と文化と個人の出会いの場の研究」によ

り，人間性の理解をめざしたものです。人間性とは，生理・心理的人間が，間人間的関係によって形成される社会・文化的意味を担い，歴史的限界のなかに行動し意識することです（安倍，1978）。この広義の社会心理学の手ほどきを沖縄のシャーマン，ユタの調査を通じてしてくださったのが，大橋英寿先生（東北大学名誉教授）でした。太田至さん（京都大学教授）はトゥルカナでの暮らし方や調査はもとより，さらに車の扱いまでにわたって，おりにふれて助言をいただいてきました。出版をお願いしてから3年の期間が経過しました。その間，辛抱強く待っていただいた恒星社厚生閣の編集担当の河野元春さん，出版のきっかけをいただいた弘前大学の同僚羽渕一代さん（弘前大学准教授）に，感謝を申し上げます。羽渕さんにはトゥルカナ調査にまでひきこんで，「灼熱!! トゥルカナ塾」の塾生にもなっていただきました。トゥルカナの人々には「ありがとう」の言葉がなく，感謝の気持ちは行為に埋め込まれています。私の感謝は今後の行為に埋め込んで表現するつもりです。

　最後に，休日のない私に我慢してくれた妻と二人の娘と金魚，病床にある父と介護する母に「ありがとう」といって，あとがきとします。

文 献

安倍淳吉 (1978). 犯罪の社会心理学 新曜社.
安倍淳吉・田中泰久・石郷岡 泰・大橋英寿 (1989). 下北半島における青年期の社会化過程に関する研究 九学会連合下北調査委員会 (編) 下北：自然・文化・社会 (復刊) 平凡社 pp. 489-542.
Barkey, N. L., Campbell, B. C. & Leslie, P. W. (2001). A comparison of health complaints of settled and nomadic Turkana men, *Medical Anthropology Quartely*, 15 (3), 391-408.
Behrend, H. (1999). *Alice lakwena and the Holy Spirits: War in northern Uganda 1985-97* (translated by Cohen. M.). Oxford: James Currey.
Campbell, B. C., Leslie, P. W., Little, M. A., Brainard, J. M. & Deluca, M. A. (1999). Settled Turkana. In Little, M. A. & Leslie, P. W. (eds.), *Turkana Herders of the Dry Savanna: Ecology and Biobehavioral response of nomads to an uncertain environment*. Oxford: Oxford University Press. pp. 333-352.
Cohen M. N. (1989). *Health and the rise of civilization*. New Haven and London: Yale University Press. (中元藤茂・戸澤由美子 (訳) (1994). 健康と文明の人類史 人文書院).
Coker, E. M. (2004). "Traveling pains": Embodied metaphors of suffering among southern Sudanese refugees in Cairo. *Culture, Medicine and Psychiatry* 28: 15-39.
Comaroff, J. & Comaroff, J. (1992). *Ethnography and the Historical Imagination*. Clorad and Oxford: Westview Press.
Csordas, T. J. (2002). *Body/Meaning/Healing*. Hampshire and New York: Palgrave Macmilan.
Dubos, R. (1959). *Mirage of health: Utopias, progress & biological change*. New York: Harper & Brothers Publishers. (田多井吉之介 (訳) (1981). 健康という幻想：医学の生物学的変化 紀伊國屋書店).
Dubos, R. (1965, 1980): *Man Adapting*. New Haven and London: Yale University Press. (木原弘二 (訳) (2000). 人間と適応：生物学と医療 第2版 みすず書房).
Farmer, P. (1992). *AIDS and Accusation. Haiti and the Geography of Blame*. Berkeley: California Press.
Farmer, P. (1997). On suffering and Structual Violence A view from Below. In Kleinman, A. *et al.* (eds.) Social Suffering. Berkeley and Los Angels: University of California Press. (坂川雅子 (訳) (2011) 他者の苦しみへの責任：ソーシャル・サファリングを知る みすず書房).
Farmer, P. (2003). *Pathologies of power: Health, human rights, and the new war on the poor*. Berkely and Los Angeles: University of California Press.
Foster, G. M. & Anderson, B. G. (1978). *Medical Anthropology*. New York, Chichester, Brisbane, Tronto: John Wiley & Sons. (中川米造 (訳) (1987). 医療人類学 リブロポート).
Gergen, K. J. (1999). *An invitation to social construction*. London: Sage Publications. (東村知子 (訳) (2004). あなたへの社会構成主義 ナカニシヤ出版).
Government of Kenya (1994). *Kenya Population Census, 1989*. Vol. 2. Nairobi: 1: Central Bureau of Statistics, Government Printer.
Government of Kenya (2001). *1999 Population and housing census*. Vol. 1. 1. Nariobi: Central Bureau of Statistics, Government Printer.
Good, B. J. (1994). *Medicine, Rationality, and Experience: An Anthropological Perspective*. Cambridge: Cambridge University Press. (江口重幸・五木田紳・下地明友・大月康義・三脇康生 (訳) (2001). 医療・合理性・経験：バイロングッドの医療人類学講義 誠信書房).

Gulliver, P. H. (1951). *A Preliminary Survey of the Turkana*. Cape Town: Cape Town University.
Harré, T. (1991). *Physical Being: A theory for a corporeal psychology*. Oxford and Cambridge: Blackwell.
Helman C. G. (2007). *Culure, Health and illness* (fifth edition). London: Hodder Arnold.
池田光穂 (1989). 第2部 医療人類学入門 宗田一・池田光穂 (編) 医療と神々：医療人類学のすすめ 平凡社 pp. 159-276.
池田光穂 (2001). 実践の医療人類学：中央アメリカ・ヘルスケアシステムにおける医療の地政学的展開 世界思想社.
池田光穂・奥野克己 (2009). 医療人類学のレッスン：病いをめぐる文化を探る 学陽書房.
伊谷純一郎 (2009a). トゥルカナの自然誌：呵責なき人びと 伊谷純一郎著作集 第5巻 遊牧社会の自然誌 平凡社 pp. 5-219. (原著 1980)
伊谷純一郎 (2009b). 大旱魃：トゥルカナ日記 伊谷純一郎著作集 第5巻 遊牧社会の自然誌 平凡社 pp. 221-409. (原著 1982)
ITDG-EA, CAPE UNIT & AU/IBAR (2003). The Moroto Croos-Border Peace Meeting. http://www.eldis.org/vfile/upload/1/document/0708/DOC12927.pdf
Jenkins, J. H. & Valiente, M. (1994) Bodily Transactions of the Passions. El Calor among Salvadoran Women Refeugees. In Csordas, T. J. (ed.) *Embodiment and Experience. The Existential Ground of Culture and Self*. Cambridge: Cambridge University Press. pp. 163-182.
Johnson, T. M. & Sargent, C. F. (1990). *Medical Anthropology: A Handbook of Theory and Method*. Connecticut: Greenwood Press.
河合香吏 (1998). 野の医療－牧畜民チャムスの身体世界 東京大学出版会.
河合香吏 (2004a). ドドスにおける家畜の略奪と隣接集団間の関係 田中二郎・佐藤 俊・菅原和孝・太田 至 (編著) 遊動民：アフリカの原野に生きる，昭和堂 pp. 542-566.
河合香吏 (2004b). 野の医療－牧畜民チャムスの身体世界. 小松和彦ほか (編). 文化人類学文献事典 弘文堂. pp. 387-388.
北村光二 (1996). 身体的コミュニケーションにおける「共同の現在」の経験：トゥルカナの「交渉」的コミュニケーション 菅原和孝・野村雅一 (編) コミュニケーションとしての身体 大修館書店 pp. 288-314.
北村光二 (2002). 牧畜民の認識論的特異性：北ケニア牧畜民トゥルカナにおける「生存の技法」佐藤俊 (編) 遊牧民の世界 京都大学学術出版会 pp. 87-125.
Kleinman, A. (1980). *Patients and Healers in the Context of Culture: An Exploration of the Borderland between Anthropology, Medicine, and Psychiatry*. Berkeley: University of California Press. (大橋英寿・作道信介・遠山宜哉・川村邦光 (共訳)(1988). 臨床人類学 文化のなかの病者と治療者 弘文堂).
Kleinman, A. (1988). *The Illness Narratives: Suffering, Healing and the Human Condition*. New York: Basic Books. (江口重幸・上野豪志・五木田紳 (共訳) (1996). 病いの語り 慢性の病いをめぐる臨床人類学 誠信書房).
Kleinman, A. (1995). Introduction: Medical anthropology as intellectual career. In Kleinman, A. *Writing at the margin: Discourse between anthropology and medicine*. Berkeley, Los Angeles and London: University of California Press, pp. 1-18.
栗本英世 (1988). ナイル系パリ族における jwok 概念：「超人間的力」の民俗認識 民族学研究，52巻4号，271-298.
Lamphear, J. (1992). *The scattering time: Turkana responses to the imposition of colonial rule*. Oxford: Oxford University Press.
Little, M. A., Dyson-Hudson R. & Maccabe, J. T. (1999). Ecology of South Turkana. In Little, M. A. &

Leslie, P. W. (eds.), *Turkana Herders of the Dry Savanna*, Oxford: Oxford University Press. pp. 43-65.
Lock, M. (1993). Cultivating the body: Anthropology and epistemologies of bodily practice and knowledge. *Annual Review of Anthropology*, 22, 133-155.
松葉祥一(2008).〈肉の共同体〉の可能性(メルロ=ポンティ生誕100年) 思想,1015(2008-11), 85-101.
McElroy, A. & Townsend, P. K. (1989). *Medical Anthropologu in Ecological Perspective* (2nd edition). Colorad and Oxford: Westview Press. (丸井英二ほか(訳)(1995). 医療人類学:世界の健康問題を解き明かす 大修館書店).
見市雅俊(2001). 病気と医療の世界史:開発原病と帝国医療をめぐって 見市雅俊ほか(編)疾病・開発・帝国医療:アジアにおける病気と医療の歴史学 東京大学出版会,pp. 3-44.
長島信弘(1987). 死と病いの民族誌 岩波書店.
波平恵美子(1994). 医療人類学入門 朝日新聞社.
波平恵美子(2002). 医療人類学 石川栄吉ほか(編)文化人類学事典(5刷) 弘文堂.
Nichter, M. (1987). Kyasanur forest disease: An eehnography of a Disease of Derelgoment. *Medical Anthropology Quartely (IV. S.)*, 1; 406-423
Nichter, M. (1992). Of ticks, Kings, spirits, and the promise of vaccines. In Leslie, C. & Young, A. (eds.) *Paths to Asian Medical Knowledge.* Berkeley: University of California Pess, pp. 224-256.
西村ユミ(2007). 交流する身体:〈ケア〉を捉えなおす 日本放送出版会.
太田 至(1986). トゥルカナ族の互酬性 伊谷純一郎・田中二郎(編著)自然社会の人類学アフリカに生きる アカデミア出版会 pp. 181-215.
太田 至(1988). 現地だより,1988年の雨季,そして「文明」の足音:ケニア北西部のトゥルカナ地方 アフリカ研究,33,89-92.
Ohta, I. (1989). A classified vocabulary of the Turkana in northwestern Kenya. *African Study Monographs*, Supplementary Issue, 10, 1-104.
太田 至(1991). トゥルカナの家畜をめぐる病気観 田中二郎・掛谷 誠(共編)ヒトの自然誌 平凡社,295-321.
太田 至(2004). 第Ⅱ篇への序 牧畜社会研究のおもしろさ 田中二郎他(編)遊動民:アフリカの原野に生きる 昭和堂 pp. 270-288.
Ohta, I. (2005). Multiple socio-economic relationships improvised between the Turkana and Refugees in Kakuma area, Northwestern Kenya. In Ohta, I & Gebre, Y. D. (eds.) *Displacement risks in Africa*. Kyoto: Kyoto University Press, Melbourne: Trans Pacific Press. pp. 315-337.
奥野克巳(2006). 帝国医療と人類学 春風社.
作道信介(1994). 病いの日常化という視点からみた対処過程:乳幼児期のアトピーの子どもをもつ母親の事例から 弘前大学保健管理研究,14(3),55-101.
作道信介(2001). トゥルカナといっしょにすごすこと:フィールドワークを支える最小・最大限の前提 尾見康博・伊藤哲司(編著)心理学におけるフィールド研究の現場 北大路書房 pp. 187-198.
作道信介(2004). トゥルカナにおける他者の「怒り」:対処としての占い 田中二郎・佐藤 俊・菅原和孝・太田 至(編著)遊動民:アフリカの原野に生きる 昭和堂 pp. 492-514.
作道信介(2005). 交渉と怒り:北西ケニア・トゥルカナにおける怒りの経験 社会心理学研究(特別論文),21(1),53-73.
作道信介(2006). 交渉・治療儀礼・占い:北西ケニア・牧畜民トゥルカナにおける問題-解決の3つのモード.ストレス科学,21(4),183-192.

作道信介（2007）.「糞肛門」の出現：マッサージ，身体の資源化・資源の身体化の現場から　菅原和孝（編）　身体資源の共有　弘文堂．pp. 191-229.

作道信介（2009）．医療化と脱医療化　作道信介（編）　近代化のフィールドワーク断片化する世界で等身大に生きる　東信堂　pp. 78-100.

Sakumichi, S. (2011). Flesh on Memory: An Embodiment of Droughts among the Turkana, the Pastoralist In North western Kenya. In Pirani, B. A. (ed.) *Learning from memory: Body, Memory and Technology in a Grobalizing World.* Cambridge: Cambridge Scholars Publishing, pp. 233-260.

佐藤郁哉（2002）．組織と経営について知るための，実践フィールドワーク入門　有斐閣．

Scheper-Hughes, N. & Lock, M. (1987). The mindful body: a prolegomenon to future work in medical anthropology. MAQ 1 (1), 6-41

Schepher-Hughes, N. (1992). *Death without weeping: The violence of everyday life in Brazil*. Berkeley: University of California Press.

Singer, M. & Erickson, P. I. (2011). *A companion to medical anthropology*. West Sussex: Wiley-Blackwell.

Strathern, A. & Stewart, P. (1999). *Curing and Healing: Medical Anthropology in Global Perspective.* Durham: Carolina Academic Press.（成田弘成（訳）（2009）．医療人類学：基本と実践　古今書院）．

菅原和孝（1998）．語る身体の民族誌：ブッシュマンの生治世界（1）京都大学学術出版会．

菅原和孝（2004）．ブッシュマンとして生きる　（中公新書），中央公論新社．

鷲田清一（2003）．メルロ＝ポンティ：可逆性　講談社．

Weiss, G. & Haber, H. F. (1999). *Perspectives on Embodiment: The Intersections of Nature and Culture.* New York: Routledge.

Wiley, A. S. & Allen, J. S. (2009). *Medical Aulthropology: A Biocultural Approach*. Oxford: Oxford University Press.

その夜は何度も目覚める。重油のプールの中で手足をもがいているような夜だった。そこは，ビルの外側にある非常階段の踊り場だった。ひとりの子どもが手すりに手をついて腰を突き出している。子どもはエトットの息子だ。エトットは後背位になって，息子の腰から手でなにかを掴み出し，私に差し出してくれた。それは禍々しい生き物だ。とぐろを巻いた蛇のようでもあり，凶悪なスッポンのようでもあり，両手でかかえるくらいの大きさだ。いま，とり出したばかりで，身体からは悪露が滴って，べたべたしており，ときおりシャーシャーといいながら，蛇のようなスッポンのような顔を出して私を威嚇した。私は「これが糞肛門か!!」と喜びつつ，手を出してうけとるべきなのか躊躇っている。(「糞肛門に出会う」，2004年9月12日)

著者紹介

作道 信介（さくみち しんすけ）

1958年東京生まれ。弘前大学人文学部教授，同大学院地域社会研究科教授。

東北大学大学院文学研究科，同大学文学部講師を経て，弘前大学へ。専門は社会心理学。医療人類学，心理人類学に関心をもつ。

アフリカ牧畜民トゥルカナ，津軽の出稼ぎ，宗教集団についてのフィールドワークに従事。人間存在を社会，文化，人と歴史の交差点から描く。場面と共在がキーワード。著書に『近代化のフィールドワーク：断片化する世界で等身大に生きる（編著，2008，東信堂）』『津軽，近代化のダイナミズム：社会学・社会心理学・人類学からの接近（編著，2008，御茶の水書房）』

糞肛門
ケニア・トゥルカナの社会変動と病気

2012年3月15日　初版1刷発行

著　者　作道信介
発行者　片岡一成
印刷・製本　（株）シナノ
発行所　恒星社厚生閣
〒160-0008　東京都新宿区三栄町8
電話03(3359)7371(代)
http://www.kouseisha.com/

ISBN978-4-7699-1266-8　C0039

©Shinsuke Sakumichi, 2012

定価はカバーに表示にしてあります

JCOPY ＜(社)出版者著作権管理機構　委託出版物＞

本書の無断複写は著作権上での例外を除き禁じられています。複写される場合は、その都度事前に、(社)出版社著作権管理機構（電話03-3513-6969，FAX03-3513-6979，e-mail:info@jcopy.or.jp）の許諾を得て下さい。

好評既刊本

医療と専門家支配

E. フリードソン 著／遠藤雄三・宝月 誠 訳

医療システムの現状を社会学的方法で分析したアメリカ医療社会学の名著。
●A5判・250頁・定価3,570円

どこか〈問題化〉される若者たち

羽渕一代 編

日本の若者を取り巻く文化を社会学から考察し現代的問題を実証的に分析。
●A5判・242頁・定価2,625円

若者たちのコミュニケーション・サバイバル—親密さのゆくえ

岩田 考・羽渕一代・菊池裕生・苫米地 伸 編

現代の若者の友人・親・恋人との親密性のありようと網羅的に観察分析。
●A5判・176頁・定価2,100円

人間工学

正田 亘 著

人間工学の多彩な成果をまとめ諸外国の最新の知見も交えた総合的解説書。
●A5判・354頁・定価4,515円

自分とは何か
―「自我の社会学」入門

船津 衛 著

現代人の複雑な自我の在り方をすっきりと解説した自我の社会学入門書。
●四六判・216頁・定価1,995円

恒星社厚生閣